Harald Wehnes · FORTRAN 77

Harald Wehnes

FORTRAN 77

Strukturierte Programmierung mit FORTRAN 77

4., vollständig überarbeitete Auflage

HANSER

Carl Hanser Verlag München Wien

Dr. Harald Wehnes, Medis-Institut, ist stellvertretender RZ-Leiter und Leiter der „Systemnahen Anwendungsprogrammierung“ am Rechenzentrum der Gesellschaft für Strahlen- und Umweltforschung (GSF), München

CIP-Kurztitelaufnahme der Deutschen Bibliothek

Wehnes, Harald:
FORTRAN 77: strukturierte Programmierung mit FORTRAN 77 / Harald Wehnes. – 4., vollst. überarb. Aufl. – München ; Wien : Hanser, 1985.
ISBN 3-446-14259-2

Gesamtherstellung: Wiener Verlag, Österreich
Printed in Austria

Vorwort

Das Hauptziel des vorliegenden Buches ist die Hinführung des Lesers zu einem guten und effizienten Programmierstil unter Verwendung der Sprache FORTRAN 77.

Um dieses Ziel zu erreichen, wurden Struktur und Inhalt der vorangegangenen Auflagen völlig überarbeitet, wobei die moderne Programmiermethodik und die Darstellung der einzelnen Sprachelemente durchgängig miteinander verknüpft wurden. Insbesondere wird in dem Buch aufgezeigt, wie man mit den Methoden und Hilfsmitteln der Strukturierten Programmierung

- ein Problem systematisch angeht (Problemanalyse),
- eine Pseudocode- oder Struktogrammlösung entwickelt,
- diese in ein geeignetes FORTRAN-Programm umsetzt und
- das entwickelte Programm überprüft (Programmtest).

Die Darstellung des Stoffes wurde so konzipiert, daß ein Programmieranfänger bereits nach kurzer Zeit (Teil I) in die Lage versetzt wird, einfache und doch vollständige Programme selbständig entwickeln zu können. Das damit verbundene frühzeitige Erfolgserlebnis ist sicher eine Motivation für einen vertieften Einstieg in die Sprache.

Die Grundlagen, Methoden und Hilfsmittel der Strukturierten Programmierung leiten den Teil II ein, der durch Kapitel über die Umsetzung von Verzweigungen und Schleifen in geeignete FORTRAN-Sprachkonstrukte und ein Kapitel über die Modularisierungsmöglichkeiten von FORTRAN ergänzt wird.

Im abschließenden Teil III werden die noch fehlenden Datentypen, mehrdimensionale Felder, erweiterte Ein- und Ausgabemöglichkeiten und Verfeinerungen der Unterprogrammtechnik behandelt.

Das Buch berücksichtigt den vollen FORTRAN 77-Standard [ANS78, ISO80, DIN80], wobei überflüssige Anweisungen und Anweisungen, die den Regeln der Strukturierten Programmierung widersprechen, nur im Anhang A.1 aufgenommen wurden. Es entstand aus Vorlesungen, die ich zwischen 1979 und 1982 für Hörer aller Fachrichtungen an der Universität-Gesamthochschule Wuppertal durchgeführt habe.

Mein besonderer Dank gilt Herrn Dipl.-Math. Hubert Palme für seine wertvollen Hinweise bei der Planung und kritischen Durchsicht des Manuskripts. Fräulein Gabi Blüchel danke ich für die sorgfältige Übertragung des Manuskripts in Reinschrift. Danken möchte ich auch dem Carl Hanser Verlag, insbesondere Herrn Hans Joachim Niclas, für die angenehme Zusammenarbeit.

Herbertshausen-Deutenhofen, im Herbst 1984 Harald Wehnes

Inhaltsverzeichnis

II STRUKTURIERTES PROGRAMMIEREN

Bemerkungen zur Bezeichnungsweise

Für die Darstellung der FORTRAN-Anweisungen werden die folgenden (aus dem Standard übernommen) Konventionen und Symbole verwendet:

a) Angaben in Großbuchstaben müssen so geschrieben werden wie sie dargestellt sind.

b) Angaben in Kleinbuchstaben sind im konkreten Fall durch spezifische Größen zu ersetzen.

c) Eckige Klammern [ ] werden zur Kennzeichnung von optionalen Angaben verwendet.

d) Drei aufeinanderfolgende Punkte ... bedeuten, daß der zuvorstehende Klammerausdruck ein oder mehrmals wiederholt werden darf.

e) Leerstellen werden zur Verbesserung der Lesbarkeit eingesetzt. Falls nichts anderes vermerkt ist, haben sie keine Bedeutung.

<u>Beispiel</u>:
Die Anweisung zur Vereinbarung von ganzzahligen Veränderlichen lautet

```
INTEGER v [,v]...
```

Dann sind die folgenden Formen gestattet:

```
INTEGER v
INTEGER v, v
INTEGER v, v, v
etc.
```

Bei der Verwendung dieser Anweisung wird jedes *v* durch eine spezifische Größe - in diesem Fall durch einen Variablen- oder Feldnamen (mit oder ohne Indexangaben) - ersetzt:

```
INTEGER ALPHA
INTEGER BETA, MATRIX (0:N, 0:N)
INTEGER X(10), Y(10), Z(10)
```

I Grundlagen

Kapitel 1: Grundbegriffe der Datenverarbeitung

1.1 Prinzipieller Aufbau einer Rechenanlage

Die meisten der gegenwärtig im Einsatz befindlichen Datenverarbeitungsanlagen (DV-Anlagen) besitzen die folgende Grundstruktur:

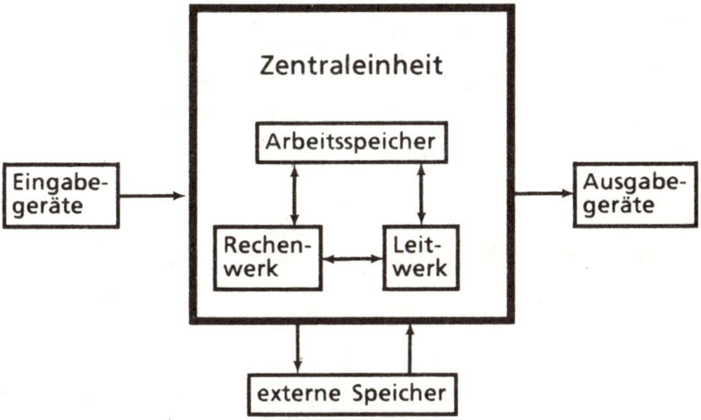

Die Zentraleinheit (Central Processing Unit, CPU) ist das Kernstück einer Rechenanlage. Sie enthält den Arbeitsspeicher, das Leitwerk und das Rechenwerk. Im Rechenwerk werden die Daten (z.B. Zahlen oder Zeichen) verarbeitet. Das Leitwerk steuert die Ausführung der einzelnen Operationen, die als Maschinenbefehle bezeichnet werden. Maschinenbefehle und Daten befinden sich in den Speicherzellen des Arbeitsspeichers. Jede Speicherzelle besitzt eine Nummer, die sogenannte Adresse. Über diese kann z.B. die in der Speicherzelle vorhandene Information abgerufen werden.

Für die Kommunikation mit den Benutzern einer Rechenanlage stehen Ein- und Ausgabegeräte zur Verfügung. Über die Eingabegeräte (z.B. Lochkartenleser, Bildschirmtastatur) gelangen die Befehle und Daten in den Arbeitsspeicher. Dabei werden die Eingabeinformationen in binäre Informationen, d.h. in aus zwei Einheiten (z.B. 0 und 1) zusammengesetzte Darstellungen umgewandelt.

Den Inhalt einer Speicherzelle bezeichnet man häufig als Wort, die Anzahl der binären Stellen als Wortlänge. Über die angeschlossenen Ausgabegeräte (z.B. Zeilendrucker, Bildschirm, Plotter, Lochkartenstanzer) werden die berechneten Ergebnisse und andere Informationen nach außen gegeben.

Zur Erweiterung der beschränkten Kapazität des Arbeitsspeichers stehen externe Speichermedien zur Verfügung. Während Magnetplatten- und Magnettrommelspeicher vorrangig zur kurzfristigen Speicherung von Daten und Programmen dienen, werden Magnetbänder zur langfristigen Aufbewahrung und zum Austausch von Daten zwischen Rechenanlagen eingesetzt.

1.2 Programme und Programmiersprachen

Eine Rechenanlage kann nur verhältnismäßig wenige elementare Maschinenbefehle ausführen. Die Interpretation und die Menge der vorhandenen Maschinenbefehle sind von Anlage zu Anlage verschieden.

Soll ein vorgelegtes Problem mit Hilfe einer DV-Anlage gelöst werden, so ist daher eine entsprechende Folge von Maschinenbefehlen, ein sogenanntes Maschinenprogramm, zu erstellen.

In der Anfangsphase der Datenverarbeitung mußte ein Programmierer die Problemlösung in mühevoller Kleinarbeit in binäre Zahlenfolgen (Befehlsfolgen) umwandeln. Inzwischen wurde diese Aufgabe weitgehend automatisiert. Die Entwicklung und der Einsatz von Programmiersprachen macht es möglich, die an eine Maschine zu übertragenden Arbeitsabläufe in einer für den Menschen leichter verständlichen Form zu formulieren. Die geordnete Gesamtheit der Befehle (Anweisungen) zur Lösung einer Aufgabe bezeichnet man als ein Programm.

Die Programmiersprachen unterteilt man in Assemblersprachen und höhere Programmiersprachen.

Assemblersprachen sind maschinenorientiert und daher von Anlage zu Anlage verschieden. Sie sind im wesentlichen dadurch charakterisiert, daß jeder Maschinenbefehl in Form einer i.a. leicht zu merkenden Abkürzung als Assemblerbefehl zur Verfügung steht.

Höhere Programmiersprachen enthalten Sprachelemente, die meist aus der (englischen) Umgangssprache stammen, und sie gestatten i.a. die Verwendung der mathematischen Formelschreibweise. Sie sind daher schneller und leichter zu erlernen als Assemblersprachen, und auch der Zeitaufwand für die Programmierung einer Aufgabe und die spätere Pflege des Programms sind wesentlich geringer.

Die in einer höheren Programmiersprache entwickelten Programme sind (weitgehend) maschinenunabhängig und können daher ohne großen Aufwand auch auf anderen Anlagen ausgeführt werden. Die wichtigsten höheren Programmiersprachen sind z.Z. ADA, ALGOL, BASIC, COBOL, FORTRAN, PASCAL und PL/1.

Jedes Programm, das in einer Programmiersprache geschrieben wurde, muß durch einen Übersetzungsvorgang in ein (binäres) Maschinenprogramm umgewandelt werden. Diese Aufgabe übernimmt ein bereits vorhandenes Programm, der Compiler. Das zu übersetzende Programm bezeichnet man als Quellprogramm, das resultierende Maschinenprogramm als Objektprogramm:

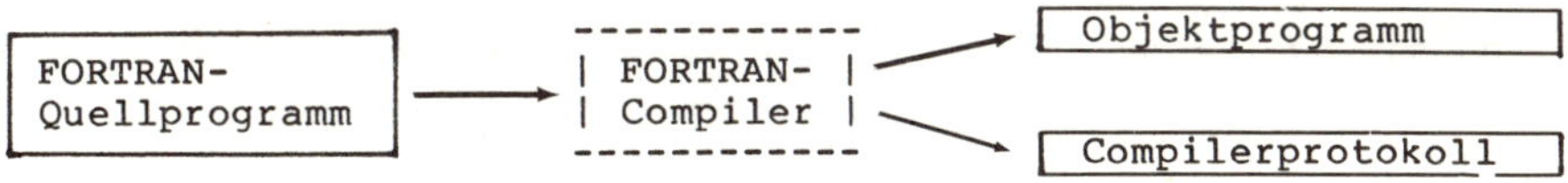

Oberhalb der Programmiersprachen ist noch eine weitere Sprachenklasse angesiedelt, die der Kommando- und Steuersprachen. Diese Sprachen dienen vorrangig zur Steuerung von Dienstleistungs- und Anwendungsprogrammen.

Beispiele:

1.) Steuersprache (job control language) des Betriebssystems; z.B. Kommando zum Aufruf des FORTRAN-Compilers an CDC-Rechenanlagen: FTN5, I=PROG, L=LISTE.
2.) Kommandosprachen von Text-Editoren
3.) Statistik- und Graphiksprachen (z.B. SAS, TELL-A-GRAF)
4.) Datenbank-Abfragesprachen (z.B. NATURAL)

Der Trend geht eindeutig in die Richtung dieser fachspezifischen Steuersprachen, da sie besonders leicht zu erlernen und anzuwenden sind und nur geringe DV-Kenntnisse des Anwenders voraussetzen.

1.3 Betriebssysteme und Betriebsarten

Grundlage für das Arbeiten mit einer Rechenanlage, d.h. für das Ansprechen der Zentraleinheit und der angeschlossenen Geräte, bildet eine Menge von Systemprogrammen, die man unter dem Begriff Betriebssystem (operating system) zusammenfaßt.

Auch die sich aus dem gleichzeitigen Ablauf mehrerer Rechenaufträge (Multiprogramming) ergebenden Organisations- und Steuerungsaufgaben, wie z.B. die Verwaltung des Hauptspeichers, werden vom Betriebssystem erledigt. Darüber hinaus stellt es dem Anwender eine geeignete Programmierumgebung (Text-Editor, Kommandosprache, Compiler, Dateiverwaltungssystem usw.) zur Verfügung und sorgt für die Abrechnung der verbrauchten Rechner-Ressourcen.

In Abhängigkeit von der Art, in der Rechenaufträge erledigt werden, unterscheidet man zwischen verschiedenen Betriebsarten:

Stapelbetrieb (batch processing)
Dialogbetrieb (time sharing)
Echtzeitbetrieb (real time mode)

Großrechenanlagen werden häufig im gemischten Dialog- und Stapelbetrieb "gefahren".

Beim Stapelbetrieb traditioneller Art werden die entwickelten Programme mit Hilfe von Kartenlochern auf Lochkarten übertragen. Jedem Zeichen ist eine Lochkombination zugeordnet. Durch den Anschlag eines Zeichens auf der Tastatur wird die zugehörige Lochkombination in die Lochkarte gestanzt.

Das auf Lochkarten befindliche Programm ist allein nicht "lauffähig". Es müssen noch die entsprechenden Betriebssystemkommandos (zum Übersetzen, Laden in den Arbeitsspeicher und Starten des Programms) und die zu verarbeitenden Daten auf Lochkarten übertragen werden.

Der vollständige Rechenauftrag (job) liegt dann in Form eines Kartenstapels vor, dessen Struktur maschinenabhängig ist.

Dieser Kartenstapel wird über einen Lochkartenleser eingelesen, auf Magnetplatten zwischengespeichert und nach einer von der Frequentierung der Rechenanlage abhängigen Wartezeit ausgeführt. Im Regelfall erfolgt die Ausgabe der berechneten Resultate über einen Drucker.

Beispiel: Aufbau eines Batchjobs unter dem CDC-Betriebssystem NOS

```
LKJOB.
USER,WZ012K1,FORTRAN.  } (Identifikation des Benutzers)
CHARGE,GHW,Z.          }
FTN5.                    (Übersetzen)
LGO.                     (Laden und Starten)
- EOR -
    FORTRAN-Programm
- EOR -
    Daten
- EOF -
```

Das Arbeiten mit Lochkarten bringt einige Nachteile mit sich:

- Es entstehen lange Wartezeiten zwischen der Abgabe des Kartenstapels und dem Erhalt der Druckerliste
- Lochkartenänderungen sind recht aufwendig: ein falsches Zeichen auf einer einzigen Lochkarte hat zur Folge, daß der gesamte Lochkartenstapel nochmals eingelesen werden muß.

Wesentlich bequemer und schneller ist das Arbeiten im Dialogbetrieb. Hier ist der Benutzer über ein dialogfähiges Datenendgerät (Terminal) direkt mit der Rechenanlage verbunden. Im Gegensatz zur Stapelverarbeitung, bei der eine fest vorgegebene Kommandofolge (quasi ein Monolog) vorliegt, wechseln sich hier Benutzereingabe und Reaktion des Systems ab.

Jeder Dialogteilnehmer hat den Eindruck, daß der Rechner ausschließlich für ihn arbeitet. In Wirklichkeit werden die von den Benutzern gestellten Anforderungen zyklisch abgearbeitet. Alle Benutzer erhalten vom Betriebssystem kleine Zeitintervalle (sog. Zeitscheiben) zugeteilt, in denen ihnen die Zentraleinheit zur Verfügung steht. Aufgrund der hohen Verarbeitungsgeschwindigkeit des Prozessors entstehen nur relativ kurze Antwortzeiten.

Da man bei dieser Arbeitsweise sofort die Reaktion des Systems erfährt, hat man die Möglichkeit, direkt zu reagieren und kann Fehler verbessern, Programmodifikationen vornehmen, Neuübersetzungen starten usw.
Insgesamt gesehen ist eine spürbare Zeit- und Aufwandsreduktion gegenüber dem Lochkartenbetrieb festzustellen.

Beispiel:

Dialogbetrieb unter dem CDC-Betriebssystem NOS

```
 xedit, mittel
 XEDIT 3.1.00
 EMPTY FILE/ CREATION MODE ASSUMED.
??
 INPUT
?       program demo
?       real mittel, a, b
?       read *, a,b
?       mittel=(a+b)/2.
?       print*, 'mittel=',mittel
?       end
?
 EDIT
?? top
?? p*
      PROGRAM DEMO
      REAL MITTEL, A, B
      READ*, A,B
      MITTEL=(A+B)/2.
      PRINT*, 'MITTEL=',MITTEL
      END
END OF FILE
?? end
MITTEL IS A LOCAL FILE
```

```
/ftn5, i=mittel, l=liste
/lgo
? 3., 4.5
  MITTEL=3.75
       .067 CP SECONDS EXECUTION TIME.
```

(Benutzerangaben sind in Kleinbuchstaben, Systemmeldungen in Großbuchstaben angegeben)

Rechenaufträge mit langen Rechenzeiten (für gewöhnlich>3 Minuten) sind für den Dialogbetrieb wenig geeignet. Es ist jedoch nicht notwendig, auf Lochkarten zurückzugreifen, sondern man kann im Dialog einen Batchjob auf Magnetplatte erstellen, ihn in die Menge der zu verarbeitenden Stapelaufträge einreihen und dafür sorgen, daß die Ergebnisse auf Magnetplatte geschrieben werden, von wo aus sie auch im Rahmen einer laufenden Dialogsitzung eingesehen werden können. Einen solchen Rechenauftrag bezeichnet man als Submit-Job, Remote Batch-Job oder Enter-Job (je nach Hersteller-Jargon).

Im Echtzeitbetrieb wird bei zeitkritischen Aufgabenstellungen, wie z.B. Versuchssteuerungen, unter Verwendung von Prozeßrechnern (VAX, LSI, MODCOMP,...) gearbeitet.

1.4 Dateien und Texteditoren

Eine inhaltlich zusammengehörige Datenmenge wird als Datei (file) bezeichnet. Innerhalb einer typischen Dialogsitzung wird eine ganze Reihe von Dateien erzeugt und verarbeitet, z.B.:

- die Datei, die das FORTRAN-Quellprogramm enthält,
- die Datei, die das Übersetzungsprotokoll (compiler listing) enthält,
- die Datei, die das Binärprogramm enthält,
- die Datei mit den Eingabedaten für das Programm,
- die Datei mit den Ausgabedaten des Programms.

Diese Dateien werden i.a. auf Magnetplattenspeichern gelagert. Damit ist ein rascher Zugriff auf die Dateiinhalte möglich. Jede Datei besitzt einen Namen, über den sie als Einheit angesprochen werden kann.

Jedes Betriebssystem hat seine eigene "Datei-Philosophie", einen eigenen Satz von Kommandos zum Umgang mit Dateien, einige vom System bereits fest vergebene Dateinamen mit spezieller Bedeutung sowie spezielle Regeln, nach denen ein Benutzer seine Dateien benennen kann.

Beispiele:

a) Das CDC-Betriebssystem NOS unterscheidet zwischen lokalen und permanenten Dateien. Während einer Dialogsitzung können nur lokale Dateien verarbeitet werden. Die "Lebensdauer" solcher Dateien ist durch die Dauer der Dialogsitzung begrenzt. Soll eine lokale Datei über das Ende einer Dialogsitzung hinaus erhalten bleiben, so muß sie per Betriebssytemkommando "permanent" gemacht werden. Die Datei kann dann in einer nachfolgenden Sitzung weiterverarbeitet werden. Bei den permanenten Dateien wird noch zwischen zwei Klassen unterschieden, je nachdem ob bei der lokalen Bereitstellung einer permanenten Datei eine Kopie (indirect access) oder das Orginal (direct access) zur Verfügung gestellt wird. Zu beachten ist, daß der vom Hersteller verwendete Begriff "direct access file" nichts mit den Direktzugriffs-Dateien (direct access files) von FORTRAN (Abschnitt 8.8) zu tun hat!
Der Tastatur des Terminals ist standardmäßig die Datei mit dem Namen INPUT, dem Bildschirm die Datei OUTPUT zugeordnet.

b) Das IBM-Betriebssystem VM/CMS stellt jedem Benutzer eine eigene virtuelle Maschine mit einer virtuellen Magnetplatte zur Verfügung. Eine im Verlauf einer Dialogsitzung erzeugte Datei kann auch in nachfolgenden Sitzungen verwendet werden, ohne daß explizite Betriebssystemkommandos zur Speicherung oder zur Bereitstellung notwendig sind. Zusätzlich besteht die Möglichkeit, eine temporäre Arbeitsplatte einzurichten. Die auf dieser Arbeitsplatte befindlichen Dateien werden am Ende der Sitzung automatisch gelöscht.

Beim Arbeiten im Dialogbetrieb ist das Erstellen und Verändern von Dateien eine immer wiederkehrende Tätigkeit. Ein fundamentales Hilfsmittel zur Erledigung dieser Aufgabe ist ein Text-Editor, ein meist vom Hersteller der Rechenanlage geliefertes Programm, mit dem beliebige Text-Dateien aufbereitet, man sagt auch "ediert" oder "editiert", werden können.

Anmerkung:
Neben Textdateien (z.B. Quellprogramm-Datei) gibt es noch Binär-Dateien (z.B Maschinenprogramm-Datei), bei denen die vorhandenen Informationen in maschineninterner Form gespeichert werden.

Obwohl die Namen der Editoren verschiedener Hersteller z.T. übereinstimmen, so sind doch deren Leistungsspektren und Kommandos oft recht unterschiedlich. Während einige Editoren (Beispiel: CDC-XEDIT) nur jeweils die Eingabe oder Modifikation einer einzigen Zeile (line mode) zulassen, ermöglichen sogenannte "full screen Editoren" (Beispiel: IBM-XEDIT) die Eingabe und Modifikation eines ganzen Bildschirminhaltes pro Arbeitsschritt. Besonders komfortabel ist die Bereitstellung häufig verwendeter Edier-Funktionen über die Funktionstasten des Terminals.

Empfehlung:
Erfahrungsgemäß arbeitet man während einer Dialogsitzung häufig mehr als die Hälfte der Zeit mit dem Text-Editor. Um möglichst effizient zu arbeiten, sollte man sich schon frühzeitig mit den Möglichkeiten des vorhandenen Editors intensiv vertraut machen. Die hierfür aufgewandte Zeit ist eine lohnende Investition.

Kapitel 2: Elementare FORTRAN-Programme

2.1 Ein Beispielprogramm

Um einen ersten Eindruck von der Programmiersprache FORTRAN zu erhalten, beginnen wir mit einem einfachen Beispielprogramm:

```
 1         PROGRAM KREIS
 2    C
 3    C    PROGRAMM ZUR BERECHNUNG VON UMFANG UND
 4    C    FLAECHE EINES KREISES BEI EINGELESENEM RADIUS
 5    C
 6    *-----------------------------------------------
 7    *    -- KONSTANTEN
 8         REAL PI
 9         PARAMETER (PI = 3.14159)
10
11    *    -- VARIABLEN
12         REAL RADIUS, UMFANG, FLAECH
13    *-----------------------------------------------
14
15    *    -- EINGABE
16         READ*, RADIUS
17
18    *    -- VERARBEITUNG
19         UMFANG = 2.*PI*RADIUS
20         FLAECH = PI*RADIUS**2
21
22    *    -- AUSGABE
23         PRINT*, 'KREISBERECHNUNG'
24         PRINT*
25         PRINT*, 'RADIUS  = ', RADIUS
26         PRINT*, 'UMFANG  = ', UMFANG
27         PRINT*, 'FLAECHE = ', FLAECH
28         END
```

Aus dem Programmtext kann man sofort die Wirkungsweise des Programms erkennen, das nach dem Grundprinzip

Eingabe ⟶ Verarbeitung ⟶ Ausgabe

aufgebaut ist.

- Ein Radiuswert wird eingelesen (Zeile 16).
- Umfang und Fläche des zugehörigen Kreises werden berechnet (Zeilen 19 und 20).
- Der eingelesene und die berechneten Werte werden mit erläuterndem Text ausgegeben (Zeilen 23-27).

Die noch nicht angesprochenen Zeilen dienen i.w. zur Vereinbarung der im Programm verwendeten Größen bzw. zur Erläuterung des Programmablaufs.

Die Numerierungen am Anfang jeder Programmzeile sind nicht Bestandteil des Programms; sie dienen nur als Bezugspunkte für die weiteren Erklärungen:

- In der ersten Zeile erhält das Programm den Namen KREIS.
- Es folgt eine kurze Leistungsbeschreibung in Form eines Kommentars. Die Kommentarzeilen beginnen mit C oder *.
- Eine Konstante mit dem Namen PI und dem Wert 3.14159 wird definiert (Zeilen 8 und 9).
- Die Variablen RADIUS, UMFANG und FLAECH werden vereinbart (Zeile 12). Der Compiler sorgt für die Reservierung von Speicherplätzen und vermerkt, daß diese Größen (nur) reelle Werte annehmen können.
- Bei den Berechnungen (Zeilen 19 und 20) wird das Multiplikationszeichen durch einen Stern (*) und die Exponentiation durch zwei aufeinanderfolgende Sterne (**) dargestellt. Im Gegensatz zu der aus der Mathematik gewohnten Schreibweise <u>muß</u> jedes Multiplikationszeichen angegeben werden!
- In der letzten Zeile wird durch das Wort END das Programmende gekennzeichnet.

<u>Bemerkung</u>: Eine Variable mit dem Namen FLAECHE kann nicht vereinbart werden, da Namen in FORTRAN höchstens 6 Zeichen lang sein dürfen.

Gibt man dieses Programm am Terminal ein, läßt es vom Compiler übersetzen und startet das erzeugte Binärprogramm, so wird während der Programmausführung ein Eingabewert angefordert. Für den Eingabewert 3.5 erhält man die Bildschirmausgabe:

```
KREISBERECHNUNG

RADIUS  = 3.5
UMFANG  = 21.99113
FLAECHE = 38.484475
```

Die in Zeile 25 stehende Anweisung

```
PRINT*, 'RADIUS  = ', RADIUS
```

bewirkt die Ausgabe der zwischen den beiden Apostrophstrichen stehenden Zeichen und des aktuellen Wertes der Variablen RADIUS.

Jede PRINT*-Anweisung beginnt eine neue Ausgabezeile; insbesondere erzeugt die Anweisung

```
PRINT*
```

eine leere Ausgabezeile.

Die Grundleistung des Beispielprogramms hätte man auch mit dem folgenden "Kurzprogramm" erzielen können, bei dem auf alle "überflüssigen" Kommentare und Vereinbarungen verzichtet wurde:

```
READ*,R
PRINT*,R
PRINT*,6.28318*R
PRINT*,3.14159*R**2
END
```

Aufgrund der Einfachheit der Problemstellung sind die Nachteile einer solchen Programmierung nicht direkt einsehbar. Man sollte sich jedoch einmal diese Programmzeilen als einen Ausschnitt aus einem 10000 Zeilen-Programm vorstellen, das zu modifizieren ist. Neben der Lesbarkeit ist auch die Programmausgabe zu bemängeln, da die Zahlenwerte ohne jegliche Erläuterungen in der Ausgabeliste erscheinen:

```
3.5
21.99113
38.4844775
```

Die Bedeutung dieser Werte ist nur den "Eingeweihten" klar.

Unser Ziel soll es sein, funktionstüchtige und lesbare Programme mit einer lesbaren Ausgabe zu entwickeln.

2.2 Der Aufbau eines Hauptprogramms

Nach diesen einführenden Betrachtungen wollen wir nun den Aufbau von FORTRAN-Programmen systematisch studieren und dabei die wichtigsten Konstruktions-Regeln zusammenstellen. Wir beschränken uns zunächst auf Programme, die aus einer einzigen Programmeinheit, einem sogenannten Hauptprogramm, bestehen. Programme die sich aus mehreren Programmeinheiten zusammensetzen, werden ab Kapitel 6 behandelt.

Ein ausführbares Hauptprogramm besteht aus Anweisungen und Kommentaren.

Die Anweisungen (statements) unterteilt man in ausführbare (executable) und nicht ausführbare (nonexecutable) Anweisungen.
Die ausführbaren Anweisungen enthalten die Aktionen, die während der Programmausführung ablaufen sollen; sie werden vom Compiler in entsprechende Maschinenbefehlsfolgen umgewandelt. Dagegen haben die nicht ausführbaren Anweisungen definitorischen Charakter; sie werden meist schon während der Übersetzungsphase verarbeitet und sorgen u.a. für die Bereitstellung, Interpretation und Vorbesetzung von Speicherplätzen.

Kommentarzeilen dienen zur Erhöhung der Lesbarkeit des Programms. Sie werden nicht in Maschinencode umgewandelt und haben daher keinerlei Einfluß auf die Programmausführung. Es ist eine gute Programmierpraxis, den verwendeten Lösungsalgorithmus und Besonderheiten des Programms durch geeignete Kommentare zu dokumentieren. Man vermeide jedoch, "Offensichtliches" durch Kommentare zusätzlich zu erläutern.

Für den Aufbau der Anweisungen und Kommentare gelten feste Regeln, die ihren Ursprung in der Verwendung von 80-spaltigen Lochkarten haben. Die Zeichenpositionen einer Zeile werden daher auch als Spalten bezeichnet. Nur in den Spalten 7-72 können Anweisungen oder Teile von Anweisungen stehen.

Im einzelnen gilt:

Spalte	Inhalt	Bedeutung und Bemerkungen
1	C oder *	Die Zeile ist als Kommentarzeile (comment line) gekennzeichnet. In den nachfolgenden Spalten kann ein beliebiger Text stehen. Leerzeilen werden ebenfalls als Kommentarzeilen betrachtet.
1-5	Zahl zwischen 1 und 99999	Die 1- bis 5-stellige Anweisungsnummer (statement label) dient zur Markierung einer Anweisung; auf sie kann in anderen Anweisungen Bezug genommen werden.
6	leer	Normalfall
6	FORTRAN-Zeichen außer Leerzeichen oder Null	Die Zeile ist als Fortsetzungszeile (continuation line) gekennzeichnet. Kann eine Anweisung nicht auf einer Zeile untergebracht werden, so darf sie auf maximal 19 weiteren Zeilen fortgesetzt werden. Die Spalten 1-5 müssen frei bleiben.
7-72	Anweisung	In diesen Spalten stehen die FORTRAN-Anweisungen. Jede Anweisung beginnt mit einer neuen Zeile.
73-80	beliebige Zeichen	Diese Spalten können zur Numerierung oder sonstigen Kennzeichnung der Zeilen verwendet werden.

Beispiel:

```
*     DIE FOLGENDE ANWEISUNG HAT DIE ANWEISUNGSNUMMER 100
  100 UMFANG = 2.*PI*RADIUS
*     DIE FOLGENDE ANWEISUNG ERSTRECKT SICH UEBER 3 ZEILEN
      PRINT*, 'RADIUS =', RADIUS
     A      , 'UMFANG =', UMFANG
     B      , 'FLAECHE =', FLAECH
```

Hinweis: Gibt man FORTRAN-Programme interaktiv ein, so sollte man mit dem Tabulator des Editors oder (sofern vorhanden) des Gerätes arbeiten, um die wiederholte Eingabe von Leerstellen zu vermeiden.

Auch die Reihenfolge der Anweisungen richtet sich nach festen Regeln, die an dieser Stelle grob zusammengefaßt werden sollen (eine exakte Darstellung finden Sie im Anhang A.3):

a) Ein Hauptprogramm sollte mit einer PROGRAM-Anweisung

PROGRAM *pname*

eingeleitet werden, durch die dem Programm der Programmname *pname* zugewiesen wird. Diese Anweisung ist optional, d.h. man könnte (sollte aber nicht) sie auch weglassen.

b) Im nachfolgenden Vereinbarungsteil werden u.a. Konstanten definiert und Variablen (mit ihrem Wertebereich) vereinbart.

c) In dem sich anschließenden Aktionsteil stehen die ausführbaren Anweisungen. Hier erfolgt das Einlesen der Ausgangsdaten, die Durchführung der gewünschten Berechnungen sowie die Ausgabe der Ergebnisse.

d) Das Hauptprogramm muß (wie jede andere Programmeinheit) mit der END-Anweisung

END

abgeschlossen werden.

Kommentarzeilen können überall im Programm vor der END-Anweisung plaziert werden.

Die Grundelemente der Anweisungen sind:

FORTRAN-Schlüsselworte	(z.B. READ, PRINT)
Konstanten	(z.B. 2, 'RADIUS', 3.14159)
symbolische Namen	(z.B. KREIS, PI, RADIUS)
Anweisungsnummern	(z.B. 100)
Operatoren	(z.B. +, *)
Sonderzeichen	(z.B. ', =).

Diese Grundelemente wiederum lassen sich auf die 49 Zeichen des FORTRAN-Zeichensatzes zurückführen, womit die unterste Stufe erreicht ist.
Zum Zeichenvorrat (character set) von FORTRAN gehören:

a) alle 26 Buchstaben von A-Z	alphanumerische Zeichen
b) alle Dezimalziffern von 0-9	
c) die 13 Sonderzeichen: +-*/=():,.'$ und das Leerzeichen (blank)	

Bemerkung: In Kommentaren und Textkonstanten sind zusätzliche, auf der jeweiligen Rechenanlage vorhandene Zeichen gestattet. Allerdings können Probleme auftreten, wenn solche Programme auf Rechenanlagen mit anderen Zeichensätzen übertragen werden sollen. Um rechnerunabhängige Programme zu schreiben, sollte man sich daher stets auf den FORTRAN-Zeichensatz beschränken.

Die symbolischen Namen dienen zur Kennzeichnung von Konstanten, Variablen, Feldern, Funktionen, Programmeinheiten usw. Sie bestehen aus 1 bis 6 alphanumerischen Zeichen, von denen das erste ein Buchstabe sein muß. Kein Sonderzeichen - außer dem Leerzeichen - darf innerhalb eines Namens auftreten. Das Leerzeichen hat bis auf wenige Ausnahmen keinerlei Bedeutung und dient vorrangig zur Verbesserung der Lesbarkeit des Programms. Bei der Namensbildung sollte man beachten, daß die FORTRAN-Schlüsselworte bereits eine feste Bedeutung besitzen und nicht anderweitig verwendet werden sollten.

Beispiel:

zulässige Namen	unzulässige Namen (Begründung)
FTN5	4ECK (beginnt mit Ziffer)
RADIUS	FLAECHE (mehr als 6 Zeichen)
AUDI80	AUDI100 (mehr als 6 Zeichen)
MITTEL	X+Y (enthält Sonderzeichen)

2.3 Konstanten und Variablen

Konstanten (constants) sind Größen, deren Werte während des Programmablaufs nicht verändert werden können. In unserem Beispielprogramm aus dem Abschnitt 2.1 traten als Konstanten Zahlen (2 und 3.14159) und Zeichenketten (z.B. 'RADIUS') auf. Die zu diesen Beispielkonstanten gehörigen Konstantenmengen (sog. Datentypen) sollen an dieser Stelle ihrer Bedeutung entsprechend ausführlich dargestellt werden.

Größen, die während der Programmausführung verschiedene Werte annehmen können, werden als Variablen bezeichnet. Eine Variable ist gekennzeichnet durch:

- einen Namen
- einen Datentyp und
- einen aktuellen Wert.

Jeder Variablen ist ein Speicherplatz zugeordnet, dessen Inhalt (Wert) durch Angabe des Variablennamens verwendet bzw. verändert werden kann. Die Menge aller möglichen Werte, die eine Variable annehmen kann, bezeichnet man als den Datentyp der Variablen.

2.3.1 Arithmetische Konstanten

In FORTRAN unterscheidet man - wie in den meisten anderen Programmiersprachen - streng zwischen ganzen und reellen Zahlen.

Ganze Zahlen werden in FORTRAN-Programmen als Ziffernfolgen mit optionalem Vorzeichen, aber ohne Dezimalpunkt (!), dargestellt. Man bezeichnet sie als INTEGER-Konstanten. Ihre Darstellung innerhalb einer Rechenanlage ist exakt. Allerdings ist zu beachten, daß nur INTEGER-Konstanten bis zu einer, von der verwendeten Rechenanlage abhängigen, maximalen Größe verarbeitet werden können.

Beispiel:

zulässige INTEGER-Konstanten	unzulässige INTEGER-Konstanten (Begründung)
+12345	123,4 (Komma unzulässig)
2	2. (Punkt unzulässig)
0	0.0 (Punkt unzulässig)
-4711	

Die in einer Rechenanlage darstellbaren **reellen Zahlen** bezeichnet man als REAL-Konstanten.
Der Grundtyp einer REAL-Konstanten ist die Dezimalpunktkonstante, die sich aus einem optionalen Vorzeichen, dem ganzzahligen Anteil, dem Dezimalpunkt und dem gebrochenen Anteil der Zahl zusammensetzt. Ein Dezimalkomma anstelle des Dezimalpunktes ist nicht zulässig. Der ganzzahlige Anteil oder der gebrochene Anteil kann fehlen.

Beispiele: 7.77 -23.9 +5.235 2. 0. .5

Diese Darstellungsform bezeichnet man als Festpunkt-Darstellung.

Besonders große und besonders kleine Zahlen lassen sich bequem als Dezimalpunkt- oder INTEGER-Konstanten (Mantisse) mit einem Exponenten zur Basis 10 darstellen (Gleitpunkt-Darstellung). Der Exponent wird dabei durch den Buchstaben E und eine nachfolgende ganze Zahl repräsentiert.

Beispiel: a) zulässige REAL-Konstanten

reelle Zahl	äquivalente Gleitpunkt-Darstellungen		
7,0	7.E0	7E0	.7E1
-30000	-3.E4	-3E4	-.3E5
0,00011	1.1E-4	11E-5	.11E-3
0	0.E0	0E0	

b) unzulässige REAL-Konstanten

Konstante	Grund
2,755	Komma ist nicht zulässig
-7.5E	Exponent fehlt
8E0.5	Exponent muß ganzzahlig sein
E-03	Mantisse fehlt
3*E3	Multiplikationszeichen ist unzulässig
-77	Dezimalpunkt fehlt

Die strenge Unterscheidung zwischen REAL- und INTEGER-Konstanten basiert i.w. darauf, daß der INTEGER-Zahlenbereich für die Lösung arithmetischer Aufgaben häufig zu klein ist. Demgegenüber steht für REAL-Konstanten ein wesentlich größerer Wertebereich zur Verfügung, denn diese Zahlen werden innerhalb einer Rechenanlage i.a. in der Gleitpunktdarstellung, also mit Mantisse und Exponent, gespeichert.

Diese Darstellungsform hat allerdings zur Folge, daß reelle Zahlen i.a. nicht exakt gespeichert werden. Die relative Genauigkeit einer REAL-Zahl (Anzahl der Mantissenstellen) und ihre maximale Größe (Wertebereich des Exponenten) sind maschinenabhängig.

Hinweis: Beim Rechnen mit REAL-Zahlen muß aufgrund der Darstellungsungenauigkeit stets mit einer geringfügigen Abweichung des berechneten Ergebnisses von der exakten Lösung gerechnet werden.

2.3.2 Arithmetische Variablen

Variablen, die als Werte ganze oder reelle Zahlen annehmen sollen, können mit Hilfe der expliziten Typanweisungen

INTEGER *name* [,*name*]...
REAL *name* [,*name*]...

vereinbart werden.

Beispiel: INTEGER INDEX, BETRAG, METER, LITER
REAL RADIUS, UMFANG, FLAECH

Bei der Bildung der Variablennamen ist darauf zu achten, daß die im Abschnitt 2.2 angegebenen Konventionen (maximal 6 alphanumerische Zeichen, das erste Zeichen ist ein Buchstabe) eingehalten werden.

Hinweis: Die Aufstellung der im Programm verwendeten Datenelemente ist ein wichtiger Bestandteil der Programmentwicklung. Um ein Programm für den Leser verständlich zu gestalten, sollte man alle auftretenden Größen mit aussagekräftigen Namen belegen.

Es gibt in FORTRAN noch eine Schreibarbeit-sparende Variante der Datentypvereinbarung, nach der der Datentyp durch den Anfangsbuchstaben des Variablennamens automatisch festgelegt wird, sofern keine andere Vereinbarung getroffen wurde:

Anfangsbuchstabe	Datentyp
I, J, K, L, M, N A-H, O-Z	INTEGER REAL

Beispiel:

Namen	Datentyp
JAHR, KRAUT ANZAHL, RUEBEN	INTEGER REAL

Da diese implizite Typvereinbarung eine Fehlerquelle darstellt, wird sie in diesem Buch weitgehend vermieden.

2.3.3 Zeichenketten-Konstanten

Unter einer Zeichenkette versteht man eine nicht leere Folge von Zeichen, wobei außer den FORTRAN-Zeichen auch alle anderen auf der Rechenanlage vorhandenen Zeichen auftreten dürfen. Zeichenketten-Konstanten müssen durch Apostrophstriche (') begrenzt werden, damit sie der Compiler von anderen Sprachelementen unterscheiden kann. Ein Apostrophzeichen innerhalb einer Zeichenkette wird durch zwei aufeinanderfolgende Apostrophzeichen dargestellt. Leerstellen innerhalb von Zeichenketten sind signifikant.

Beispiele: 'RZW: FORTRAN-KURS'

'SCHEE, 30.6.82'

'LAEUFT''S?'

Man beachte den Unterschied:

12 ist eine INTEGER-Konstante,
'12' ist eine aus den beiden Zeichen 1 und 2 bestehende CHARACTER-Konstante.

Die maschineninterne Darstellung der beiden Konstanten ist völlig verschieden.

Als Länge einer CHARACTER-Konstante bezeichnet man die Anzahl der zwischen den beiden begrenzenden Apostrophstrichen befindlichen Zeichen, wobei zwei aufeinanderfolgende Apostrophzeichen als ein Zeichen gezählt werden. Demnach hat z.B. die CHARACTER-Konstante 'LAEUFT''S?' die Länge 9.

2.3.4 Zeichenketten-Variablen

Eine Größe, die verschiedene Zeichenketten einer bestimmten Länge als "Wert" annehmen kann, bezeichnet man als eine CHARACTER-Variable. Eine solche Variable muß in einer CHARACTER-Typanweisung vereinbart werden, wobei hinter dem Variablennamen noch die zugehörige Zeichenketten-Länge anzugeben ist. Entsprechend viele Zeichenpositionen werden für diese Variable reserviert. Eine ohne Längenangabe aufgeführte Variable hat automatisch die Länge 1.

Beispiel: CHARACTER KARTE*80, ZEILE*136, ZEICHN
Es werden die CHARACTER-Variablen KARTE (80 Zeichen enthaltend), ZEILE (136 Zeichen) und ZEICHN (1 Zeichen) vereinbart.

Es besteht auch die Möglichkeit, direkt hinter dem Schlüsselwort CHARACTER eine Länge anzugeben. Dann besitzen alle ohne Längenangabe aufgeführten Größen dieser CHARACTER-Anweisung die angegebene Länge.

Beispiel: CHARACTER*10 NAME, VORNAM, GESCHL*1
Es werden die jeweils 10 Zeichen umfassenden CHARACTER-Variablen NAME und VORNAM vereinbart. Die Variable GESCHL hat die Länge 1.

Die Verwendung von CHARACTER-Größen wird ausführlich im Kapitel 7 behandelt.

2.3.5 Benannte Konstanten

Es ist zweckmäßig, Konstanten, die eine besondere Bedeutung besitzen, mit einem Namen zu versehen und sie dadurch im Programm hervorzuheben. Dies erreicht man mit Hilfe der PARAMETER-Anweisung

PARAMETER (*name=kon* [,*name=kon*]...)

Der Konstanten (bzw. dem Konstantenausdruck) *kon* wird dadurch der Konstantenname *name* zugewiesen. Dieser kann in allen nachfolgenden Anweisungen (der Programmeinheit) anstelle des Konstantenwertes verwendet werden.

Der in der PARAMETER-Anweisung verwendete Name muß bzw. sollte zuvor noch in einer Typanweisung vereinbart werden.

Beispiel:

```
REAL PI, FAKTOR
PARAMETER (PI=3.14159, FAKTOR = PI/180.)
```

Neben der Erhöhung der Lesbarkeit haben Konstantennamen den Vorteil, daß die Änderung einer solchen Konstanten im Programm sehr einfach ist, da sie nur an einer zentralen Stelle vorgenommen werden muß.

Im Gegensatz zu Variablen kann der Wert einer benannten Konstanten während der Programmausführung nicht verändert werden!

2.4 Arithmetische Ausdrücke und Standardfunktionen

2.4.1 Der Aufbau arithmetischer Ausdrücke

Arithmetische Konstanten, Variablen, Feldelemente (7.4) und Funktionswerte (2.4.3, 6.3) sind die einfachsten arithmetischen Ausdrücke. Sie können mit den aus der Mathematik bekannten arithmetischen Operatoren

+	Addition
-	Subtraktion
*	Multiplikation
/	Division
**	Exponentiation

zu zusammengesetzten arithmetischen Ausdrücken verknüpft werden.

Beispiele: 3-9 -1.5*X+2.0 PI*RADIUS**2 WEG/ZEIT

Sind die Operanden eines arithmetischen Ausdruckes ausnahmslos (benannte oder unbenannte) Konstanten, so spricht man von einem Konstantenausdruck.

Beispiele: 12.5*125.73-4.83
3*87-11**2
2.*PI (mit der in 2.3.5 definierten Konstanten PI)

Für die Konstruktion zusammengesetzter arithmetischer Ausdrücke sind die folgenden Regeln zu beachten:

a) Weder zwei Operanden noch zwei Operatoren dürfen unmittelbar nebeneinander stehen.

b) Das Multiplikationszeichen * muß stets angegeben werden.

Beispiel:

falscher Ausdruck	richtiger Ausdruck
A/-B	A/(-B) oder -A/B
A**-2	A**(-2)
2N+1	2*N+1

c) Arithmetische Ausdrücke, die einen im mathematischen Sinn nicht definierten Wert besitzen (z.B. Division durch Null, negative Zahl mit nichtganzzahligem Exponenten), sind unzulässig.

2.4.2 Die Auswertung eines arithmetischen Ausdrucks

Die Auswertung eines arithmetischen Ausdrucks liefert eine Zahl, deren Datentyp durch die Datentypen der im Ausdruck auftretenden Operanden festgelegt ist.

Werden zwei Operanden, die den gleichen Datentyp besitzen, miteinander verknüpft, so hat auch der Ergebniswert diesen Datentyp.

Werden eine INTEGER- und eine REAL-Größe miteinander verknüpft, so ist das Ergebnis stets eine REAL-Zahl. Vor der Ausführung der Operation wird - mit Ausnahme der ganzzahligen Exponentiation - der Wert des INTEGER-Operanden in eine entsprechende REAL-Zahl umgewandelt.

Beispiel:

Ausdruck	Wert
3-9	-6
3.-9.	-6.
3-9.	-6.
3.-9	-6.

Bei der ganzzahligen Division (Division mit INTEGER-Operanden) ist zu beachten, daß das Ergebnis der ganzzahlige Anteil des Quotienten ist. Der Divisionsrest geht verloren. Ein Runden findet nicht statt!

Beispiel:

18/5	liefert den Wert 3
-8/3	liefert den Wert -2
1/(N+1)	liefert für jede natürliche Zahl N den Wert 0
5**(1/2)	liefert den Wert 1(!)

Entsprechende Auswirkungen müssen bei der Wiedergabe von Formeln in FORTRAN berücksichtigt werden. So darf z.B. die Kegelvolumenformel v=1/3(g·h) nicht in der Form (1/3)*GRUNDF*HOEHE dargestellt werden, da dieser Ausdruck stets den Wert Null liefert. Den richtigen Wert erhält man mit dem Faktor (1./3.).

Hinweis: Liegt ein arithmetischer Ausdruck vor, in dem mindestens eine REAL-Zahl auftritt, so ist es zweckmäßig, alle ganzen Zahlen - bis auf die Exponenten - ebenfalls als REAL-Zahlen darzustellen. Insbesondere vermeidet man dadurch überflüssige interne Zahlenumwandlungen für die Berechnung des Ergebnisses.

Die Exponentiation einer INTEGER-Zahl i_1, mit einem negativen INTEGER-Exponenten i_2 - also der Ausdruck i_1**i_2 - ist äquivalent mit dem Ausdruck 1/(i_1**$|i_2|$). Demnach hat z.B. 3**(-2) den Wert 1/(3**2), also den Wert Null.

Der Wert eines zusammengesetzten arithmetischen Ausdrucks ist i.a. von der Reihenfolge abhängig, in der die einzelnen Operationen ausgeführt werden.

Beispiel: Der Ausdruck 2.*3/4 hat bei einer Auswertung von links nach rechts den Wert 1.5 und bei einer Auswertung von rechts nach links den Wert 0., da die ganzzahlige Division 3/4 den Wert Null liefert.

Es gibt daher eine feste Prioritätenfolge, nach der arithmetische Ausdrücke ausgewertet werden:

Reihenfolge	Operation
1.	Klammerausdrücke
2.	Exponentiation
3.	Multiplikation, Division
4.	Addition, Subtraktion

Die gewünschte Reihenfolge der Operationen kann durch die Verwendung von Klammern stets erzielt werden, da die Klammerausdrücke die höchste Priorität besitzen. Überflüssige Klammern sind nicht nur erlaubt, sondern ihre Verwendung ist aus Gründen der Übersichtlichkeit sogar zu empfehlen.
Die Auswertung geschachtelter Klammerausdrücke erfolgt von innen nach außen. Liegen gleichrangige Operationen vor, so wird in den Fällen 1, 3 und 4 von links nach rechts ausgewertet, bei der Potenzierung von rechts nach links.

Beispiel: Die nachfolgenden Ausdrücke sind äquivalent:

```
a) X+Y*Z        und    X+(Y*Z)
b) X/Y-Z        und    (X/Y)-Z
c) X**Y**Z      und    X**(Y**Z)
d) X**2/3.*Y    und    ((X**2)/3.)*Y
e) -A**2        und    -(A**2) (!)
```

2.4.3 Standardfunktionen

Die in mathematisch-technischen Problemstellungen häufig auftretenden Funktionen müssen nicht in umfangreichen Anweisungsfolgen jedesmal mühsam programmiert werden, sondern sie sind Bestandteil der Sprache, d.h. sie werden von jedem FORTRAN 77-Compiler standardmäßig zur Verfügung gestellt.

Eine solche Standardfunktion wird wie in der Mathematik üblich verwendet. Man gibt den Funktionsnamen mit einem in Klammern eingeschlossenen Argument an, das die Form eines arithmetischen Ausdrucks hat. Aus dem Argumentwert, der u.U. noch funktionsspezifische Restriktionen erfüllen muß, wird während der Programmausführung ein Funktionswert (mit einem festgelegten Datentyp) ermittelt. Soll z.B. die Wurzel aus dem Ausdruck X+Y (X und Y seien REAL-Variablen) berechnet werden, so schreibt man einfach

```
SQRT (X+Y)
```

Dabei muß gewährleistet sein, daß $X+Y \geq 0$ ist, da bekanntlich die Wurzel aus einer negativen Zahl nicht definiert ist. Jeder Funktionsaufruf, z.B. SQRT(X+Y), gilt selbst als einfacher arithmetischer Ausdruck und kann daher Teil eines zusammengesetzten Ausdrucks sein, z.B.

```
(2.*Z)/(SQRT(X+Y)+1.5)
```

Neben den mathematischen Standardfunktionen existieren noch vordefinierte Funktionen zur Datentypumwandlung und zur Zeichenverarbeitung. Darüberhinaus hat jeder FORTRAN-Programmierer die Möglichkeit, weitere, für seine Anwendung benötigte Funktionen selbst zu vereinbaren (Abschnitt 6.3).

Eine vollständige Liste der arithmetischen FORTRAN 77-Standardfunktionen ist im Abschnitt 7.2.4 angegeben. Wir beschränken uns an dieser Stelle auf einen Auszug der am häufigsten verwendeten Funktionen dieser Liste.

FORTRAN-Funktion	Datentyp Argument	Datentyp Funktion	mathematische Bedeutung
SQRT(x)	REAL	REAL	Quadratwurzelfunktion $\sqrt{x}$
SIN(x)	REAL	REAL	Sinusfunktion $\sin x$
COS(x)	REAL	REAL	Cosinusfunktion $\cos x$
TAN(x)	REAL	REAL	Tangensfunktion $\tan x$
EXP(x)	REAL	REAL	Exponentialfunktion e^x
ABS(x)	REAL INTEGER	REAL INTEGER	Absolutbetrag $\|x\|$
INT(x)	REAL	INTEGER	Umwandlung REAL→INTEGER (ohne Runden)
NINT(x)	REAL	INTEGER	Umwandlung REAL→INTEGER (mit Runden)
REAL(x)	INTEGER	REAL	Umwandlung INTEGER→REAL

Bemerkungen:

a) Die Quadratwurzelfunktion ist nur für $x \geq 0$ vom Typ REAL definiert. Will man z.B. die Wurzel aus 15 berechnen, so muß man SQRT(15.) schreiben und nicht SQRT(15).
Zur Berechnung der Wurzel aus einem INTEGER-Ausdruck ist die Konvertierungsfunktion REAL heranzuziehen, z.B. SQRT(REAL(2*N+1)).

b) Die Argumente der trigonometrischen Funktionen sind im Bogenmaß anzugeben (Umrechnungsfaktor für Winkel im Gradmaß: $\pi/180 \approx 3.14159/180.$).

c) Die Konvertierungsfunktion INT(x) liefert den ganzzahligen Anteil von x. INT (-0.7), INT (0.1) und INT (0.9) liefern also die INTEGER-Zahl 0.

d) Die Konvertierungsfunktion NINT (x) liefert die nächste ganze Zahl von x. NINT (-0.7) hat den Wert -1; NINT (0.1) hat den Wert 0; NINT (0.9) hat den Wert 1.

2.5 Die Wertzuweisung

Bevor man mit einer Variablen arbeiten (rechnen) kann, muß dieser zuvor im Programm ein Wert zugewiesen worden sein. Die einfachste Anweisung, mit der man einer Variablen einen Wert zuführen kann bzw. mit der man ihren aktuellen Wert verändern kann, ist die Wertzuweisung.

Die arithmetische Wertzuweisung (arithmetic assignment) hat die allgemeine Form

$$v = aa$$

wobei v eine arithmetische Variable und aa ein arithmetischer Ausdruck ist.

Beispiel:

```
RADIUS = 3.5
MITTEL = (M1 + M2)/2.
UMFANG = 2.*(A+B)
```

unzulässig sind:

```
3.5 = RADIUS
 -X = A+B
A*B = FLAECH
```

da auf der linken Seite nur ein Variablenname stehen darf.

Die Wertzuweisung hat zwar die Form einer mathematischen Gleichung, jedoch eine ganz andere Bedeutung. Das Gleichheitszeichen ist hier als Zuweisungszeichen*) zu interpretieren.

Eine Wertzuweisung wird in zwei Schritten durchgeführt. Zunächst wird der Wert des mathematischen Ausdrucks berechnet.

---

*) Neuere Programmiersprachen (z.B. PASCAL, ADA) verwenden als Zuweisungszeichen ":=", um Assoziationen zur mathematischen Gleichheit gar nicht erst aufkommen zu lassen.

Anschließend wird der Variablen v dieser Wert zugewiesen. Demnach ist die Wertzuweisung

```
I = I + 1
```

durchaus korrekt, jedoch als mathematische Gleichung sinnlos. Durch diese Anweisung wird der Wert der Variablen I um eins erhöht.

Besitzt der Ausdruck einen anderen Datentyp als die Variable, so wird das berechnete Ergebnis automatisch in den Typ der Variablen umgewandelt.

Beispiel:

```
REAL A
A = 5 * 19
```

Die rechte Seite liefert den Wert 95, der in die REAL-Zahl 95. umgewandelt wird.

Weist man einer INTEGER-Variablen eine REAL-Zahl zu, so erhält sie als Wert den ganzzahligen Anteil der REAL-Zahl (kein Runden!).

Beispiel:

```
INTEGER LITER
LITER = 8*0.6
```

Die rechte Seite liefert den Wert 4.8, der in die INTEGER-Zahl 4 umgewandelt wird.

Da REAL-Zahlen innerhalb von Rechenanlagen i.a. nicht exakt dargestellt werden und bei der Zuweisung an INTEGER-Variablen keine Rundung stattfindet, muß man bei einer solchen Konstellation auf unangenehme Überraschungen gefaßt sein. Z.B. weist die Anweisung

```
I = 12.34*100
```

der INTEGER-Variablen I auf manchen Rechenanlagen den Wert 1233 zu (Grund: 12.34 wird in der Form 12.33999...9 gespeichert, Multiplikation mit 100 liefert 1233.999...9, der gebrochene Anteil entfällt bei der Umwandlung in eine INTEGER-Zahl).

Hinweis: Man vermeidet solche Effekte, indem man:

a) dafür sorgt, daß alle Größen innerhalb der Wertzuweisung den gleichen Datentyp besitzen.

oder

b) die Rundungsfunktion NINT verwendet.

Die Anweisung

```
I = NINT (12.34*100)
```

führt der INTEGER-Variablen I den gewünschten Wert 1234 zu.

2.6 Einfache Ein- und Ausgabeanweisungen

FORTRAN bietet verschiedene Möglichkeiten, Daten von einem Programm aus einzulesen und Ergebnisse am Bildschirm oder über den Drucker auszugeben. Die zugehörigen Anweisungen heißen Eingabe- bzw. Ausgabeanweisungen. Besonders einfach und bequem in der Handhabung ist die listengesteuerte Ein- und Ausgabe, die keinerlei Beschreibung der Datendarstellung verlangt. Diese Ausgabeform wird in diesem Abschnitt behandelt, während der nachfolgende Abschnitt 2.7 der formatierten Ausgabe gewidmet ist. Im Kapitel 8 erfolgt eine zusammenfassende Darstellung der Ein- und Ausgabemöglichkeiten in FORTRAN.

2.6.1 Listengesteuerte Ausgabe

Die einfachste Ausgabeanweisung hat die Form

PRINT * [,*aliste*]

wobei in der Ausgabeliste *aliste* Konstanten, Variablen und Ausdrücke stehen können. Die Listenelemente sind untereinander durch Kommata zu trennen.

Beispiel:

```
PRINT*,'RADIUS= ', RADIUS, ' CM'
PRINT*,'UMFANG= ', 2.*PI*RADIUS, ' CM'
```

Die Ausführung einer PRINT-Anweisung bewirkt, daß die Werte der Listenelemente in der aufgeführten Reihenfolge am Bildschirm oder auf dem Drucker ausgegeben werden.

Dabei ist die Darstellung der Werte, wie z.B. die Anzahl der Nachkommastellen und ob REAL-Zahlen in der Festpunkt- oder Gleitpunktform ausgegeben werden, von der verwendeten Rechenanlage abhängig. Zeichenkettenkonstanten werden ohne die begrenzenden Apostrophstriche ausgegeben.

Jede PRINT-Anweisung erzeugt eine neue Ausgabezeile; insbesondere erzeugt

```
PRINT*
```

eine Leerzeile.

<u>Beispiel</u>:

```
      PROGRAM BENZIN
C
C     BERECHNUNG DES DURCHSCHNITTLICHEN BENZINVERBRAUCHS
C     IN LITERN PRO 100 KM
C     --OHNE EINGABE
*-------------------------------------------------------
*     --VARIABLEN
      REAL LITER, KM, MITTEL
*-------------------------------------------------------
      LITER  = 128.5
      KM     = 1316.
      MITTEL = (LITER * 100.)/KM
      PRINT*, 'BENZINVERBRAUCH:'
      PRINT*
      PRINT*, 'DER WAGEN HAT ',MITTEL,' LITER PRO 100 KM',
     A         ' VERBRAUCHT'
      END
```

Ausgabe:

```
BENZINVERBRAUCH:

DER WAGEN HAT 9.764438 LITER PRO 100 KM VERBRAUCHT
```

2.6.2 Listengesteuerte Eingabe

Im vorangegangenen Beispielprogramm wurden die Ausgangswerte zur Berechnung des durchschnittlichen Benzinverbrauchs den entsprechenden Variablen über Wertezuweisungen zugewiesen. Soll das Programm mit anderen Ausgangswerten ablaufen, so sind Veränderungen innerhalb des Programms notwendig. Wesentlich günstiger ist es, die Programme <u>unabhängig von den Ausgangsdaten</u> zu gestalten.

Durch die Verwendung von Eingabeanweisungen kann man Variablen mit Werten besetzen, die außerhalb des Programms auf einem externen Speichermedium stehen.

Zum Einlesen von Daten dient die Anweisung

READ * [,*eliste*]

wobei in der Eingabeliste *eliste* nur durch Kommata getrennte Variablennamen stehen dürfen; Konstanten und zusammengesetzte Ausdrücke sind als Listenelemente nicht erlaubt.

Beispiel: READ *, LITER, KM

Wie und in welcher Form stellt man einem Programm Daten zur Verfügung?

Im Stapelbetrieb müssen die Eingabedaten in Form von Konstanten auf zusätzlichen Lochkarten (Datenkarten) bereitgestellt werden.

Im Dialogbetrieb wird bei der Ausführung einer Leseanweisung der Programmablauf unterbrochen, und es müssen über die Tastatur Werte eingegeben werden. In diesem Fall ist es günstig, vor der READ-Anweisung eine erläuternde PRINT-Anweisung zu plazieren, deren Inhalt vor der Eingabeaufforderung am Bildschirm erscheint. Ein gutes interaktives Programm gibt dem Benutzer auch das Format der Eingabedaten an.

Beispiel:

```
PRINT*, 'GEBEN SIE EIN: VERBRAUCHTE LITER (FORMAT: NNNN.NN)'
READ*, LITER
PRINT*, 'GEBEN SIE EIN: GEFAHRENE KILOMETER (FORMAT: NNNN)'
READ*, KM
```

Eine READ-Anweisung hat die Wirkung von einer oder mehreren Wertzuweisungen: der ersten Variablen in der Eingabeliste wird der erste Datenwert zugewiesen, der zweiten Variablen der zweite Datenwert usw. Dabei ist zu beachten, daß die Datentypen der Variablen mit denen der zugeordneten Konstanten übereinstimmen. Einzige Ausnahme: REAL-Variablen darf man auch INTEGER-Konstanten als Eingabedaten zuweisen.

Zwei aufeinanderfolgende Eingabedaten müssen voneinander durch eines der folgenden "Trennzeichen" separiert sein:

- ein oder mehrere Leerzeichen
- ein Komma (kann von einem oder mehreren Leerzeichen umgeben sein)
- ein Schrägstrich (kann von einem oder mehreren Leerzeichen umgeben sein)
- Datensatzende (Lochkartenende, Eingabezeilenende)

Ein Datenwert darf (Ausnahme: CHARACTER-Konstanten (s. 2.3.2)) also keine Leerzeichen enthalten, da er sonst falsch interpretiert wird, und er kann sich nicht über 2 Datensätze (Lochkarten) hinweg erstrecken.

Beispiel:

```
REAL A,B,C
INTEGER I,J
READ*,A,B,C,I,J
```

Eingabedaten: 1.2E-3, 2.4, -7, 10, -3

Nach der Ausführung der READ-Anweisung gilt:

A hat den Wert 1.2E-3
B hat den Wert 2.4
C hat den Wert -7. (mit Konvertierung!)
I hat den Wert 10
J hat den Wert -3

Wird ein Schrägstrich zur Trennung von Eingabedaten verwendet, so bewirkt dieser das Abschließen des aktuellen Eingabevorgangs. Stehen in der Eingabeliste noch weitere Variablen, so werden diesen keine Werte zugeordnet. Sie behalten ihre alten Werte oder bleiben undefiniert.

Beispiel:

```
REAL A,B,C
READ*,A,B,C
```

Eingabedaten: -2.5/

Wirkung: A erhält den Wert -2.5
B und C bleiben undefiniert bzw. behalten ihre alten Werte

Sind mehrere in der Eingabeliste aufeinanderfolgende Größen mit dem gleichen Wert c zu besetzen, so kann die kompakte Datendarstellung

f*c

mit einem positiven ganzzahligen Wiederholungsfaktor f gewählt werden.

Beipiel: REAL A,B,C
READ*,A,B,C

Eingabedaten: 3*-1.2

Wirkung: Die Variablen A,B und C erhalten den Wert -1.2

Ist die Anzahl der in der Eingabeliste stehenden Variablen größer als die Anzahl der Elemente des zugehörigen Datensatzes (Datenkarte), so wird automatisch der nächste Datensatz herangezogen.

Beispiel: REAL A,B,C
READ*,A,B,C

Eingabedaten: 1.5 2.5
-3.5 4.5

Wirkung: A erhält den Wert 1.5, B den Wert 2.5 und C den Wert -3.5

Jede READ-Anweisung bewirkt, daß ein neuer Datensatz gelesen wird. Im letzten Beispiel geht somit der Wert 4.5 verloren. Insbesondere kann mit

READ*

ein Datensatz überlesen werden.

Beispiel:

```
      PROGRAM BENZIN
C
C     BERECHNUNG DES DURCHSCHNITTLICHEN BENZINVERBRAUCHS
C     IN LITERN PRO 100 KM
C     --MIT EINGABE--
C---------------------------------------------------
*     --VARIABLEN
      REAL LITER, KM, MITTEL
*---------------------------------------------------
      PRINT*,'BERECHNUNG DES DURCHSCHNITTLICHEN BENZINVER',
     A       'BRAUCHS'
      PRINT*,'ANZAHL DER VERBRAUCHTEN LITER BENZIN (FORMAT:',
     A       'NNN.NN)'
      READ*, LITER
      PRINT*,'ANZAHL DER GEFAHRENEN KM (FORMAT: NNNN)'
      READ*, KM
      MITTEL = (LITER*100.)/KM
      PRINT*,'IHR WAGEN HAT DURCHSCHNITTLICH ',MITTEL,
     A       ' LITER PRO 100 KM VERBRAUCHT'
      END
```

2.7 Formatierte Ausgabe

Die listengesteuerte Ausgabe ist - wie wir gesehen haben - recht bequem in der Handhabung. Sie hat allerdings den Nachteil, daß die Darstellung der Werte z.T. von der verwendeten Rechenanlage abhängt. Ebenso gibt es Schwierigkeiten, wenn übersichtliche Listen oder Tabellen anzufertigen sind.

Beide Probleme können durch die Verwendung von Formatangaben elegant gelöst werden.

Eine formatierte Ausgabe erreicht man mit Hilfe der Anweisung

PRINT '(*fliste*)' [,*aliste*]

Der einzige Unterschied gegenüber der listengesteuerten PRINT-Anweisung besteht darin, daß der * durch eine CHARACTER-Konstante ersetzt wird. Diese enthält eine in Klammern gesetzte Liste von Format-Beschreibern *fliste*.

Die Format-Beschreiber geben genau an, in welcher Form die Ausgabelistenelemente dargestellt werden sollen (z.B. Anzahl der Nachkommastellen).

FORTRAN stellt eine Fülle von Format-Beschreibern zur Verfügung (siehe Abschnitt 8.5). Wir wollen uns an dieser Stelle auf die wichtigsten beschränken:

Datenelement	Formatbeschreiber
INTEGER-Zahl	Iw
REAL-Zahl	Fw.d oder Ew.d
Zeichenkette	A

Dabei sind w und d vorzeichenlose ganze Zahlen.

Wirkung:
Die Zahlen werden rechtsbündig in ein w Zeichen umfassendes Ausgabefeld geschrieben.
Übersteigt die Anzahl der auszugebenden Zeichen die angegebene Feldweite w, so wird das gesamte Feld mit Sternen belegt.

a) Eine ganze Zahl wird mit Hilfe des I-Beschreibers Iw ohne führende Nullen ausgegeben. Diese werden durch Leerzeichen ersetzt.

Beispiel:
```
INTEGER LITER
LITER = 438
PRINT '(I4)', LITER
```

Ausgabe:
```
 438
```

b) Eine reelle Zahl wird mit Hilfe des F-Beschreibers Fw.d in der Festpunktdarstellung mit d Nachkommastellen ausgegeben. Vor der Ausgabe findet eine entsprechende Rundung statt.
Eine reelle Zahl wird mit Hilfe des E-Beschreibers Ew.d in der Gleitpunktdarstellung mit d Nachkommastellen ausgegeben. Der Exponent wird dabei so gewählt, daß der Betrag der Mantisse kleiner als 1.0 und größer oder gleich 0.1 ist. Vor der Ausgabe findet eine entsprechende Rundung statt.
Da ein mögliches Vorzeichen, der Dezimalpunkt und 4 Zeichen für die Exponentendarstellung zu berücksichtigen sind, ist stets

$$w \geq d+2 \quad \text{bzw.} \quad w \geq d+6$$

zu wählen.

Beispiel:
```
REAL RADIUS
RADIUS = 12.3846
PRINT'(F6.2)', RADIUS
PRINT'(E9.3)', RADIUS
```

Ausgabe:
```
 12.38
 .124E+02
```

c) Eine Zeichenkette wird mit Hilfe des A-Beschreibers A in ihrer vollen Länge (ohne führende Leerzeichen) ausgegeben.

Ein I-, F-, E- oder A-Beschreiber beschreibt exakt die Darstellung eines Ausgabewertes. Man bezeichnet diese Beschreiber daher auch als Daten-Beschreiber.

Es gibt eine eindeutige Zuordnung zwischen den Daten-Beschreibern und den Ausgabelistenelementen; diese ist durch die Listenpositionen festgelegt.

Beispiele: a)

```
      REAL PREIS
      INTEGER ANZAHL
      ANZAHL = 12
      PREIS = 0.953
      PRINT'(I3,A,F5.2)', ANZAHL,' PAAR SOCKEN KOSTEN ',
     A                  ANZAHL*PREIS
```

Ausgabe:

```
 12 PAAR SOCKEN KOSTEN 11.44
```

b)

```
      REAL X
      X = 2.51
      PRINT '(F4.1, F3.1)', X, -X
```

Ausgabe:

```
 2.5***
```

Die 3-Zeichenpositionen reichen nicht aus, um den Wert von -X mit einer Nachkommastelle auszugeben.

Man beachte, daß zu einem I-Beschreiber nur eine INTEGER-Zahl, zu einem F- oder E-Beschreiber nur eine REAL-Zahl und zu einem A-Beschreiber nur eine Zeichenkette korrespondieren darf.

Aufeinanderfolgende Daten-Beschreiber beziehen sich auf aufeinanderfolgende Ausgabefelder. Zur Erzeugung von Leerzeichen zwischen diesen Aufgabefeldern verwendet man die beiden folgenden "Tabulatoren", die der Klasse der Steuerungs-Beschreiber (siehe Abschnitt 8.5) angehören:

Tn	positioniert auf das n-te Zeichen des Datensatzes
TRn	überspringt von der aktuellen Position n Zeichen nach rechts

In beiden Fällen werden die noch freien übersprungenen Positionen mit Leerzeichen aufgefüllt; n ist dabei eine vorzeichenlose ganze Zahl.

Beispiel:

```
      REAL SEITE
      SEITE = 2.5
      PRINT '(T10,A,F6.2,TR5,A,F6.2)' ,'SEITE=' ,SEITE,
     A       'FLAECHE=', SEITE*SEITE
```

Ausgabe:

```
         SEITE=  2.50     FLAECHE=  6.25
```

Soll die Ausgabe der Daten über einen Zeilendrucker erfolgen, so ist zu beachten, daß das erste Zeichen jedes Ausgabesatzes zur Papiervorschubsteuerung dient und selbst nicht gedruckt wird:

Vorschubzeichen	Funktion
Leerzeichen	Vorschub auf den Anfang der nächsten Zeile
0 (Null)	Vorschub auf den Anfang der übernächsten Zeile (Erzeugung einer Leerzeile)
1	Vorschub auf den Anfang der ersten Zeile der nächsten Seite
+	Positionierung auf den Anfang der letzten Ausgabezeile (Doppeldruck)

Zunächst wird die Vorschubsteuerung ausgeführt; anschließend erfolgt das Drucken der restlichen Zeichen des Datensatzes.

Beispiel:

```
      PROGRAM DRUCKE
C
C      PROGRAMMBEISPIEL ZUR VERANSCHAULICHUNG DER
C      WIRKUNGSWEISE DER DRUCKERVORSCHUBZEICHEN
C
      PRINT '(A)','1 HIER BEGINNT EINE NEUE SEITE'
      PRINT '(A)','  DIES IST DIE NAECHSTE ZEILE'
      PRINT '(2A)','0 VOR DIESER ZEILE WIRD EINE LEERZEILE',
     A             ' AUSGEGEBEN'
      PRINT '(A)',' ZUM ABSCHLUSS EINE ZEILE MIT DOPPELDRUCK'
      PRINT '(A)','+ZUM ABSCHLUSS EINE ZEILE MIT DOPPELDRUCK'
      END
```

Erfolgt die Ausgabe über einen Zeilendrucker, so wird eine neue Ausgabeseite begonnen, und es erscheint folgendes Druckbild:

```
HIER BEGINNT EINE NEUE SEITE
DIES IST DIE NAECHSTE ZEILE

VOR DIESER ZEILE WIRD EINE LEERZEILE AUSGEGEBEN
ZUM ABSCHLUSS EINE ZEILE MIT DOPPELDRUCK
```

Erfolgt die Ausgabe am Bildschirm, so haben die Steuerzeichen i.a. keinen Einfluß auf die Darstellung:

```
1 HIER BEGINNT EINE NEUE SEITE
  DIES IST DIE NAECHSTE ZEILE
0 VOR DIESER ZEILE WIRD EINE LEERZEILE AUSGEGEBEN
  ZUM ABSCHLUSS EINE ZEILE MIT DOPPELDRUCK
+ ZUM ABSCHLUSS EINE ZEILE MIT DOPPELDRUCK
```

Vergißt man die Erzeugung eines Vorschubzeichens, so kann dies leicht zu unerwünschten Erscheinungen führen, wie das folgende Beispiel zeigt:

Beispiel: PRINT '(I3)', ANZAHL

Hat z.B. die INTEGER-Variable ANZAHL den Wert 123, so erscheint auf der ersten Zeile der nächsten Druckseite die Zahl 23.

Hinweise:

- Machen Sie es sich zur Gewohnheit, jede Formatliste mit (T2,... anzufangen. Damit wird jede Ausgabezeile mit einem Leerzeichen begonnen, und Sie vermeiden die irrtümliche Erstellung von "Holzfällerprogrammen".

- Auch das Vorschubzeichen "+" sollte man mit Überlegung einsetzen, da ein zu häufiges Übereinanderdrucken Papier und Drucker zerstören kann.

- Weiterhin ist zu beachten, daß eine Druckzeile gewöhnlich nur 132 Zeichen aufnehmen kann.

Die listengesteuerte PRINT-Anweisung bewirkt, daß jeder Ausgabesatz mit einem Leerzeichen beginnt (und somit "gefahrlos" über einen Zeilendrucker ausgegeben werden kann).

2.8 Vom Problem zum Programm

An Hand eines Beispiels soll in diesem Abschnitt aufgezeigt werden, wie man prinzipiell einfache Formelprobleme in Angriff nimmt.

Zunächst die Aufgabenstellung:

Man erstelle ein Programm, das zu vorgegebenem Abwurfwinkel und -geschwindigkeit die Wurfweite und Wurfhöhe ermittelt.

Analog zu der aus der Schulmathematik bekannten Vorgehensweise stellen wir zunächst zusammen:

Geg.: Abwurfwinkel, Abwurfgeschwindigkeit
Ges.: Wurfweite, Wurfhöhe

Dabei werden die Voraussetzungen für das Programm sowie dessen Leistungsumfang nach dem folgendem Schema schriftlich fixiert:

- Welche Eingangsdaten stehen in welcher Form zur Verfügung?
- Welche Berechnungen sind durchzuführen?
- Wie sehen die Ausgabedaten aus, und wie soll die Ausgabe gestaltet werden?

I Problemdefinition

a) Eingabedaten: Abwurfwinkel (im Gradmaß)
Abwurfgeschwindigkeit (in m/sec)

b) Berechnungen: Wurfweite (in m), Wurfhöhe (in m)

c) Ausgabedaten: alle eingegebenen und berechneten Werte mit Erläuterung und Benennung

Im nächsten Schritt wird ein Programmentwurf erstellt, der insbesondere die für die Lösung notwendigen Formeln enthält.

II Programmentwurf

a) Lesen: Abwurfwinkel α_G(Grad) und -geschwindigkeit v(m/sec)

b) Zwischenrechnung: $\alpha_B = \alpha_G * \pi/180$ (Umwandlung von Grad- in Bogenmaß)

Wurfweite: $w = (v^2/g).\sin 2\ \alpha_B$ (m)
Wurfhöhe: $h = (v^2/2g).\sin^2 \alpha_B$ (m)
mit π=3.14159, $g = 9.81$ (m/sec^2)

c) Drucken: α_G, v, w, h mit Bemaßung

Vergibt man noch FORTRAN-Namen für die in den Berechnungen auftretenden Konstanten und Variablen, etwa

Konstanten REAL: PI = 3.14159, G = 9.81
Variablen REAL: ALPHAB, ALPHAG, V, WEITE, HOEHE

so läßt sich der Programmentwurf ohne Schwierigkeiten in ein entsprechendes Programm umsetzen:

III Programm

```
      PROGRAM WURF
C
C     PROGRAMM ZUR BERECHNUNG VON WURFWEITE UND WURFHOEHE
C     BEIM SCHIEFEN WURF.
C     EINGABE: ABWURFWINKEL ALPHAG (IM GRADMASS)
C              ABWURFGESCHWINDIGKEIT V (IN M/SEC)
***********************************************************
*     -- KONSTANTEN --                                    *
      REAL PI,G
      PARAMETER (PI=3.14159, G=9.81)
*     -- VARIABLEN --                                     *
      REAL ALPHAG, ALPHAB, V, WEITE, HOEHE
***********************************************************
*     -- EINGABE --
      READ*, ALPHAG,V
*     -- UMWANDLUNG VON GRAD IN BOGENMASS --
      ALPHAB=ALPHAG*PI/180.
*     -- WURFWEITE, WURFHOEHE --
      WEITE=(V**2/G) * SIN(2*ALPHAB)
      HOEHE=(V**2/(2.*G))* (SIN(ALPHAB))**2
*     -- AUSGABE --
      PRINT '(A)',' SCHIEFER WURF'
      PRINT '(A)','+SCHIEFER WURF'
      PRINT '(T2,A,F8.2,A)','ABWURFWINKEL:',ALPHAG,'(GRAD)'
      PRINT '(T2,A,F8.2,A)','ABWURFGESCHWINDIGKEIT:',V,'(M/SEC)'
      PRINT '(T2,A,F10.2,A)','WURFWEITE:',WEITE,'(M)'
      PRINT '(T2,A,F10.2,A)','WURFHOEHE:',HOEHE,'(M)'
      END
```

In diesem Beispiel liegt eine direkte Umsetzung des Problems in ein entsprechendes Programm verführerisch nahe. Davor wird jedoch eindringlich gewarnt. Das durch eine erste Programmversion sich ergebende raschere Erfolgserlebnis steht i.a. in keinem Verhältnis zu dem oft übermäßig hohen Aufwand, der für die Suche und Beseitigung der resultierenden Fehler notwendig ist. Die in der Vorbereitung eingesparten Minuten können leicht zum Bumerang werden und zu Stunden Mehraufwand für die endgültige Programmfertigstellung führen. Da sich zudem komplexere Probleme nur mit Hilfe einer systematischen Strategie effizient lösen lassen, ist es unbedingt notwendig, sich schon bei kleinen Aufgaben eine entsprechende Vorgehensweise anzueignen und zu praktizieren.

Merke: Die Problemspezifikation und der Programmentwurf bilden zwei unverzichtbare Meilensteine auf dem Weg der Programmentwicklung.

2.9 Fehlersuche in Programmen

Es ist mehr die Regel als die Ausnahme, daß ein Programm nicht auf Anhieb läuft bzw. falsche Resultate liefert. In manchen Fällen muß für die Fehlersuche sogar mehr Zeit als für die eigentliche Programmentwicklung aufgewandt werden.

Grundsätzlich unterscheidet man drei verschiedene Fehlerarten:

syntaktische Fehler
Laufzeitfehler
logische Fehler

Unter einem syntaktischen Fehler versteht man eine Verletzung der FORTRAN-Sprachkonventionen, wie z.B. ein unzulässiger FORTRAN-Name, das Fehlen eines Multiplikationszeichens oder einer öffnenden oder schließenden Klammer. Diese Fehler werden weitgehend vom FORTRAN-Compiler erkannt und im Compiler-Protokoll mit entsprechender Erläuterung vermerkt, so daß eine Korrektur i.a. leicht möglich ist. Beim Studium der Fehlerliste sollte man beachten, daß Fehler häufig Folgefehler nach sich ziehen, die ebenfalls vom Compiler gemeldet werden.

Empfehlung:

Die meisten FORTRAN-Compiler gestatten die (optionale) Erzeugung einer Referenz-Liste (reference map), in der alle im Programm verwendeten Größen (benannte Konstanten, Variablen, Funktionen, Felder usw.) mit ihren Attributen (Datentyp, Größe usw.) aufgeführt sind.
Diese Liste sollte vor der ersten Programmausführung intensiv studiert werden. In ihr sind beispielsweise Variablen besonders gekennzeichnet, wenn sie zur Berechnung (z.B. in einem arithmetischen Ausdruck) herangezogen werden, ohne daß sie einen definierten Wert besitzen. Bei Variablen, die nur an einer einzigen Stelle im Programm auftreten, liegt der Verdacht nahe, daß ein Tippfehler vorliegt.

Ist ein Programm syntaktisch in Ordnung, so wird es vom Compiler in ein Maschinenprogramm übersetzt, das anschließend geladen und gestartet werden kann. Fehler, die während der Programmausführung auftreten, sogenannte Laufzeitfehler, führen meist zu einem Abbruch der Ausführung. Typische Laufzeitfehler sind z.B. die Verwendung einer nicht vorbesetzten Variablen in einem Ausdruck, die Division durch Null und die Wurzelberechnung aus einer negativen Zahl. Während man früher solche Fehler durch das Einstreuen von Ausgabeanweisungen in der Umgebung von vermuteten Fehlerquellen "umzingelte", kann man heute auf interaktive Testhilfen (interactive debugging aids) zurückgreifen.
Ohne das Quellprogramm zu erweitern, kann man damit im Dialog die Veränderung von Variablenwerten gezielt verfolgen.
Darüberhinaus kann man Haltepunkte setzen, an denen der Programmablauf unterbrochen wird und ein Überprüfen oder Verändern von Variablenwerten möglich ist.

Es ist zweckmäßig, das korrekte Arbeiten eines Programms an Hand verschiedener Testdatensätze zu überprüfen. Logische Fehler liegen i.a. vor, wenn das Programm bis zum Programmende ausgeführt wird, die Resultate jedoch nicht mit den erwarteten Werten übereinstimmen. Ursache für diese Art von Fehlern sind häufig Tippfehler, Denkfehler in der Logik des Programms oder eine falsche Wiedergabe von Formeln in der FORTRAN-Notation. Zur Fehlerlokalisierung sollten auch hier interaktive Testhilfen herangezogen werden.

Empfehlungen:

1) Legen Sie sich ein Fehlerheft an, in dem Sie alle von Ihnen begangenen Fehler kurz notieren. In Fehlerfällen, in denen Sie nicht mehr weiterkommen, sollten Sie in diesem Heft nachsehen, ob nicht ein Fehler ähnlicher Art in Ihrer "Programmiervergangenheit" bereits erfolgreich gemeistert wurde. Dieses Heft sollte darüberhinaus in regelmäßigen Abständen durchgelesen werden, um die Wiederholung von Programmierfehlern zu vermeiden.
2) Im Fall einer erfolglosen Fehlersuche sollte man das Problem einer zweiten Person in detaillierter Form schildern - dabei erkennt man häufig selbst die Fehlerursache - ,oder man sollte zum Problem Abstand gewinnen und darüber schlafen.

II Strukturiertes Programmieren

Kapitel 3: Grundlagen, Methoden und Hilfsmittel der Strukturierten Programmierung

3.1 Elementare Programmbausteine: Sequenz, Schleife, Verzweigung

Unsere bisherigen FORTRAN-Programme waren dadurch gekennzeichnet, daß alle ausführbaren Anweisungen der Reihenfolge im Programm entsprechend nacheinander ausgeführt wurden. Jede dieser Anweisungen wurde in der Ausführungsphase somit genau einmal durchlaufen.

Probleme dieser Art sind für eine Rechenanlage wenig geeignet - man kann sie wahrscheinlich schneller mit Hilfe eines einfachen Taschenrechners lösen - , da sie von der eigentlichen Stärke der Computer, der hohen Verarbeitungsgeschwindigkeit, keinen Gebrauch machen. Diese wird erst dann wirkungsvoll eingesetzt, wenn Programmteile vorhanden sind, die häufig mit unterschiedlichen Werten durchlaufen werden. Ein solcher Programmteil wird als eine Schleife (loop) bezeichnet. Neben der Schleifenbildung hat man in Programmen noch die Möglichkeit der Verzweigung (branching), d.h. ist eine vorgegebene Bedingung erfüllt, so wird ein bestimmter Programmteil ausgeführt während ein anderer übergangen wird. Schleife, Verzweigung und die eingangs erwähnte lineare Anweisungsfolge, die sogenannte Sequenz (sequence), bilden die drei fundamentalen Bausteine der Programmierung.

Böhm und Jacopini [Böh66] haben 1966 nachgewiesen, daß jedes Programm aus diesen elementaren Bausteinen zusammengesetzt werden kann.

Eine Hauptaufgabe eines Programmierers ist es, eine geeignete Problemlösung in Form solcher Bausteine zu beschreiben. Die Umwandlung in äquivalente Anweisungsfolgen ist dann relativ trivial.

3.2 Anforderungen an ein gutes Programm

Im vergangenen Jahrzehnt haben sich die qualitativen Anforderungen an Programme und Programmsysteme entscheidend verändert. Während man früher mit Hilfe einer trickreichen Programmiertechnik Speicher- und Rechenzeitbedarf zu minimieren versuchte, stehen heute andere Kriterien wie Wartungsfreundlichkeit, Benutzerfreundlichkeit und Zuverlässigkeit im Vordergrund.

Entscheidend für diesen Umdenkprozeß war die Erkenntnis, daß der Hauptanteil der Softwarekosten nicht die Erstellung sondern die Wartung (=Fehlerelimination + Modifikation + Erweiterung) ausmacht. Eine unabdingbare Voraussetzung für die Minimierung dieser Kosten ist die Lesbarkeit der Programme. Nur wenn der Programmablauf leicht nachvollzogen werden kann, lassen sich Eingriffe in das Programm mit vertretbarem Aufwand realisieren. Der Verzicht auf über den FORTRAN-Standard hinausgehende herstellerspezifische Sprachelemente ermöglicht den Einsatz des Programms auf anderen Rechenanlagen (Portabilität) ohne besondere Umstellungsarbeiten durchführen zu müssen.

Benutzerfreundlichkeit bedeutet, daß den Programmanwendern die Verwendung des Programms möglichst leicht gemacht wird. Fehlerhafte Eingaben sollten vom Programm erkannt und den Benutzern in einer verständlichen Form mitgeteilt werden.

Die Effizienz hat zwar an Stellenwert eingebüßt, kann aber natürlich nicht unberücksichtigt bleiben. Insbesondere durch den verstärkten Einsatz von Mikrocomputern, die einen kleinen Speicherbereich besitzen und vergleichsweise hohe Rechenzeiten aufweisen, kommt dieser Eigenschaft in jüngster Zeit wieder eine wachsende Bedeutung zu.
Im Unterschied hierzu hat man an Großrechenanlagen häufig über Compiler-Optionen die Möglichkeit, besonders effizienten Code zu erzeugen.

Innerhalb dieses Buches wird die Betonung auf gut strukturierte, lesbare Programme gelegt. Der an Programmoptimierung interessierte fortgeschrittene Leser sei auf das Buch von J. Metcalf "FORTRAN Optimization" [Met82] verwiesen.

3.3 Phasenorientierte Programmentwicklung

Im Kapitel 2 wurde bereits auf die Notwendigkeit einer systematischen Vorgehensweise bei der Programmentwicklung hingewiesen und ein einfaches 3-Phasenmodell für "Primitivprobleme" vorgestellt. Für die Lösung komplexer Aufgabenstellungen reicht dieses Modell nicht aus; es muß verfeinert werden. In der Praxis hat sich das folgende Phasenmodell als besonders zweckmäßig herausgestellt:

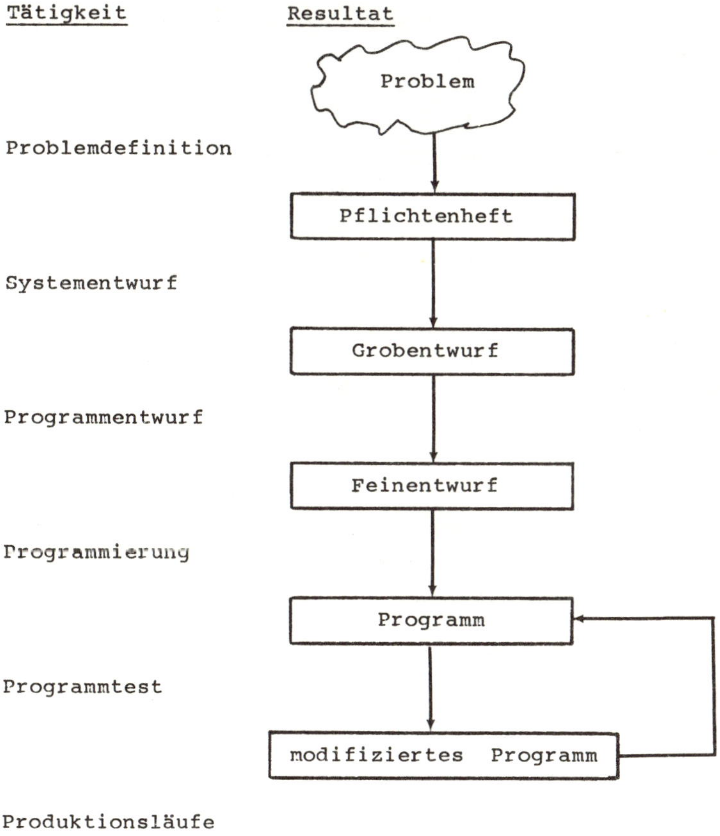

Abb. 3.1 Phasenmodell

Ausgangspunkt der Betrachtungen ist eine zunächst nur grob umrissene <u>Problemstellung</u>, die wir in eine "Nebelwolke" eingebettet haben.

Die erste Phase der Programmentwicklung, die Problemdefinition, hat zum Ziel, diese Nebelwolke aufzulösen, d.h. die Voraussetzungen und Anforderungen für das zu erstellende Programm zusammenzutragen. Hierzu zählen u.a. die Sichtung des vorhandenen Datenmaterials, die Festlegung der Handhabung des Programms für spätere Anwender (Benutzerschnittstelle) sowie der Inhalt und die Gestaltung der Ausgabelisten. Die Ergebnisse dieser Analyse werden in einem sogenannten Pflichtenheft dokumentiert und mit dem Auftraggeber des Programms abgestimmt.

In der Systementwurfsphase steht die Entwicklung eines geeigneten Lösungsmodells im Vordergrund. Hierzu hat sich eine **top-down-orientierte Vorgehensweise** bewährt. Die Gesamtproblemstellung (=top) wird dabei in abgeschlossene Teilaufgaben zerlegt, die selbst über mehrere Abstraktionsebenen hinweg solange in Unteraufgaben zerlegt werden, bis eine elementare Ebene (=bottom) erreicht ist, die nur noch einfache, überschaubare Einzelaufgaben enthält. Das aus dieser Phase hervorgehende Dokument, der Grobentwurf, enthält neben der hierarchischen Modulübersicht auch die Modulschnittstellen, d.h. die die Modulverbindungen realisierenden Parameter. Ein ausgereifter Testplan, über den die Leistungen der einzelnen Module und des Gesamtsystems überprüft werden können, ist ein weiterer Bestandteil des Grobentwurfs.

Bevor die einzelnen Teilprobleme näher untersucht werden, sollte man in Erfahrung bringen, ob zu einigen von ihnen bereits fertige Programme existieren. Die Verwendung von ausgetesteten und bewährten Programmen reduziert den Gesamtaufwand für die Durchführung eines Programmierprojekts oft erheblich.

In der Programmentwurfsphase wird aus dem Grobentwurf ein detaillierter Feinentwurf entwickelt. Die einzelnen Module werden dabei schrittweise verfeinert, bis eine vollständige Zerlegung in die in Abschnitt 3.1 erläuterten elementaren Programmstrukturen erreicht ist.

In der Programmierungsphase erfolgt die Übertragung des Feinentwurfs in die Anweisungen einer Programmiersprache. Während früher diese Phase oft im Mittelpunkt der Gesamtentwicklung stand, kommt ihr heute zunehmend weniger Bedeutung zu, da diese Übertragung recht schablonenhaft durchgeführt werden kann.

Die Fertigstellung eines Programms bedeutet noch nicht, daß damit der gesamte Entwicklungsprozeß abgeschlossen ist. Funktionen und Leistungen der einzelnen Module sowie ihr Zusammenspiel innerhalb des Gesamtsystems müssen ausreichend getestet werden. Hierzu werden die in der Systementwurfsphase zusammengestellten Testdatensätze (s. Abschnitt 9.2) herangezogen.

Im Idealfall werden die angegebenen Phasen in der aufgeführten Reihenfolge nacheinander ausgeführt. In der Praxis dagegen stellt sich beim Arbeiten in einer Phase manchmal heraus, daß ein vorgegebener Weg nicht oder nur mit großem Aufwand realisiert werden kann. Dies hat dann zur Folge, daß die vorangegangene Phase und eventuell sogar noch davorliegende Phasen überarbeitet werden müssen. In einem solchen Fall wird das Phasenkonzept iterativ realisiert.

Fehler, die in einem frühen Entwicklungsstadium begangen und relativ spät entdeckt werden, haben meist drastische Auswirkungen. Durch ein notwendiges Redesign des Systems können z.B. bereits in detaillierter Form vorliegende Modulentwürfe überflüssig werden. Ein äußerst wichtiger Punkt muß daher am Ende jeder Phase die kritische Überprüfung des Phasenprodukts (Qualitätskontrolle), insbesondere auch auf Vollständigkeit und Klarheit, sein.

Mit dem Einsatz des Programms für Produktionsläufe sind die Arbeiten in der Regel noch nicht abgeschlossen. Erkannte Fehler müssen lokalisiert und beseitigt werden, Änderungen und Erweiterungen werden gewünscht. Diese Arbeiten lassen sich nur dann mit vertretbarem Aufwand durchführen, wenn das System übersichtlich, lesbar und modifikationsfreundlich entworfen und programmiert wurde.

In den beiden folgenden Abschnitten werden einige wichtige Hilfsmittel für den System- und Programmentwurf vorgestellt.

3.4 Funktionale und prozedurale Strukturdiagramme

In der Systementwurfsphase wird, wie wir gesehen haben, zunächst die Gesamtproblemstellung schrittweise in immer kleinere Teilaufgaben zerlegt, um die Komplexität in den Griff zu bekommen.

Die resultierende Aufgabenunterteilung läßt sich übersichtlich an Hand eines funktionalen Strukturdiagramms darstellen. Da jede Unteraufgabe zu genau einer Oberaufgabe der davorliegenden Stufe gehört, besitzt dieses Diagramm eine Baumstruktur.

Beispiel:
Ein Programm zur Verwaltung von Literaturdaten (Bücher und Zeitschriftenartikel) soll erstellt werden. Es ist zweckmäßig, neben der eigentlichen Bestandsdatei noch eine Schlüsselwortdatei zu führen, in der z.B. die Autorennamen und die fachspezifischen Schlüsselworte mit der Zitatnummer gespeichert werden. Diese Technik ermöglicht ein schnelles Auffinden einzelner Zitate (über entsprechende Schlüsselwortangaben).

Das Gesamtsystem kann z.B. folgendermaßen zerlegt werden:

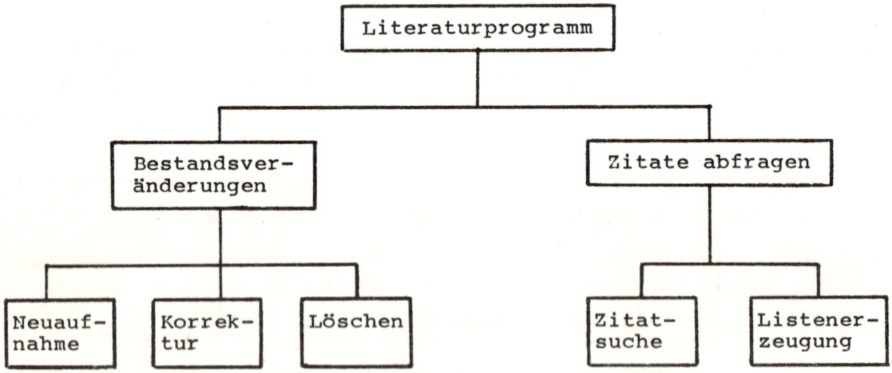

Abb. 3.2 Funktionales Diagramm (Hauptfunktionen)

Die Teilaufgaben "Neuaufnahme" und "Korrekturen" lassen sich verfeinern in:

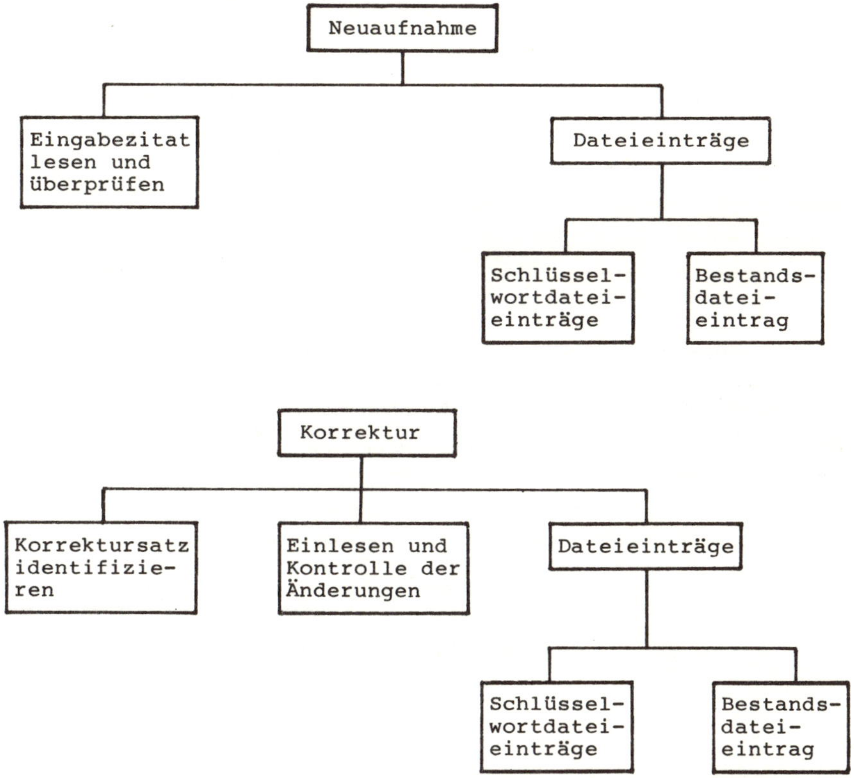

Abb. 3.3 Funktionales Diagramm (Unterfunktionen)

Im nächsten Schritt werden die einzelnen Funktionen durch entsprechende Module* ersetzt.
Dabei ist es vom Entwicklungsaufwand her gesehen günstig, wenn im funktionalen Baumdiagramm vorkommende identische oder ähnliche Funktionen nur einmal erstellt und getestet werden müssen. Dies hat allerdings zur Konsequenz, daß die vorgegebene Funktionsarchitektur zerstört wird. Das resultierende Diagramm bezeichnet man als <u>prozedurales Strukturdiagramm</u>.

---

*) Diese Module werden aus programmtechnischer Sicht als <u>Prozeduren</u> bezeichnet.

In der Praxis hat es sich bewährt, in den ersten Verfeinerungsstufen die funktionale Baumstruktur beizubehalten und möglichst erst auf der untersten Stufe gemeinsame Module zuzulassen.

Beispiel:
Bei der Umwandlung des im letzten Beispiel aufgestellten funktionalen Diagramms in ein prozedurales Diagramm ist es z.B. günstig, den Eintrag von neuen und korrigierten Sätzen in die Bestandsdatei durch einen Modul zu verwirklichen.

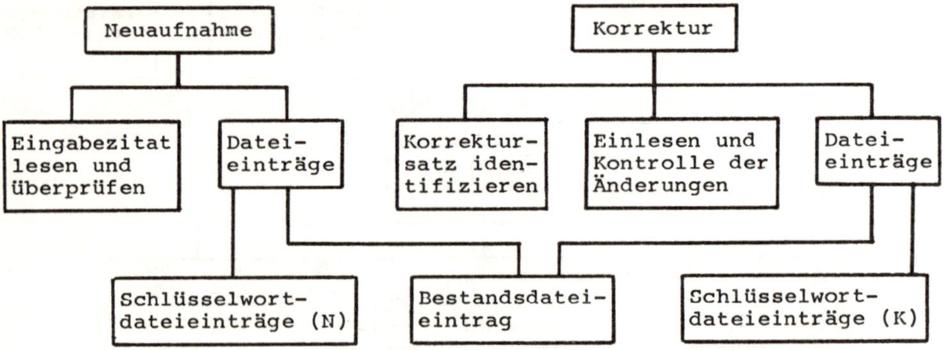

Abb. 3.4 Prozedurales Diagramm (Unterfunktionen)

Aus dem Systementwurf ist i.a. nicht ersichtlich, in welcher Reihenfolge die einzelnen Module ausgeführt werden. Für die Darstellung der Ablaufreihenfolge können u.a. die im folgenden Abschnitt beschriebenen Hilfsmittel eingesetzt werden.

Ein wichtiger Bestandteil des Systementwurfs bildet die genaue Schnittstellen-Beschreibung der einzelnen Module, die sich aufgliedert in:

- Modulaufruf
- Funktionsbeschreibung
- Angabe der Eingabeparameter
- Angabe der Ausgabeparameter
- Angabe der verwendeten "Unterfunktionen"
- Angabe der verarbeiteten Dateien

Hierauf wird im Kapitel 6 ausführlich eingegangen.

3.5 Programmentwurfssprachen und Struktogramme

In der Programmentwurfsphase werden die in der vorangegangenen Phase erzeugten Modulbeschreibungen durch **schrittweise Verfeinerungen** in elementare Programmstrukturen umgesetzt. Für die Realisierung stehen zwei grundsätzlich verschiedene Ansätze zur Auswahl bereit:

a) Für Probleme mit komplizierten Datenstrukturen wird in der Regel ein datenorientierter Ansatz gewählt, wobei aus der Struktur der Programmdaten eine adäquate Programmstruktur abgeleitet wird. Diese Technik wird vorrangig in der kommerziellen Datenverarbeitung eingesetzt, z.T. aber auch bei naturwissenschaftlich-technischen Problemstellungen, bei denen die zu verarbeitenden Daten und weniger die Lösungsalgorithmen im Vordergrund stehen. Der wohl bekannteste Repräsentant dieser Klasse ist die Michael Jackson-Methode [Jac79], bei der zunächst die Datenstrukturen der Eingabe, der Zwischenergebnisse und der Ausgabe in Form von Baumdiagrammen dargestellt werden.

Beispiel:

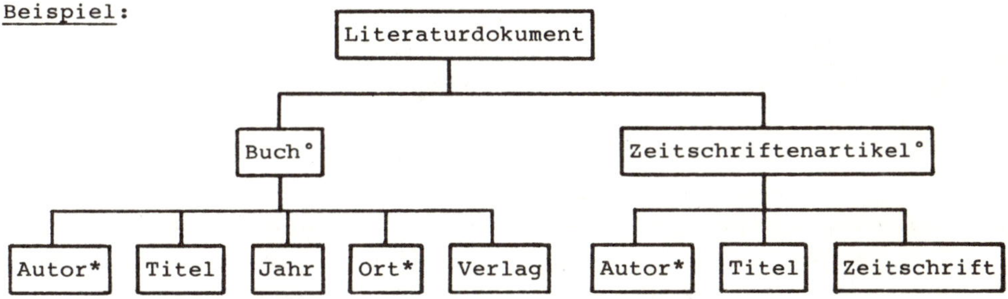

Alternativen werden mit "°" markiert. Datenelemente, die wiederholt auftreten dürfen, werden mit einem "*" versehen.

Abb. 3.5 Datenstruktur (Jackson)

b) Der funktionsorientierte Ansatz ist stärker auf naturwissenschaftlich-technische Problemstellungen zugeschnitten, da hier in der Regel die Entwicklung geeigneter Lösungsalgorithmen im Vordergrund steht. Im weiteren Verlauf dieses Abschnitts werden zwei wertvolle Hilfsmittel für die Realisierung dieses Ansatzes vorgestellt: Programmentwurfssprachen und Struktogramme.

3.5.1 Programmentwurfssprachen

Für die schrittweise Entwicklung eines detaillierten Modulentwurfs ist es zweckmäßig, eine Programmentwurfssprache (Program Design Language) einzusetzen.

Eine solche Sprache ist i.w. eine Mischung aus Umgangssprache und einigen wenigen Sprachkonstrukten, die häufig aus dem Bereich der modernen Programmiersprachen entnommen sind. Sie ist daher leicht zu erlernen und auch einfach in der Handhabung.

Die Umgangssprache bietet den Vorteil, daß sich der Programmierer auf die Problemlösung konzentrieren kann, ohne den Zwängen von Programmiersprachenregeln ausgesetzt zu sein. Allerdings ist sie nicht immer präzise und eindeutig. Hier setzen die formalen Sprachkonstrukte auf. Sie fassen die zu beschreibenden Abläufe in einen festen Rahmen und vermeiden somit umgangssprachliche Ungenauigkeiten.

Da man jedes Programm aus den drei Grundstrukturen Sequenz, Wiederholung und Verzweigung aufbauen kann (s. Abschnitt 3.1), gilt dies selbstverständlich auch für die höheren Strukturen der verschiedenen Entwurfsebenen.

Die einen Teilablauf beschreibenden "Pseudo-Anweisungen" des Entwurfs werden allgemein als Strukturblöcke bezeichnet. Je nach Verfeinerungsgrad kann ein Strukturblock eine Prozedur oder eine einzige Anweisung sein. **Jeder Strukturblock muß in sich abgeschlossen sein und darf nur einen Eingang und einen Ausgang besitzen.**
Er erhält die Kontrolle von seinem Vorgänger und gibt sie nach der Blockausführung an seinen Nachfolger weiter. Auf diese Weise wird eine streng von oben nach unten gerichtete, leicht nachvollziehbare Ablaufstruktur erzeugt.

Die Erfassung komplizierter Lösungsalgorithmen geschieht durch entsprechende Ineinanderschachtelung von Strukturblöcken. Dabei ist darauf zu achten, daß ein Strukturblock andere Strukturblöcke vollständig enthält bzw. selbst vollständig innerhalb eines anderen Strukturblocks liegt.

Intuitiv haben wir bereits im Abschnitt 2.8 mit einer Programmentwurfssprache gearbeitet, die wir allerdings noch um geeignete Strukturen zur einheitlichen und eindeutigen Darstellung von Verzweigungen und Wiederholungen erweitern müssen, damit sie für allgemeine Problemstellungen verwendbar wird.

In der Praxis hat es sich bewährt mit 3 Verzweigungs- und 2 Schleifenstrukturen zu arbeiten. Diese können auf jeweils eine Basisstruktur zurückgeführt werden.

Beginnen wir mit der Sequenz, die nichts anderes ist als das Aneinanderreihen von Strukturblöcken:

```
Strukturblock 1
Strukturblock 2
     .
     .
     .
Strukturblock n
```

Abb. 3.6 Sequenz (Pseudocode)

Beispiel:

```
lies Eingabedaten
berechne Lösungen
drucke Lösungen
```

Bei den Verzweigungen unterscheidet man zwischen einseitigen Verzweigungen, alternativen Verzweigungen und Mehrfachverzweigungen, je nachdem ob eine, zwei oder mehrere Auswahlmöglichkeiten bestehen.

Die einseitige Verzweigung ist die einfachste Form. Sie kann durch die Grundkonstruktion

```
IF   Bedingung   THEN
    Strukturblock
END IF
```

Abb. 3.7a einseitige Verzweigung (Pseudocode)

dargestellt werden. Nur für den Fall, daß die angegebene Bedingung erfüllt ist, wird der Strukturblock ausgeführt.

Beispiel:

```
* berechne den Absolutbetrag von x *
IF x< 0 THEN
   x = -x
END IF
```

Bei einer Alternative wird in Abhängigkeit von einer Bedingung genau eine von zwei Möglichkeiten gewählt. Das zugehörige Sprachkonstrukt hat die Form:

```
IF    Bedingung    THEN
    Strukturblock 1
ELSE
    Strukturblock 2
END IF
```

Abb. 3.7b Alternative (Pseudocode)

Ist die Bedingung erfüllt, so wird der Strukturblock 1 ausgeführt, andernfalls der Strukturblock 2. In beiden Fällen wird anschließend zu dem hinter END IF stehenden Strukturblock verzweigt.

Beispiel:

```
IF Diskriminante≥ 0 THEN
   * es gibt reelle Lösungen *
   berechne und drucke sie
ELSE
   * es gibt konjugiert komplexe Lösungen *
   berechne und drucke sie
END IF
```

Stehen mehr als zwei Auswahlmöglichkeiten zur Verfügung, so spricht man von einer Mehrfachverzweigung. Eine solche Struktur kann durch Einbeziehung des Schlüsselworts ELSE IF dargestellt werden:

```
IF        Bedingung 1  THEN
      Strukturblock 1
ELSE IF  Bedingung 2  THEN
      Strukturblock 2
            .
            .
            .
ELSE IF  Bedingung n  THEN
      Strukturblock n
ELSE
      Strukturblock n+1
END IF
```

Abb. 3.7c Mehrfachverzweigung (Pseudocode)

Die einzelnen Bedingungen werden nacheinander überprüft. Die erste Bedingung, die erfüllt ist, ist für die Ausführung entscheidend. Nur der zugehörige Strukturblock wird ausgeführt. Anschließend wird hinter END IF die Ausführung fortgesetzt. Ist keine der Bedingungen erfüllt, so wird - falls vorhanden - der im ELSE-Zweig stehende Strukturblock durchlaufen.

Beispiel:

```
* Vorzeichenfunktion signum *
IF x < 0 THEN
   signum = -1
ELSE IF x=0 THEN
   signum = 0
ELSE
   signum = 1
END IF
```

Programmteile, die im Verlauf der Programmausführung mehrmals hintereinander durchlaufen werden, lassen sich in Form einer allgemeinen Schleifenstruktur beschreiben:

```
DO
  Strukturblock 1
  IF  Endebedingung  EXIT
  Strukturblock 2
END DO
```

Abb. 3.8a Bedingungsschleife (Pseudocode)

Die beiden Strukturblöcke werden so lange wiederholt ausgeführt, bis nach einer Ausführung des ersten Blocks die angegebene Schleifenende-Bedingung erfüllt ist. Die Schleife wird dann verlassen, ohne daß der Block 2 nochmals ausgeführt wird.

Beispiel:

```
DO
  lies die nächste Zahl
  IF   Zahl = 0    EXIT
  verarbeite die Zahl
END DO
```

In der Schleife wird eine Zahl eingelesen. Für den Fall, daß die Zahl Null eingelesen wird, erfolgt eine Verzweigung zum Schleifenende, andernfalls wird die Zahl verarbeitet.

Bei der Formulierung einer Endebedingung ist darauf zu achten, daß diese Bedingung während der Programmausführung auch erfüllt wird. Ansonsten hat man eine "Endlos-Schleife" konstruiert, d.h. das Programm durchläuft immer wieder die aktuelle Schleife, ohne zu einem sinnvollen Abschluß zu kommen. Beispielsweise sollte man bei der Programmierung eines Iterationsverfahrens für den Fall keiner und nur sehr langsamer Konvergenz eine maximale Anzahl von Iterationsschritten (gleichbedeutend mit Schleifendurchläufen) festlegen.

Im Sonderfall, daß der Strukturblock 1 fehlt, wird die Schleifenende-Bedingung bereits beim Eintritt in die Schleife überprüft. Da es vorkommen kann, daß eine solche Schleife nicht durchlaufen wird, wird sie auch als abweisende Schleife bezeichnet.

Im Unterschied dazu bezeichnet man eine Bedingungsschleife, bei der der Strukturblock 2 fehlt, als nicht abweisende Schleife, da hier die Endebedingung erst am Schleifenende überprüft wird, d.h. eine solche Schleife wird mindestens einmal durchlaufen.

Neben den Bedingungsschleifen (das Beenden der Schleife ist an eine Bedingung geknüpft) kennt man noch Zählschleifen: Bei diesen Schleifen steht bereits vor der Schleifenausführung fest, wie häufig sie durchlaufen werden.
Zu jeder Zählschleife gehört eine Schleifenvariable, die, ausgehend von einem Anfangswert, für jeden Schleifendurchlauf um eine feste Schrittweite verändert wird, bis ein vorgegebener Endwert erreicht ist.

```
DO  Schleifenvariable = Anfangswert, Endwert, Schrittweite
    Strukturblock
END DO
```

Abb. 3.8b Zählschleife (Pseudocode)

Beispiel: Graphische Ausgabe der Funktion $f(x) = x*sinx^2$ im Intervall [0,2] mit der Schrittweite 1/20.

Pseudocode:

```
DO  x = 0,2, 0.05
    berechne f(x)
    berechne Druckposition
    drucke Kurvenpunkt als '*' auf berechneter
    Druckposition
END DO
```

Empfehlung: Bei der Verschachtelung von Verzweigungen und Schleifen ist es zweckmäßig, die einzelnen Strukturen am Anfang und Ende durch einen Namen zu kennzeichnen.

Beispiel:
Es soll ein Programm entwickelt werden, das die Seitenlängen einer beliebigen Anzahl von Dreiecken einliest und die Eigenschaften (Gleichseitigkeit, Gleichschenkligkeit und Rechtwinkligkeit) der Dreiecke bestimmt und ausgibt.

Eingabedaten: Jeder Datensatz der Datei "SEITEN" enthalte die zu einem Dreieck gehörenden Seitenlängen.

Ausgabedaten: Es soll eine Druckerliste erzeugt werden, welche die eingelesenen Dreiecksseiten und die Dreieckseigenschaften enthält.

1. Entwurfsebene:

```
Initialisierung
DO    * Dreieckseigenschaftsbestimmung *
IF  Dateiende erreicht  EXIT * abweisende Schleife! *
    lies die Dreiecksseiten: a, b, c
    "Test auf gültiges Dreieck"
    IF  gültiges Dreieck  THEN
        "Test auf Gleichseitigkeit"
        "Test auf Gleichschenkligkeit"
        "Test auf Rechtwinkligkeit"
    END IF
    drucke Dreiecksseiten und Eigenschaft
END DO * Dreieckseigenschaftsbestimmung *
Abschlußarbeiten
```

mit den Teilaufgaben:

"Test auf gültiges Dreieck":
alle Seiten sind größer als Null, und die Summe der beiden kürzeren Seiten ist länger als die längste Seite.

"Test auf Gleichseitigkeit":
alle Seiten haben die gleiche Länge.

"Test auf Gleichschenkligkeit":
zwei Seiten haben die gleiche Länge.

"Test auf Rechtwinkligkeit":
zwei Seiten stehen senkrecht aufeinander.

Für die Durchführung der Tests ist es günstig, die Dreiecksseiten zunächst zu sortieren. Berücksichtigt man zudem, daß ein gleichseitiges Dreieck stets auch gleichschenklig ist, aber niemals rechtwinklig sein kann, so erhält man die

2. Entwurfsebene:

```
Initialisierungen
DO      * Dreieckseigenschaftsbestimmung *
IF  Dateiende erreicht  EXIT
    lies die Dreiecksseiten a, b, c
    "sortiere sie der Größe nach: slang, smitte, skurz"
    "Test auf gültiges Dreieck"
    IF  gültiges Dreieck  THEN
        "Test auf Gleichseitigkeit"
        IF  kein gleichseitiges Dreieck  THEN
            "Test auf Gleichschenkligkeit"
            "Test auf Rechtwinkligkeit"
        END IF * kein gleichseitiges Dreieck *
    END IF * gültiges Dreieck *
    drucke Dreiecksseiten und Eigenschaft
END DO * Dreieckseigenschaftsbestimmung *
Abschlußarbeiten
```

mit den Teilaufgaben

2.1 "sortiere sie der Größe nach: slang, smitte, skurz":
SORT (a, b, c, slang, smitte, skurz)
Die Seitenlängen a, b, c werden nach fallender Größe sortiert und durch die Parameter slang, smitte, skurz zurückgegeben.

2.2 "Test auf gültiges Dreieck":
skurz > 0   und   slang < skurz + smitte

2.3 "Test auf Gleichseitigkeit"
skurz = slang

2.4 "Test auf Gleichschenkligkeit"

smitte = skurz oder smitte = slang

2.5 "Test auf Rechtwinkligkeit":

$| slang^2 - smitte^2 - skurz^2 | < tol$

Dabei ist "tol" eine hinreichend kleine (positive) Konstante, durch die Ungenauigkeiten in der Darstellung und beim Rechnen mit REAL-Werten aufgefangen werden.

Durch nochmalige Verfeinerung erhält man schließlich einen fertigen Programmentwurf der folgenden Gestalt:

3. Entwurfsebene:

```
Vereinbarungen
  Konstanten:
  tol = 10**(-10)    Genauigkeitstoleranz (reellwertig)

  Variablen:
  a,b,c                 eingelesene Dreiecksseiten (reellwertig)
  slang, smitte, skurz geordnete Dreiecksseiten (reellwertig)
  anzahl                  der eingelesenen Dreiecke (ganzzahlig)
  glseit, glschk, rechtw, gueltg      Eigenschaften (logisch)

Initialisierung
  Bereitstellung der Eingabedatei "SEITEN"
  drucke: "Bestimmung der Eigenschaften von Dreiecken"
          "Dreiecksseiten               Eigenschaft(en)"
  anzahl = 0

Verarbeitung der Datei "SEITEN"

DO     * Dreieckseigenschaftsbestimmung *
IF  Dateiende erreicht  EXIT
    lies die Dreiecksseiten a, b, c
    "sortiere sie der Größe nach:"
    ──▶ sort (a, b, c, slang, smitte, skurz)
    "Test auf gültiges Dreieck":
    gueltg = (skurz > 0) und (slang < skurz + smitte)
```

```
        IF  gueltg  THEN
            "Test auf Gleichseitigkeit":
            glseit = (slang = skurz)
            IF  glseit  THEN
                drucke: a, b, c, "gleichseitig"
            ELSE
                "Test auf Gleichschenkligkeit":
                glschk = (slang = smitte) oder (smitte = skurz)
                "Test auf Rechtwinkligkeit":
                rechtw = |slang²-skurz²-smitte²| < tol
                IF  glschk und rechtw  THEN
                     drucke: a, b, c, "gleichschenklig und
                                       rechtwinklig"
                ELSE  IF  glschk  THEN
                     drucke: a, b, c, "gleichschenklig"
                ELSE  IF  rechtw  THEN
                     drucke: a, b, c, "rechtwinklig"
                ELSE
                     drucke: a, b, c, "normal"
                END IF
            END IF  * glseit *
        ELSE
            drucke: a, b, c, "ungültig"
        END IF  * gültig*
        anzahl = anzahl + 1
    END DO * Dreieckseigenschaftsbestimmung *
```

<u>Abschlußarbeiten</u>

drucke: "Anzahl der eingelesenen Dreiecke =", anzahl

schließe die Datei "SEITEN".

Die Unteraufgabe "sortiere die Dreiecksseiten" kann wie folgt realisiert werden:

```
              SORT (a, b, c, slang, smitte, skurz)
  *
  *   Funktion: Die Werte der Größen a, b, c
  *        werden nach fallender Größe sortiert und durch
  *        die Parameter slang, smitte, skurz zurückgegeben.
  *
  *   Eingabeparameter: a, b, c (reellwertig)
  *
  *   Ausgabeparameter: slang, smitte, skurz (reellwertig)
```

```
IF   a > b   THEN
  IF   b > c   THEN
     slang  = a
     smitte = b
     skurz  = c
  ELSE (d.h. b < c)
     skurz  = b
     IF   a > c   THEN
          slang  = a
          smitte = c
     ELSE
          slang  = c
          smitte = a
     END IF
  END IF
ELSE (d.h. a < b)
  IF   b > c   THEN
     slang  = b
     IF   a > c   THEN
          smitte = a
          skurz  = c
     ELSE
          smitte = c
          skurz  = a
     END IF
  ELSE (d.h. b < c)
     slang  = c
     smitte = b
     skurz  = a
  END IF
END IF
```

3.5.2 Struktogramme

Während man mit Hilfe von Pseudocode Programmabläufe "verbal" beschreiben kann, können mit Hilfe von Struktogrammen Programmabläufe "graphisch" dargestellt werden. Struktogramme sind wesentlich übersichtlicher, erfordern allerdings auch einen höheren Erstellungsaufwand als mit Pseudocode entwickelte Programmentwürfe. Insbesondere machen kleine Änderungen häufig schon ein völliges Neuzeichnen der Darstellung notwendig. Man verwendet daher Pseudocode für den schrittweisen Programmentwurf und wird, wenn besonders hohe Anforderungen an die Übersichtlichkeit gestellt werden, diesen Entwurf in ein äquivalentes Struktogramm übertragen. Pseudocode und Struktogramme sollten also in der Anwendung als sich ergänzende, und nicht als alternative, Hilfsmittel verstanden werden.

Jeder Strukturblock (Sequenz, Verzweigung, Schleife) eines Struktogramms wird graphisch durch ein Rechteck dargestellt. Beim Programmablauf wird der Strukturblock über die obere Kante betreten und nach der Blockausführung über die untere Kante verlassen. Zusätzliche Ein- und Ausgänge gibt es nicht.

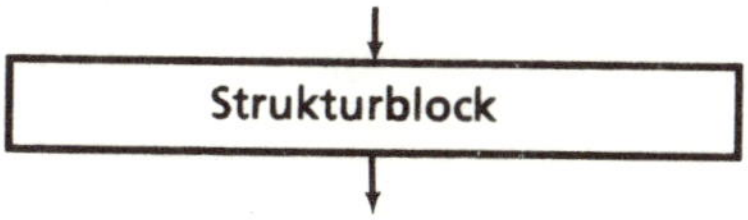

Den im letzten Abschnitt kennengelernten Pseudocode-Strukturen entsprechen die folgenden Struktogramm-Strukturen:

A. Sequenz:

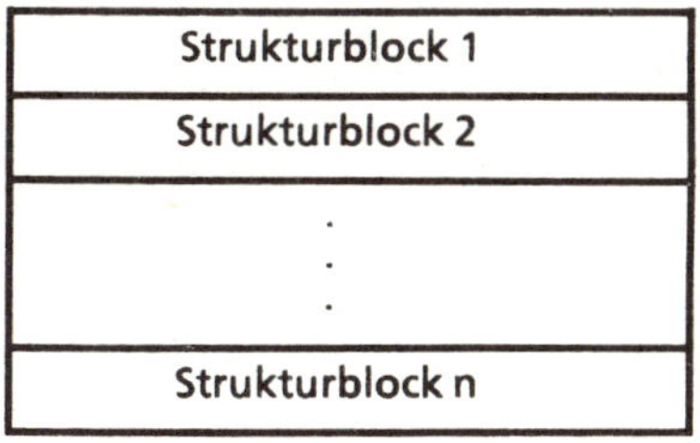

Abb. 3.9 Sequenz (Struktogramm)

<u>Wirkung</u>: Die einzelnen Strukturblöcke werden nacheinander (von oben nach unten) ausgeführt.

Beispiel:

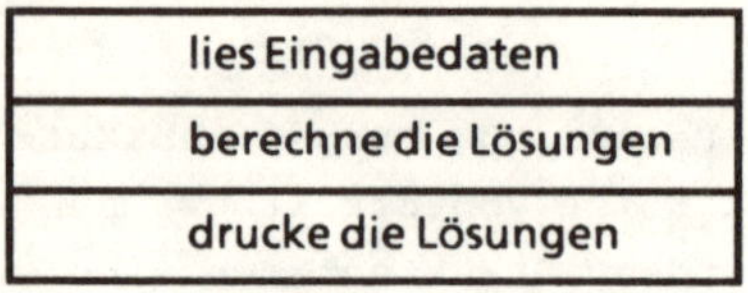

B. Verzweigungen:

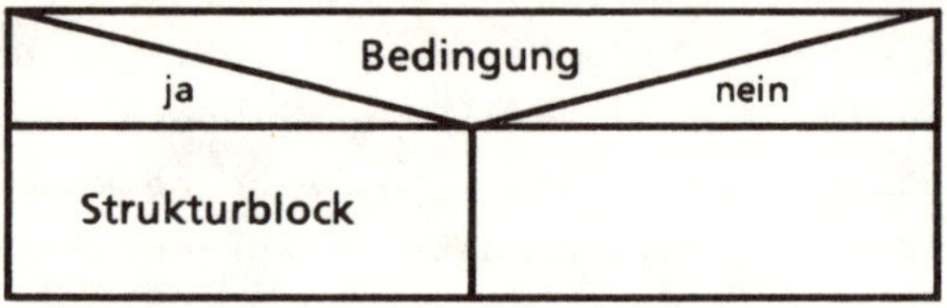

Abb. 3.10a Bedingte Verzweigung (Struktogramm)

Wirkung: Der Strukturblock wird nur dann ausgeführt, wenn die angegebene Bedingung erfüllt ist.

Beispiel:

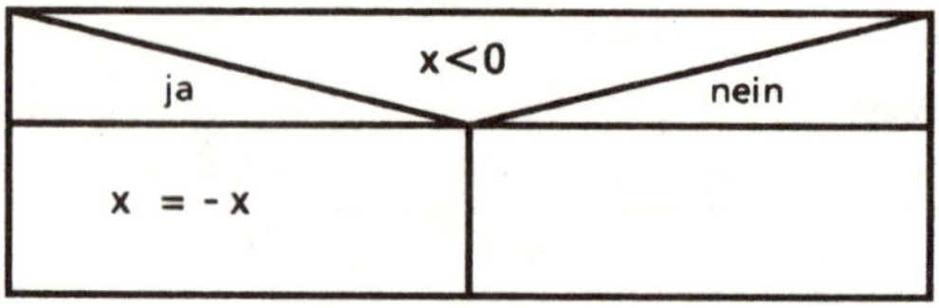

Bei Alternativen ist auch der "nein"-Zweig besetzt:

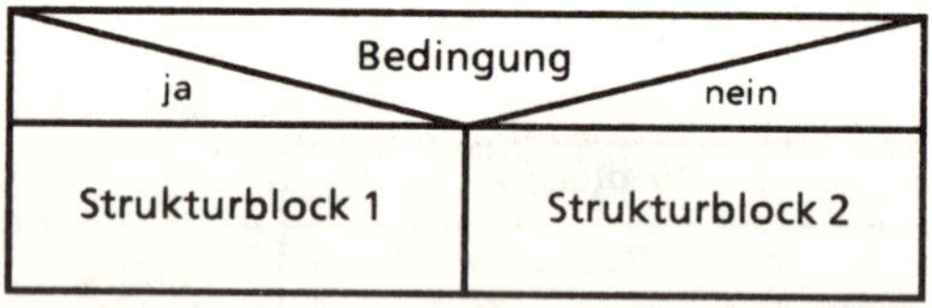

Abb. 3.10b Alternative (Struktogramm)

Wirkung: Ist die angegebene Bedingung erfüllt, so wird der Strukturblock 1 ausgeführt, andernfalls der Strukturblock 2.

Beispiel:

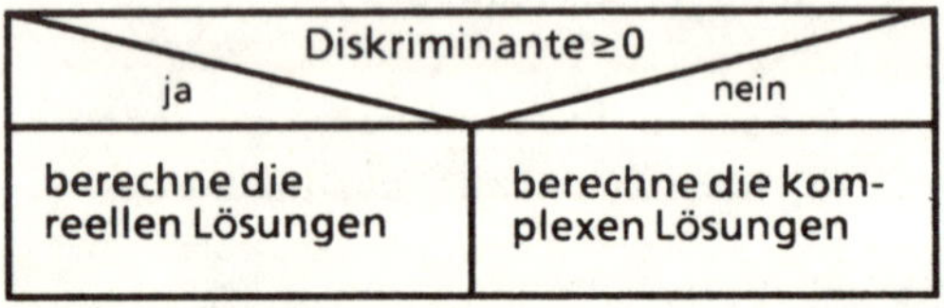

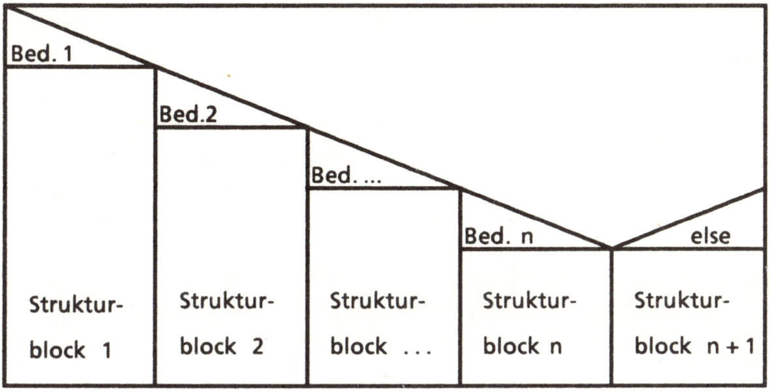

Abb. 3.10c Mehrfachverzweigung (Struktogramm)

<u>Wirkung:</u> Die Bedingungen werden nacheinander überprüft und derjenige Strukturblock ausgeführt, der zur ersten erfüllten Bedingung gehört. Ist keine der angegebenen Bedingungen erfüllt, so wird der Strukturblock n+1 ausgeführt, falls ein ELSE-Zweig vorhanden ist.

<u>Beispiel:</u> Vorzeichenfunktion "signum"

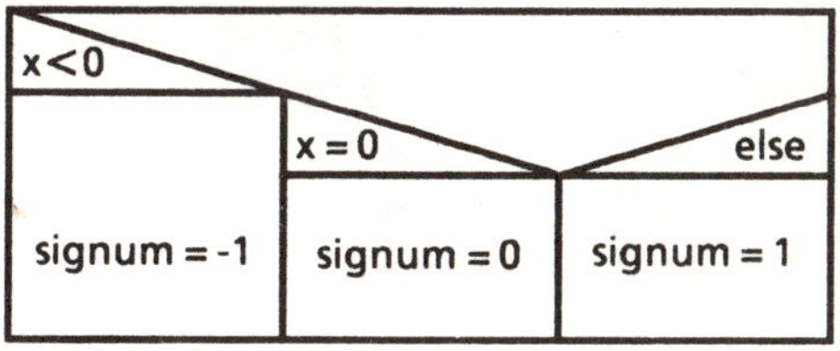

C. Schleifen:

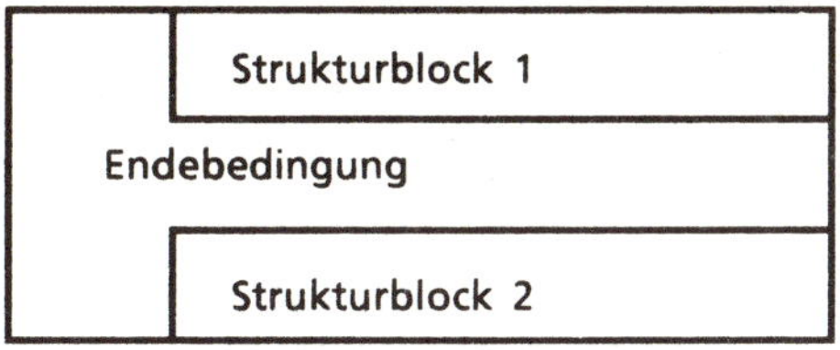

Abb. 3.11a Bedingungsschleife (Struktogramm)

<u>Wirkung:</u> Die beiden Strukturblöcke werden so lange wiederholt ausgeführt, bis nach der Ausführung des ersten Struktur-

blocks die Endebedingung erfüllt ist. Die Schleife wird dann verlassen, ohne daß der Strukturblock 2 nochmals ausgeführt wird.

Beispiel:

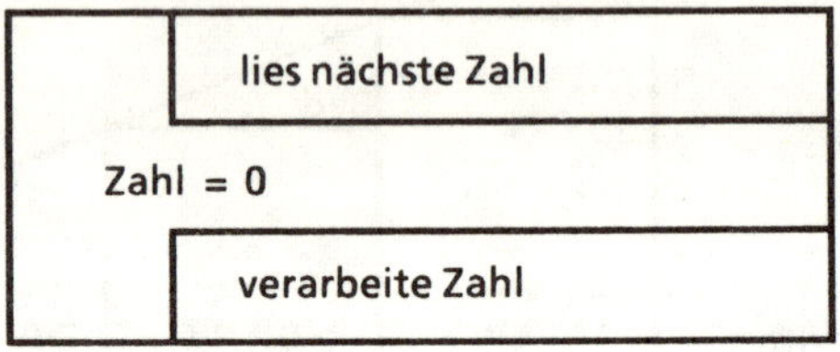

Der Spezialfall der Bedingungsschleife, die Zählschleife, hat die Form:

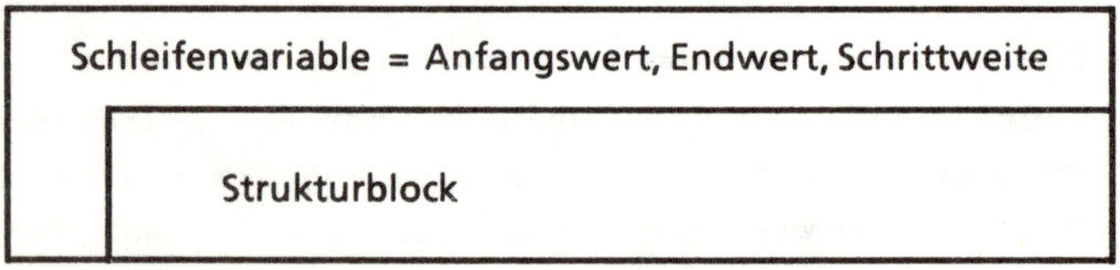

Abb. 3.11b Zählschleife (Struktogramm)

Wirkung: Zunächst wird die Anzahl der Schleifendurchläufe ermittelt. Ist diese Zahl gleich Null, so wird der Strukturblock nicht durchlaufen. Andernfalls wird die Schleifenvariable mit dem Anfangswert besetzt und die Schleifenanweisungen ausgeführt. Vor jedem Schleifendurchlauf wird die Schrittweite zum Wert der Schleifenvariablen addiert.

Beispiel: Der im Abschlußbeispiel des letzten Abschnitts erstellte Programmentwurf soll in Form eines Struktogramms dargestellt werden.

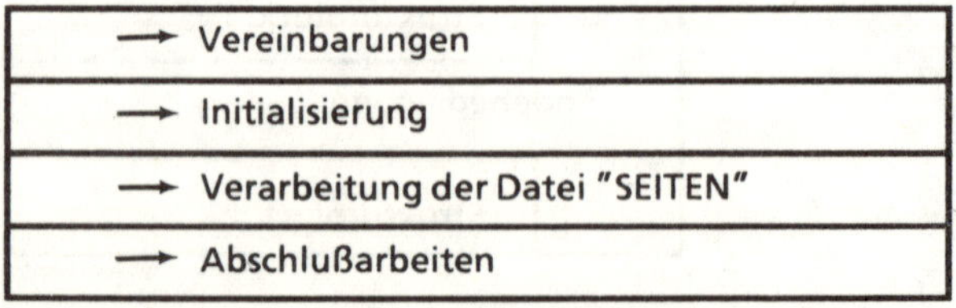

Ein Pfeil deutet an, daß für den entsprechenden Block ein verfeinertes Struktogramm existiert.

Vereinbarungen

Konstante:		
tol = 10**(-10)	Genauigkeitstoleranz	(reellwertig)
Variablen:		
a,b,c	eingelesene Dreiecksseiten	(reellwertig)
slang, smitte, skurz	geordnete Dreiecksseiten	(reellwertig)
anzahl	der eingelesenen Dreiecke	(ganzzahlig)
glseit, glschk, rechtw, gueltg	Eigenschaften	(logisch)

Initialisierung

Bereitstellung der Datei "SEITEN"
drucke: 'Bestimmung der Eigenschaften von Dreiecken' 'Dreiecksseiten Eigenschaft'
anzahl = 0

Verarbeitung der Datei 'SEITEN'

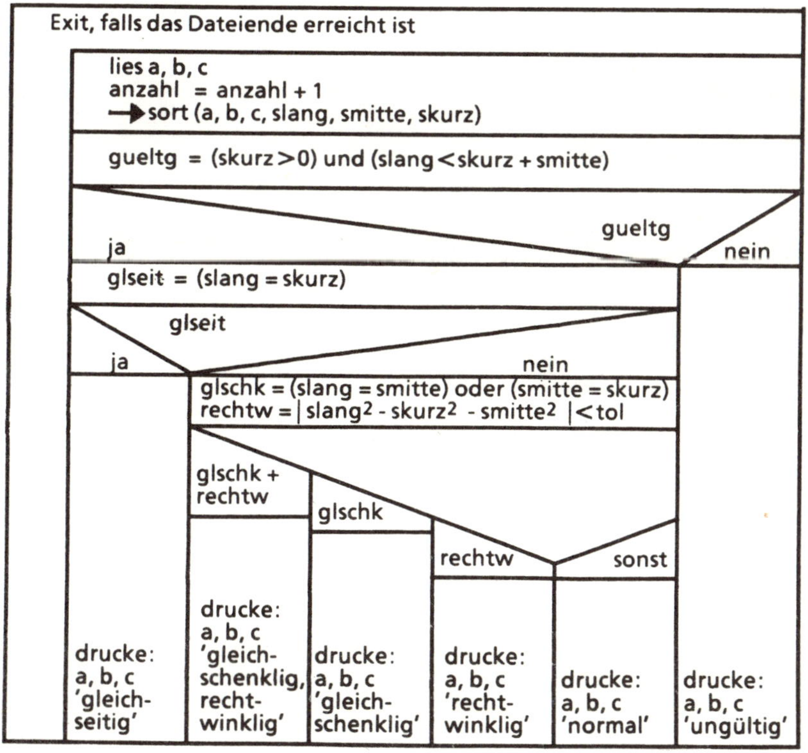

Abschlußarbeiten

drucke: 'Anzahl der verarbeiteten Dreiecke = ', anzahl
schließe die Datei 'SEITEN'

SORT (a,b,c, slang,smitte,skurz)

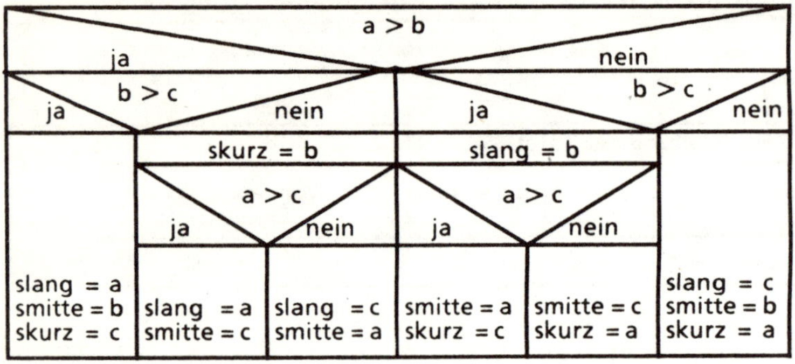

5 Vergl.

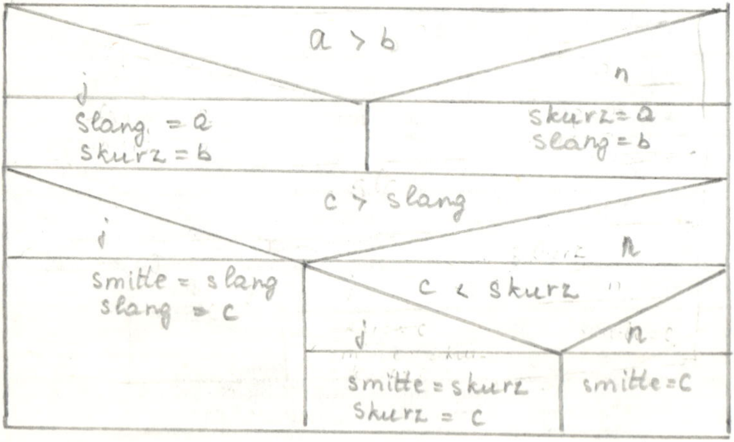

3 Vergl

Kapitel 4: Verzweigungen

4.1 Bedingungen

Die in einem Pseudocode-Entwurf vorhandenen Verzweigungen lassen sich mühelos in entsprechende FORTRAN-Anweisungen umsetzen, da fast identische Sprachkonstrukte bereitstehen. Allein bei der Formulierung der Verzweigungsbedingungen sind gewisse Besonderheiten zu beachten, da z.B. die mathematischen Sonderzeichen <, ≤, >, ≥, ≠, ∧, ∨ nicht zum FORTRAN-Zeichensatz gehören. Bevor wir uns mit den besagten Sprachkonstrukten beschäftigen, wollen wir uns daher zunächst der Formulierung von Bedingungen in FORTRAN zuwenden.

Eine Bedingung bezeichnet man in FORTRAN als logischen Ausdruck (siehe 4.4), dessen einfachste Form ein Vergleich zwischen zwei arithmetischen Ausdrücken aa_1 und aa_2 ist:

$$aa_1 \quad vop \quad aa_2$$

Als Vergleichsoperatoren *vop* stehen zur Verfügung:

Vergleichs-operator	mathematisches Symbol	Bedeutung englisch	Bedeutung deutsch
.LT.	<	less than	kleiner
.LE.	≤	less than or equal to	kleiner oder gleich
.EQ.	=	equal to	gleich
.NE.	≠	not equal to	ungleich
.GT.	>	greater than	größer
.GE.	≥	greater than or equal to	größer oder gleich

Abb. 4.1 Vergleichsoperatoren

Die Vergleichsoperatoren beginnen und enden mit einem Punkt. Dadurch kann sie der Compiler von Variablennamen unterscheiden.

Die Auswertung eines <u>Vergleichausdrucks</u> liefert den logischen Wert .TRUE. ("wahr"), falls die angegebene Bedingung erfüllt ist, sonst den Wert .FALSE. ("falsch"). Die beiden Werte .TRUE. und .FALSE. werden auch als <u>logische Konstanten</u> bezeichnet.

<u>Beispiel</u>:

Vergleichsausdruck	Variablenwerte	Wert des Ausdrucks
X+Y .LT. EPS**2	X=Y=1E-3, EPS=0.1 X=Y=6E-3, EPS=0.1	.TRUE. .FALSE.
I+1 .GE. 26	I=24 I=25	.FALSE. .TRUE.

Da REAL-Zahlen in einer Rechenanlage i.a. nicht exakt gespeichert werden und bei der Auswertung von arithmetischen Ausdrücken fast immer Rundungsfehler auftreten, sodaß das berechnete Ergebnis geringfügig von dem zu erwartenden Resultat abweicht, sollten die Vergleichsoperatoren .EQ. und .NE. im Zusammenhang mit diesen Größen nicht eingesetzt werden.

Um festzustellen, ob zwei reellwertige Ausdrücke aa_1 und aa_2 in etwa übereinstimmen, sollte man einen Vergleichsausdruck der Form

$$\text{ABS }(aa_1 - aa_2) \text{ .LT. EPS}$$

verwenden, wobei EPS einen, den Genauigkeitsanforderungen entsprechenden, Wert besitzt.

<u>Beispiele</u>:

a) Wählt man EPS=0.5E-6, und hat der Vergleichsausdruck den Wert .TRUE., so ist sichergestellt, daß aa_1 und aa_2 auf sechs Nachkommastellen übereinstimmen (Vergleich auf <u>absolute Genauigkeit</u>).

b) Wählt man EPS=(ABS(aa_1)+ABS(aa_2))*0.25E-6, und hat der Vergleichsausdruck den Wert .TRUE., so stimmen aa_1 und aa_2 in den ersten sechs Mantissenstellen überein (Vergleich auf <u>relative Genauigkeit</u>).

Einen Vergleich dieser Art wird man in der Regel dann durchführen, wenn aa_1 und aa_2 sehr große oder sehr kleine Werte annehmen oder wenn die Größenordnung der Werte unbekannt ist.
Für den Fall sehr kleiner Zahlen ist noch zu beachten, daß, falls einer der beiden Ausdrücke den Wert Null hat, keine Übereinstimmung in den führenden Stellen vorliegen kann und der Vergleichsausdruck somit den Wert .FALSE. besitzt.

Hinweis:
Bei der Festlegung der Genauigkeitsforderungen ist darauf zu achten, daß diese für die verwendete Rechenanlage auch realistisch sind. Beispielsweise ist es nicht sinnvoll, eine relative Genauigkeit von 8 Stellen zu fordern, wenn REAL-Zahlen intern nur mit 6 Mantissenstellen gespeichert werden. Zur Erhöhung der Portabilität von Programmen sollten die verwendeten Genauigkeitskonstanten in PARAMETER-Anweisungen angegeben werden.

Beispiel:

```
      REAL EPSABS
      PARAMETER (EPSABS=0.5E-6)
*     EPSABS=ABSOLUTE GENAUIGKEITSSCHRANKE: 6 NACHKOMMA-
*     STELLEN
         .
         .
         .
      IF (ABS(X-Y).LT. EPSABS) THEN
```

Besitzen die beiden arithmetischen Ausdrücke einen unterschiedlichen Datentyp, so hat der Vergleichsausdruck

$$aa_1 \text{ vop } aa_2$$

den gleichen Wert wie

$$(aa_1 - aa_2) \text{ vop } 0.0$$

d.h. der Vergleich wird im REAL-Bereich durchgeführt.

4.2 Block IF-Strukturen

Die im Kapitel 3 kennengelernten allgemeinen Verzweigungsstrukturen lassen sich in FORTRAN problemlos mit Hilfe von Block IF-Strukturen realisieren.

Jede Block IF-Struktur wird durch eine Block IF-Anweisung eingeleitet und mit einer END IF-Anweisung abgeschlossen. Zwischen diesen beiden Anweisungen können ein oder mehrere "Blöcke" von FORTRAN-Anweisungen stehen, die voneinander durch ELSE IF- oder ELSE-Anweisungen getrennt sind.

Die Block IF-Anweisung hat die allgemeine Form

```
IF (la) THEN
```

wobei *la* ein logischer Ausdruck ist. Der Anweisung folgt ein sogenannter IF-Block, der aus allen nachfolgenden ausführbaren Anweisungen bis zur nächsten zugehörigen ELSE IF-, ELSE- oder END IF-Anweisung besteht.
Die eine Block IF-Struktur abschließende, zugehörige END IF-Anweisung besteht nur aus dem Schlüsselwort

```
END IF
```

4.2.1 Einseitige Verzweigungen

Mit Hilfe von Block IF- und END IF-Anweisungen können bereits einseitige Verzweigungen realisiert werden:

```
IF   (la)   THEN
     IF-Block
END IF
```

Abb. 4.2 einseitige Verzweigung

Während der Programmausführung wird zunächst der logische Ausdruck *la* ausgewertet. Hat dieser den Wert .TRUE., so werden die Anweisungen des IF-Blocks durchlaufen. Hat *la* den Wert .FALSE., so wird die Programmausführung mit der hinter der END IF-Anweisung stehenden Anweisung fortgesetzt.

Beispiel:

```
IF (X .GT. XMAX) THEN
   XMAX = X
END IF
```

Für den Fall, daß der Wert der Variablen X größer als der von XMAX ist, erhält XMAX den Wert von X zugeordnet; andernfalls hat diese Block IF-Struktur keine Auswirkung.

4.2.2 Alternativen

Für die Realisierung von Alternativen benötigt man noch die ELSE-Anweisung, die nur aus dem Schlüsselwort

ELSE

besteht. Diese Anweisung leitet einen ELSE-Block ein, der alle nachfolgenden ausführbaren Anweisungen bis zur zugehörigen END IF-Anweisung enthält. Zu jeder Block IF-Anweisung darf höchstens eine ELSE-Anweisung existieren. Die einfachste Block IF-Struktur, die eine ELSE-Anweisung enthält, hat somit folgende Gestalt:

```
IF (la) THEN
   IF-Block
ELSE
   ELSE-Block
END IF
```

Abb. 4.3 Alternative

Für die Auswertung dieser Struktur gilt:

Wert von *la*	Wirkung
.TRUE.	Ausführung des IF-Blocks
.FALSE.	Ausführung des ELSE-Blocks

Beispiel:

Die Lösungen der quadratischen Gleichung

$$a x^2 + bx + c = 0$$

lauten bekanntlich:

$$x_{1,2} = - \frac{b}{2a} \pm \sqrt{\left(\frac{b}{2a}\right)^2 - \frac{c}{a}}$$

wobei vorausgesetzt wird, daß $a \neq 0$ ist.

Der Programmentwurfsteil zur Berechnung der Lösungen hat dann z.B. folgende Gestalt:

```
d = (b² - 4ac)/4a²
IF  d ≥ 0         THEN
    *** es gibt reelle Lösungen
    x₁ = - b/2a + √d
    x₂ = - b/2a - √d
ELSE
    *** es gibt komplexe Lösungen
    xreal = - b/2a (Realteil)
    ximag =  √-d   (Imaginärteil)
    x₁   = xreal + i * ximag
    x₂   = xreal - i * ximag
END IF
```

Umgewandelt in FORTRAN-Notation erhält man:

```
*       *** BERECHNUNG DER DISKRIMINANTE D ***
        D = (B*B-4.*A*C) / (4.*A*A)
        IF (D .GE. 0.) THEN
*           *** ES GIBT REELLE LOESUNGEN ***
            X1 = B/(2.*A) + SQRT (D)
            X2 = B/(2.*A) - SQRT (D)
            PRINT*, 'LOESUNGEN:   X1 = ', X1, '   X2 = ', X2
        ELSE
*           *** ES GIBT KOMPLEXE LOESUNGEN ***
            XREAL = - B/(2.*A)
            XIMAG = SQRT (-D)
            PRINT*, 'LOESUNGEN:   X1 =', XREAL,' + I*', XIMAG
            PRINT*, '             X2 =', XREAL,' - I*', XIMAG
        END IF
```

4.2.3 Mehrfachverzweigungen

Für die Realisierung von Mehrfachverzweigungen benötigt man noch die ELSE IF-Anweisung, die die allgemeine Form

ELSE IF (*la*) THEN

hat, wobei *la* wiederum ein logischer Ausdruck ist.
Diese Anweisung leitet einen ELSE IF-Block ein, der aus allen nachfolgenden ausführbaren Anweisungen bis zur nächsten, zugehörigen ELSE IF-, ELSE- oder END IF-Anweisung besteht. Eine Block IF-Struktur kann beliebig viele ELSE IF-Anweisungen und damit entsprechend viele Verzweigungsmöglichkeiten enthalten. Die einfachste Block IF-Konstruktion, die eine ELSE IF-Anweisung aufweist, hat folgende Gestalt:

```
IF (la1) THEN
   IF-Block
ELSE IF (la2) THEN
   ELSE IF-Block
END IF
```

Abb. 4.4a Mehrfachverzweigung ohne ELSE-Anweisung

Für die Ausführung dieser Struktur gilt:

Wert von la_1	Wert von la_2	Wirkung
.TRUE.	.TRUE.	Ausführung des IF-Blocks
.TRUE.	.FALSE.	Ausführung des IF-Blocks
.FALSE.	.TRUE.	Ausführung des ELSE IF-Blocks
.FALSE.	.FALSE.	kein Block wird ausgeführt

Beispiel:

```
*       NUR KINDER UND JUGENDLICHE WERDEN GEZÄHLT
        IF (ALTER.LT.12) THEN
              KINDER = KINDER + 1
        ELSE IF (ALTER.LT.18) THEN
              JUGEND = JUGEND + 1
        END IF
```

Ist das ALTER kleiner als 12, so wird die Anzahl der Kinder um eins erhöht, andernfalls wird die in der ELSE IF-Anweisung stehende Bedingung überprüft. Da durch die erste Bedingung bereits alle Personen unter 12 Jahren erfaßt werden, genügt es das ALTER auf kleiner als 18 abzufragen.
Man beachte, daß ein Vertauschen der beiden Bedingungen und der zugehörigen Blöcke, also

```
IF (ALTER.LT.18) THEN
     JUGEND = JUGEND + 1
ELSE IF (ALTER.LT.12) THEN
     KINDER = KINDER + 1
END IF
```

zu einem logischen Fehler führt, da die 2. Bedingung bereits in der ersten enthalten ist und alle Kinder dann als Jugendliche gezählt werden.
Man erhält zwei voneinander unabhängige und damit vertauschbare Bedingungen, in dem man ALTER.LT.18 in (ALTER.GE.12) .AND. (ALTER.LT.18) umwandelt (siehe Abschnitt 4.3).

Enhält eine Block IF-Struktur eine ELSE-Anweisung, so wird stets genau ein Block ausgeführt. Alle zugeordneten ELSE IF-Anweisungen müssen vor dieser ELSE-Anweisung stehen. Der ELSE-Block wird durch END IF abgeschlossen.

Die einfachste Block IF-Struktur mit Block IF-, ELSE IF- und ELSE-Anweisung hat die folgende Gestalt:

```
IF (la1) THEN

   IF-Block

ELSE IF (la2) THEN

   ELSE IF-Block

ELSE

   ELSE-Block

END IF
```

Abb. 4.4b Mehrfachverzweigung mit ELSE-Anweisung

Für die Ausführung dieser Struktur gilt:

Wert von la_1	Wert von la_2	Wirkung
.TRUE.	.TRUE.	Ausführung des IF-Blocks
.TRUE.	.FALSE.	Ausführung des IF-Blocks
.FALSE.	.TRUE.	Ausführung des ELSE IF-Blocks
.FALSE.	.FALSE.	Ausführung des ELSE-Blocks

<u>Beispiele:</u> a) ohne vertauschbare Bedingungen

```
IF (ALTER.LT.12) THEN
      KINDER = KINDER + 1
ELSE IF (ALTER.LT.18) THEN
      JUGEND = JUGEND + 1
ELSE
      ERWACH = ERWACH + 1
END IF
```

b) mit vertauschbaren Bedingungen (ELSE → ELSE IF)

```
IF (ALTER.LT.12) THEN
      KINDER = KINDER + 1
ELSE IF (ALTER.GE.12 .AND. ALTER.LT.18) THEN
      JUGEND = JUGEND + 1
ELSE IF (ALTER.GE.18) THEN
      ERWACH = ERWACH + 1
END IF
```

Treten mehrere ELSE IF-Anweisungen innerhalb einer Block IF-Struktur auf, so werden nacheinander der logische Ausdruck der Block IF-Anweisung und die logischen Ausdrücke der ELSE IF-Anweisungen auf ihren Wahrheitsgehalt hin untersucht. Dies geschieht so lange, bis ein Ausdruck den Wert .TRUE. annimmt. Die Anweisungen des zugehörigen Blocks werden ausgeführt und das Programm wird mit der, auf die zugehörige END IF-Anweisung folgenden, Anweisung fortgesetzt.
Für den Fall, daß mehrere der in Frage kommenden Ausdrücke den Wert .TRUE. besitzen, wird also nur der zum ersten Ausdruck gehörige Block durchlaufen. Alle anderen bleiben unberücksichtigt.

Besitzt kein Ausdruck den Wert .TRUE., so wird - falls vorhanden - der ELSE-Block der Struktur ausgeführt.

Beispiel:

```
X = 1.
IF (X .EQ. 2.) THEN
  IF-Block
ELSE IF (X .EQ. 1.) THEN
  ELSE IF-Block 1
ELSE IF (X .GT. 0.) THEN
  ELSE IF-Block 2
END IF
```

Es wird nur der ELSE IF-Block 1 durchlaufen, obwohl auch die Bedingung des ELSE IF-Blocks 2 erfüllt ist.

4.2.4 Geschachtelte Block IF-Strukturen

Innerhalb eines IF-, ELSE IF- oder ELSE-Blocks können weitere Block IF-Strukturen auftreten, die selbst wiederum Block IF-Strukturen enthalten können usw.
Man spricht in diesem Fall von einer geschachtelten Block IF-Struktur.

Bevor wir die Besonderheiten dieser Strukturen näher untersuchen, soll die in den vorangegangenen drei Teilabschnitten verwendete Formulierung "die einer Block IF-Anweisung zugeordneten ELSE IF-, ELSE- und END IF-Anweisungen" exakt beschrieben werden. Hierzu führen wir den Begriff "IF-Schachtelungstiefe" (IF-level) ein:

Die IF-Schachtelungstiefe einer Anweisung ist definiert durch

$$n1 - n2$$

Dabei ist *n1* die Anzahl der bisher in der Programmeinheit aufgetretenen Block IF-Anweisungen einschließlich dieser Anweisung und *n2* die Anzahl der bisher in der Programmeinheit aufgetretenen END IF-Anweisungen ohne diese Anweisung.

Die einer Block IF-Anweisung zugeordnete END IF-Anweisung ist die nächste END IF-Anweisung, die die gleiche Schachtelungstiefe wie die Block IF-Anweisung besitzt. Die zwischen den beiden Anweisungen befindlichen ELSE- und ELSE IF-Anweisungen sind der Block IF-Anweisung ebenfalls zugeordnet.

Da jede Block IF-Struktur mit einer Block IF-Anweisung eingeleitet und der END IF-Anweisung abgeschlossen wird, muß folgerichtig gelten:

a) Die Schachtelungstiefe jeder Anweisung muß größer oder gleich Null sein.
b) Die Schachtelungstiefe jeder END-Anweisung muß gleich Null sein.

Im nachfolgenden Beispiel wird zu jeder Anweisung die IF-Schachtelungstiefe angegeben.

Beispiel:

```
                                                        IF-Level
*     ORDNE DIE 3 DREIECKSSEITEN A, B, C
*     NACH FALLENDER GROESSE
      READ*, A, B, C                                       0
      IF (A.GT.B) THEN                                     1
         IF (B.GT.C) THEN                                  2
            SLANG = A                                      2
            SMITTE= B                                      2
            SKURZ = C                                      2
         ELSE                                              2
            SKURZ = B                                      2
            IF (A.GT.C) THEN                               3
               SLANG = A                                   3
               SMITTE= C                                   3
            ELSE                                           3
               SLANG = C                                   3
               SMITTE= A                                   3
            END IF                                         3
         END IF                                            2
      ELSE                                                 1
         IF (B.GT.C) THEN                                  2
            SLANG = B                                      2
            IF (A.GT.C) THEN                               3
               SMITTE= A                                   3
               SKURZ = C                                   3
            ELSE                                           3
               SMITTE= C                                   3
               SKURZ = A                                   3
            END IF                                         3
         ELSE                                              2
            SLANG = C                                      2
            SMITTE= B                                      2
            SKURZ = A                                      2
         END IF                                            2
      END IF                                               1
      PRINT*, SLANG, SMITTE, SKURZ                         0
```

Bei der Bildung von Block IF-Strukturen ist darauf zu achten, daß jede innerhalb eines IF-, ELSE IF- oder ELSE-Blocks begonnene Unterstruktur vollständig innerhalb dieses Blocks liegen muß. Eine falsch plazierte END IF-, ELSE- oder ELSE IF-Anweisung kann die Programmlogik grundlegend verändern und wird vom Compiler nicht als fehlerhaft erkannt.

Empfehlungen:

a) Aus Übersichtsgründen sollten - wie in den vorangegangenen Beispielen praktiziert - die Programmblöcke, der Schachtelungstiefe entsprechend, eingerückt werden.

b) Erfahrungen haben gezeigt, daß Block IF-Strukturen mit einer Schachtelungstiefe von größer als 4 kaum noch zu überblicken sind und daher vermieden werden sollten. Dies ist möglich, in dem man z.B. Bedingungen zusammenfaßt oder Unterstrukturen in Form separater Module (Kapitel 6) realisiert.

Anmerkung:

An einigen Großrechenanlagen existieren Hilfsprogramme, die das Einrücken von Block IF-Strukturen automatisch vornehmen.

Beispiel:

Im Abschnitt 4.2.2 wurde die Lösung der quadratischen Gleichung nur für den Fall behandelt, daß der führende Koeffizient ungleich Null ist. Eine genauere Untersuchung zeigt, daß für den Fall a=0 verschiedene Sonderfälle zu unterscheiden sind.

Der folgende Programmentwurf berücksichtigt diese Sonderfälle:

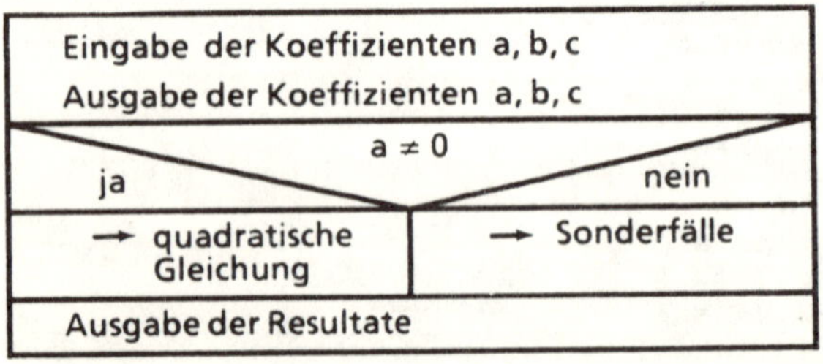

quadratische Gleichung ($a \neq 0$)

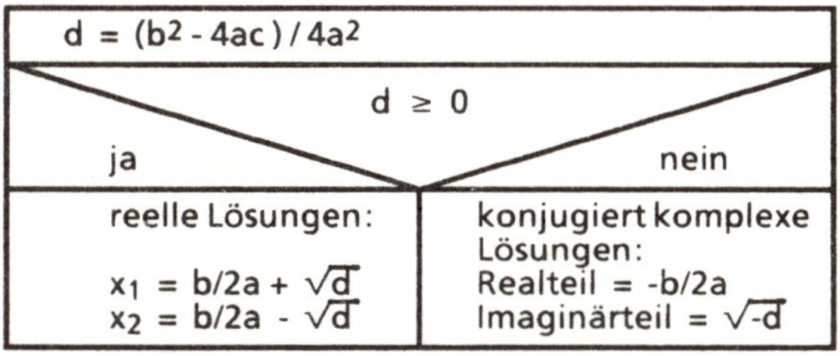

Sonderfälle ($a = 0$)

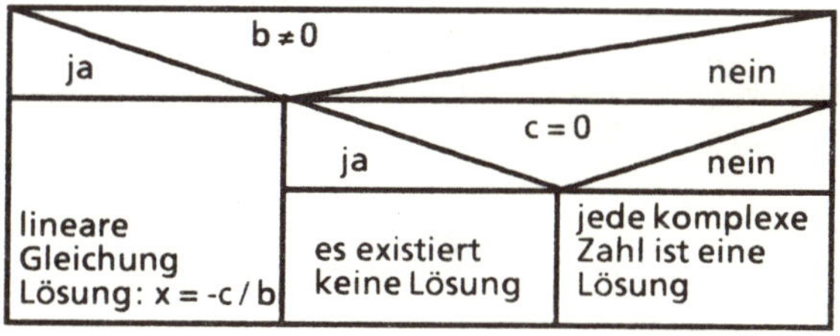

Die Verzweigungsstruktur der Struktogramme kann in die folgende geschachtelte Block IF-Struktur umgewandelt werden, die die maximale Schachtelungstiefe 3 besitzt:

```
      IF (A.NE.0.) THEN
*         *** quadratische Gleichung (s. 4.2.2)
      ELSE
         IF (B.NE.0.) THEN
             PRINT*, 'LOESUNG: X = ',-C/B
         ELSE
             IF (C.NE.0.) THEN
                 PRINT*, 'ES EXISTIERT KEINE LOESUNG'
             ELSE
                 PRINT*, 'JEDE KOMPLEXE ZAHL IST LOESUNG'
             END IF
         END IF
      END IF
```

Wesentlich überschaubarer ist die folgende Lösung, die nur die Schachtelungstiefe 1 aufweist:

```
      IF (A.NE.0.) THEN
*         *** quadratische Gleichung (s. 4.3.2)
      ELSE IF (B.NE.0.) THEN
          PRINT*, 'LOESUNG: X = ',-C/B
      ELSE IF (C.NE.0.) THEN
          PRINT*, 'ES EXISTIERT KEINE LOESUNG'
      ELSE
          PRINT*, 'JEDE KOMPLEXE ZAHL IST LOESUNG'
      END IF
```

4.3 Logische Größen

Nachdem wir bisher nur logische Ausdrücke in Form arithmetischer Vergleichsausdrücke kennengelernt haben, wollen wir nun allgemein logische Ausdrücke behandeln. Dies führt uns zwangsläufig zu einem neuen Datentyp, dem Datentyp LOGICAL. Analog zu den anderen Datentypen gibt es:

logische Konstanten
logische Variablen
logische Operatoren
logische Funktionen
logische Ausdrücke und
eine logische Wertzuweisung

4.3.1 Logische Konstanten und Variablen

Es gibt nur die beiden bereits bekannten logischen Konstanten .TRUE. (wahr) und .FALSE. (falsch).

Logische Variablen *v* können mit Hilfe der LOGICAL-Anweisung

LOGICAL *v*[,*v*]...

vereinbart werden.

Beispiel: LOGICAL GLSEIT, RECHTW, NORMAL

Obwohl für die interne Darstellung einer logischen Größe im Grunde ein Bit genügt, ist im FORTRAN-Standard aus Portabilitätsgründen festgelegt, daß jeder logische Wert - wie jeder REAL- oder INTEGER-Wert - in einer numerischen Speichereinheit (häufig ein Maschinenwort) abgelegt wird.

4.3.2 Logische Ausdrücke

Die einfachste Form eines logischen Ausdrucks ist eine logische Konstante, eine logische Variable, ein logisches Feldelement, ein logischer Funktionsaufruf oder ein Vergleichsausdruck. Kompliziertere logische Ausdrücke können gebildet werden, indem man einen oder mehrere logische Operanden mit logischen Operatoren verknüpft.

Als <u>logische Operatoren</u> stehen zur Verfügung:

Operator	Bedeutung
.NOT.	Negation (nicht)
.AND.	Konjunktion (und)
.OR.	Diskunktion (inklusives oder)
.EQV.	Äquivalenz (gleich)
.NEQV.	Antivalenz (ungleich)

<u>Beispiele</u>:
Es seien A, B, C vom Typ REAL und X, Y, Z vom Typ LOGICAL:

```
.NOT.X
X.AND.Y
X.OR.(Y.EQV.Z)
(A.LT.B).AND.(B.LT.C)
```

Die Wirkungsweise der logischen Operatoren wird in der folgenden Wahrheitstafel übersichtlich dargestellt, wobei T für .TRUE. und F für .FALSE. stehen:

X	Y	.NOT.X	X.AND.Y	X.OR.Y	X.EQV.Y	X.NEQV.Y
T	T	F	T	T	T	F
T	F	F	F	T	F	T
F	T	T	F	T	F	T
F	F	T	F	F	T	F

Für die Auswertung eines logischen Ausdrucks mit mehreren logischen Operatoren gilt, falls keine Klammerungen vorkommen, die folgende Prioritätsfolge:

1. Auswertung der Negation .NOT.
2. Auswertung der Konjunktion .AND.
3. Auswertung der Disjunktion .OR.
4. Auswertung von Äquivalenz .EQV. und Antivalenz .NEQV.

Mit Hilfe von Klammern kann die Auswertungsreihenfolge verändert werden. Treten in einem Ausdruck logische Operatoren gleicher Priorität auf, so erfolgt die Auswertung von links nach rechts. Die Auswertung eines logischen Ausdrucks liefert entweder den Wert .TRUE. oder .FALSE..

<u>Beispiele</u>: X, Y, Z seien vom Typ LOGICAL

a) Der logische Ausdruck X .OR. Y .AND. Z hat den gleichen Wert wie X .OR. (Y .AND. Z).

b) Dagegen können die beiden Ausdrücke .NOT.(X.AND.Y) und .NOT.X.AND.Y durchaus unterschiedliche Werte annehmen.

Arithmetische Ausdrücke können mit den Vergleichsoperatoren zu Vergleichsausdrücken verknüpft werden. Diese können wiederum Bestandteil eines logischen Ausdrucks sein.

<u>Beispiele</u>:

a) Der logische Ausdruck (X.GT.0.).AND.(X.LT.1.) hat den Wert .TRUE., wenn der Wert der Variablen X im Intervall (0,1) liegt.

b) Die Bedingung I = 1 oder I = 2 wird durch den Ausdruck

(I.EQ.1) .OR. (I.EQ.2)

repräsentiert; die "Kurzform" I.EQ.1.OR.2 ist nicht statthaft.

Sofern keine Klammerung vorliegt, erfolgt die Berechnung des (logischen) Gesamtausdrucks in der folgenden Reihenfolge:

1. Auswertung der arithmetischen Ausdrücke
2. Auswertung der Vergleichsausdrücke
3. Auswertung der logischen Ausdrücke

Für die Stufen 1) und 3) gelten die in den Abschnitten 2.6 und in diesem Abschnitt angegegebenen Rangfolgen. Alle Vergleichsoperatoren haben die gleiche Priorität.

Beispiel:
Es seien A, B, C vom Datentyp REAL und X vom Typ LOGICAL.
Dann sind die beiden folgenden Ausdrücke äquivalent:

```
X .OR. A*B**2 .GE. C+2.
X. OR.((A*(B**2)).GE.(C+2.))
```

4.3.3 Die logische Wertzuweisung

Komplizierte logische Ausdrücke sind häufig nur noch schwer zu verstehen. Es ist daher zweckmäßig sie in Teile zu zerlegen, deren Werte nacheinander ausgerechnet und in logischen Variablen gespeichert werden. Die dazu verwendete logische Wertzuweisung hat die Form

$$v = la$$

wobei v eine logische Variable und la ein logischer Ausdruck ist. Bei der Ausführung dieser Anweisung wird zunächst der logische Ausdruck ausgewertet und der resultierende Wert der logischen Variablen zugeordnet.
Es ist eine gute Programmierpraxis, Eigenschaften durch logische Variablen zu realisieren. Ist die Eigenschaft erfüllt, so erhält die logische Variable den Wert .TRUE., sonst den Wert .FALSE..

Beispiel: (vergleiche Beispiel 3.5.1)

```
      PROGRAM TRIANG
*
*     BESTIMMUNG DER EIGENSCHAFTEN VON DREIECKEN
*
*----------------------------------------------------------------
*     --Konstanten
*     GENAUIGKEITSTOLERANZ TOL
      REAL TOL
      PARAMETER (TOL = 1E-10)
*
*     --Variablen
*     EINGELESENE DREIECKSSEITEN:
      REAL A, B, C
*     GEORDNETE DREIECKSSEITEN:
      REAL SLANG, SMITTE, SKURZ
*     DREIECKSEIGENSCHAFTEN
*     GLEICHSEITIG, GLEICHSCHENKLIG, RECHTWINKLIG, NORMAL:
      LOGICAL GLSEIT, GLSCHK, RECHTW, NORMAL
*     ANZAHL DER EINGELESENEN DREIECKE
      INTEGER ANZAHL
*----------------------------------------------------------------
```

```
      .
      .
      .
      NORMAL=(SKURZ.GT.0.).AND.(SLANG.LT.(SKURZ+SMITTE))
      IF (NORMAL) THEN
          GLSEIT=(SLANG-SKURZ).LT.TOL
          IF (GLSEIT) THEN
              PRINT*, 'DAS DREIECK IST GLEICHSEITIG'
          ELSE
              GLSCHK=(SLANG-SMITTE) .LT. TOL      .OR.
     A               (SMITTE-SKURZ) .LT. TOL
              RECHTW=ABS(SLANG**2-SMITTE**2-SKURZ**2) .LT. TOL
              IF (GLSCHK.AND.RECHTW) THEN
                     .
                     .
                     .
      END
```

4.3.4 Ein- und Ausgabe logischer Werte

Logische Werte werden in der Praxis recht selten, meist nur zu Test-Zwecken, ein- oder ausgegeben.
Bei der listengesteuerten Ein- und Ausgabe logischer Werte werden die Buchstaben T für .TRUE. und F für .FALSE. verwendet. Bei der Eingabe können vor den Buchstaben T und F jeweils ein Punkt stehen, hinter T und F können weitere Zeichen außer Trennzeichen stehen.

Beispiel:

```
LOGICAL MAENNL, LEDIG, STUDNT
READ*, MAENNL, LEDIG, STUDNT
PRINT*, MAENNL, LEDIG, STUDNT
```

Eingabe: .TRUE., FALSCH, T

Ausgabe: T F T

Für die formatierte Ein- und Ausgabe logischer Werte steht der L-Beschreiber in der Form

Lw

zur Verfügung, wobei w die Feldweite angibt.

Für die Eingabe gilt:

a) Ist das erste vom Leerzeichen verschiedene Zeichen ein T oder ein Punkt gefolgt von einem T, so erhält die entsprechende logische Größe den Wert .TRUE..

b) Ist das erste vom Leerzeichen verschiedene Zeichen ein F oder ein Punkt gefolgt von einem F, so erhält die entsprechende logische Größe den Wert .FALSE..

c) Sind weder a) noch b) erfüllt, so bricht das Programm mit einer Fehlermeldung ab.

Bei der Ausgabe werden die Buchstaben T für .TRUE. und F für .FALSE. rechtsbündig ausgegeben.

Beispiel:
```
LOGICAL A, B
READ (1, '(L6,L4)') A, B
WRITE (2, '(L6,L4)') A, B
```

```
          1234567890
Eingabe:  FALSCH .T

          1234567890
Ausgabe:       F   T
```

4.4 Zwei weitere Steueranweisungen und die CONTINUE-Anweisung

Die ausführbaren Anweisungen zur Realisierung von Programmverzweigungen und -schleifen werden als Steuer- oder Kontrollanweisungen bezeichnet. Zwei besonders wichtige Steueranweisungen, die logische IF-Anweisung und die GOTO-Anweisung sollen zum Abschluß dieses Kapitels noch kurz vorgestellt werden. Obwohl diese Anweisungen in FORTRAN primär zur Realisierung von Verzweigungen kreiert wurden, wollen wir sie ausschließlich für die Darstellung von Bedingungsschleifen (Abschnitt 5.1) einsetzen, da Verzweigungen ideal durch Block IF-Strukturen wiedergegeben werden.

4.4.1 Die logische IF-Anweisung

Die logische IF-Anweisung hat die allgemeine Form

IF (*la*) *anw*

Hat der logische Ausdruck *la* den Wert .TRUE., so wird die Anweisung *anw* ausgeführt; andernfalls wird die Anweisung übersprungen und sofort mit der Ausführung der nächsten Anweisung begonnen.

Die logische IF-Anweisung entspricht also i.w. der einseitigen Block IF-Struktur

```
IF (la) THEN
    anw
END IF
```

Allerdings ist bei der logischen IF-Anweisung zu beachten, daß die Anweisung *anw* ausführbar und keine Block IF-, ELSE IF-, ELSE-, END IF-, END-, DO- oder logische IF-Anweisung sein darf.

Beispiel: IF (X.LT.0.) X=-X

Falls X einen negativen Wert hat, wird das Vorzeichen von X geändert, andernfalls bleibt X unverändert.

4.4.2 Die GOTO-Anweisung

Zu Beginn des Kapitels 2 haben wir erfahren, daß es möglich ist, eine Anweisung mit einer Anweisungsnummer auszustatten, auf die man in anderen Anweisungen Bezug nehmen kann.

Anweisungsnummern sind positive natürliche Zahlen zwischen 1 und 99999 und können in den Spalten 1-5 einer Anweisung stehen. Jede Nummer darf innerhalb einer Programmeinheit höchstens einmal vergeben werden. Zur Erhöhung der Lesbarkeit sollten Anweisungsnummern innerhalb einer Programmeinheit stets in aufsteigender Größe verwendet werden.

Beispiel:

12345	6	7890
100		X=X+1
200		PRINT*,X
1200		END

Die GOTO-Anweisung

GOTO *n*

bewirkt einen Sprung zu der Anweisung mit der Anweisungsnummer *n*. Da der Sprung an keine Bedingung geknüpft ist, also in jedem Fall ausgeführt wird, spricht man von einer unbedingten GOTO-Anweisung.

Beispiel: GOTO 200

Als nächste Anweisung wird die Anweisung mit der Anweisungsnummer 200 ausgeführt.

Anmerkung:

Ein übermäßiger Gebrauch von GOTO-Anweisungen kann ein Programm äußerst kompliziert und unverständlich machen. Wir empfehlen daher, diese Anweisung nur zur Bildung von Schleifen zu verwenden.

4.4.3 Die leere Anweisung CONTINUE

Die CONTINUE-Anweisung ist eine ausführbare Anweisung, die keine Aktion veranlaßt. Sie besteht nur aus dem Schlüsselwort

```
CONTINUE
```

und wird stets mit einer Anweisungsnummer versehen. Beispiele zu ihrer Verwendung finden Sie in dem folgenden Kapitel.

Kapitel 5: Schleifen

Während sich Verzweigungen problemlos in FORTRAN-Sprachkonstrukte transformieren lassen, sind die FORTRAN-Sprachmittel zur Realisierung von Schleifen derzeit noch unterentwickelt. Die Aufnahme einer Kontrollstruktur für Bedingungsschleifen stand zwar bei der Entwicklung des FORTRAN 77-Standards zur Debatte, wurde allerdings nicht vorgenommen. Inzwischen wurde die Notwendigkeit einer solchen Struktur erkannt, und es ist mit Sicherheit damit zu rechnen, daß der nächste FORTRAN-Standard, FORTRAN 8x (Anhang A.6), sie enthalten wird.
Da wir nicht auf den nächsten Standard warten können, müssen wir für Bedingungsschleifen auf entsprechende Hilfskonstrukte zurückgreifen, die sich aus logischen IF-Anweisungen und GOTO-Anweisungen (siehe 4.4) zusammensetzen. Im Unterschied zu den Bedingungsschleifen werden Zählschleifen geeignet unterstützt.

5.1 Bedingungsschleifen

Die folgende Abbildung zeigt, wie eine in Pseudocode formulierte allgemeine Bedingungsschleife mit Hilfe von FORTRAN-Sprachelementen realisiert wird:

```
DO                                  n  CONTINUE
  Strukturblock 1                         Anweisungsblock 1
  IF Endebedingung EXIT                IF (la) GOTO m
  Strukturblock 2                         Anweisungsblock 2
END DO                                    GOTO n
                                    m  CONTINUE

                                    (n, m sind Anweisungsnummern)
```

Abb. 5.1 Bedingungsschleife (Pseudocode → FORTRAN)

Die beiden CONTINUE-Anweisungen dienen dabei als Sprungziele. Ist nach der Ausführung des Anweisungsblocks 1 die (in Form eines logischen Ausdrucks formulierte) Endebedingung erfüllt, so wird die Schleife durch einen Sprung zur Anweisung mit der Nummer m verlassen. Ist dagegen die Endebedingung noch nicht erfüllt, so wird auch der zweite Anweisungsblock durchlaufen und anschließend durch GOTO n zum Schleifenanfang verzweigt.

Beispiel:

```
      PROGRAM ADDIT
C   Das Programm liest vom Terminal REAL-Zahlen ein und addiert
C   diese. Durch Eingabe der Zahl Null wird der Eingabevorgang
C   beendet und die Summe der eingelesenen Zahlen ausgedruckt.
*-----------------------------------------------------------------
*     -- Variablen
      REAL ZAHL, SUMME

*     -- Initialisierung
      SUMME = 0.

*     -- Beginn der Einleseschleife
 100  CONTINUE
         READ*, ZAHL
      IF (ZAHL .EQ. 0.) GOTO 200
         SUMME = SUMME + ZAHL
         GOTO 100
 200  CONTINUE
*     -- Ende der Einleseschleife

*     -- Ausgabe
      PRINT*, 'DIE SUMME DER EINGELESENEN ZAHLEN IST ',SUMME
      END
```

Bemerkungen:

a) Die Initialisierung der Variablen SUMME ist unbedingt notwendig, da sonst beim ersten Schleifendurchlauf mit einem undefinierten Wert gerechnet wird.

b) Das Programm darf nicht den Namen SUMME tragen, da eine reellwertige Variable gleichen Namens im Programm vorkommt.

5.2 Einleseschleifen

5.2.1 Bereitstellung von Eingabedaten in einer Datei

Bisher haben wir nur mit den der Terminaltastatur (bzw. dem Kartenleser) und dem Bildschirm (bzw. dem Drucker) standardmäßig zugeordneten Dateien gearbeitet, die über die Anweisungen

READ *f* [,*eliste*]

PRINT *f* [,*aliste*]

angesprochen werden können.

Im Dialogbetrieb hat dies den Nachteil, daß alle Eingabedaten während der Programmausführung über die Tastatur eingegeben werden müssen. Vertippt man sich dabei, so muß das Programm abgebrochen und neu gestartet werden, und alle Eingabedaten - auch die bereits eingegebenen - müssen nochmals von Beginn an eingetippt werden. Hierbei können natürlich wiederum Fehler auftreten, und man muß abermals von vorn beginnen.

Ähnlich aufwendig ist es, wenn ein Programm mit einem umfangreichen Datensatz getestet wurde und nun mit einem neuen Datensatz laufen soll, der gegenüber dem ersten nur minimale Veränderungen aufweist (z.B. soll nur ein einziger Wert verändert werden). Auch in diesem Fall müssen alle Daten neu eingegeben werden.

In den genannten Fällen ist es zweckmäßig, die Daten nicht direkt einzugeben, sondern sie in Form von Dateien zu halten. Diese Dateien können, wie das Programm, mit dem Texteditor erstellt und verändert werden.

Die Verwendung einer solchen Datei ist dem FORTRAN-Programm mittels einer OPEN-Anweisung bekannt zu geben:

OPEN(*u*, FILE = *fn*)

Diese Anweisung bewirkt, daß der Datei mit dem Namen *fn* (CHARACTER-Ausdruck) die Dateinummer *u* (ganzzahliger, nicht negativer INTEGER-Ausdruck) zugeordnet wird. Innerhalb des Programms kann die Datei nur über diese Dateinummer angesprochen werden.

Beispiel: OPEN(2, FILE='DATEN')
Der Datei DATEN wird die Dateinummer 2 zugeordnet.

Bei der Vergabe der Dateinummern ist darauf zu achten, daß bei manchen Systemen bereits einige vordefiniert sind.
Häufig anzutreffen ist:

Dateinummer	Gerät
5	Tastatur-/Lochkarteneingabe
6	Bildschirm-/Druckerausgabe
7	Lochkartenstanzer

Für die Verarbeitung dieser Dateien verwendet man die Anweisungen:

READ(*u,f*) [*ealiste*]
WRITE(*u,f*) [*ealiste*]

wobei *u* wiederum eine Dateinummer und *f* eine Formatangabe ist. Bei der formatierten Verarbeitung ist *f* eine in Klammern stehende Formatliste, bei der listengesteuerten ein *.

Beispiel:
```
REAL LAENGE, BREITE, UMFANG
OPEN (1, FILE='ROHDATEN')
OPEN (2, FILE='RESULTAT')
READ (1, *) LAENGE, BREITE
UMFANG = 2.* (LAENGE + BREITE)
WRITE (2, '(T2, A, F12.4)') 'UMFANG = ', UMFANG
```

Bemerkung: Die OPEN-Anweisung ist eine ausführbare Anweisung. Sie muß daher hinter den Vereinbarungen und vor der ersten E/A-Anweisung stehen, die auf die Dateinummer Bezug nimmt.

5.2.2 Einlesen mit Dateiende-Abfrage

Oft wird von der Programmlogik her gefordert, daß das Programm alle auf einer Datei befindlichen Daten einliest und verarbeitet.
Ist die Gesamtheit der einzulesenden Datensätze bekannt, so kann der Lese- und Verarbeitungsprozeß mittels einer Zählschleife (5.3) realisiert werden. In der Regel ist diese Zahl jedoch unbekannt, und es ist zweckmäßig, mit einer READ-Anweisung mit Dateiende-Parameter zu arbeiten:

READ(*u,f* , END = *n*) [*ealiste*]

Dabei ist *u* die der Datei in der OPEN-Anweisung zugeordnete Dateinummer (oder ein * für die Eingabe über das Terminal bzw. den Lochkartenleser), *f* eine Formatangabe (insbesondere * für listengesteuerte Eingabe) und *n* eine Anweisungsnummer der Programmeinheit.
Die Anweisung hat die folgende Wirkung:

Wird beim Einlesevorgang das Dateiende festgestellt, so wird das Programm mit der Anweisung fortgesetzt, die die Anweisungsnummer *n* trägt.

Eine Einleseschleife hat somit folgende Struktur:

```
        n  CONTINUE
              READ (u, f, END = m) [ealiste]
   *          --  Verarbeitung der Eingabedaten
              GOTO n
        m  CONTINUE
```

Abb. 5.2 Einleseschleife mit Dateiende-Abfrage

Beispiel:

```
C     PROGRAM MITTEL
C
C     Das Programm liest von der Datei DATEN beliebig viele
C     Zahlen ein und bestimmt deren Mittelwert
C
*-----------------------------------------------------------------------
*     --VARIABLEN
      REAL SUMME, ZAHL, MWERT
      INTEGER ANZAHL
*-----------------------------------------------------------------------
      OPEN (1, FILE='DATEN')
      ANZAHL=0
      SUMME =0.

 100  CONTINUE
         READ (1, *, END=200) ZAHL
         SUMME=SUMME+ZAHL
         ANZAHL=ANZAHL+1
         GOTO 100
 200  CONTINUE
*     Mittelwertrechnung
      IF (ANZAHL .GT. 0) THEN
         MWERT = SUMME/ANZAHL
         PRINT*,' DER MITTELWERT DER ', ANZAHL,
     A          ' EINGELESENEN ZAHLEN IST ', MWERT
      ELSE
         PRINT*, 'ES WURDEN KEINE ZAHLEN VON DER DATEI ',
     A           '''DATEN'' EINGELESEN'
      END IF
      END
```

Bemerkung: Eine Variable mit dem Namen MITTEL darf nicht verwendet werden, da bereits das Hauptprogramm diesen Namen besitzt.

Soll eine Datei von einem FORTRAN-Programm verarbeitet werden, so sind i.a. entsprechende Vorkehrungen auf Betriebssystemkommando-Ebene zu treffen.

Beispiele:

a) Unter dem Betriebssystem **NOS** muß eine zu verarbeitende Datei als lokale Datei bereitstehen.

b) Unter dem Betriebssystem **VM/CMS** sollte die zu verarbeitende Datei den filename FILE und den filemode A besitzen:

FILE *name* A

Der filetyp *name* muß dann in der OPEN-Anweisung angegeben werden.

Durch

OPEN (u, FILE = '*name*')

wird automatisch eine Datei mit dem Namen

FILE *name* A

erzeugt, wenn diese vorher noch nicht existierte.

Einer beliebigen CMS-Datei wird durch das Kommando

FI name DISK fn ft [fm] [(optionen]

ein Name zugeordnet, der in der OPEN-Anweisung anzugeben ist.

5.3 Zählschleifen und Vektoren

5.3.1 Zählschleifen

Unter einer Zählschleife versteht man eine Programmschleife, von der vor der Ausführung die (maximale) Anzahl der Schleifendurchläufe bekannt ist. Eine solche Schleife läßt sich übersichtlich mit Hilfe einer DO- und einer CONTINUE-Anweisung programmieren:

Struktogramm

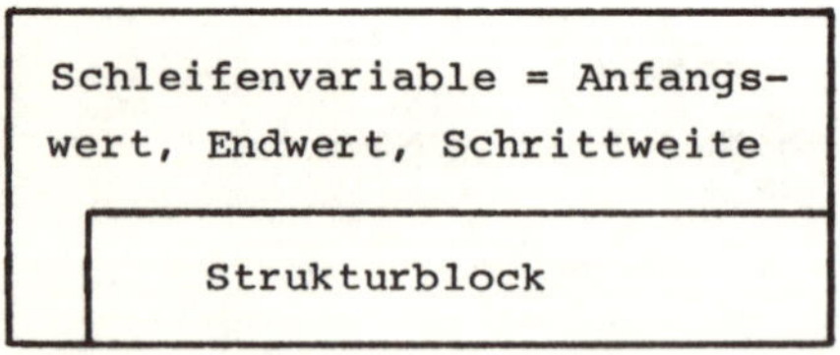

FORTRAN-Code

DO *n* $i = a_1, a_2$ [, a_3]

Schleifenanweisungen

n CONTINUE

Dabei bedeuten:

n Anweisungsnummer

i Name der Schleifenvariablen

a_1 Anfangswert, a_2 Endwert, a_3 Schrittweite } von *i*

Abb. 5.3 Zählschleife

Wird keine Schrittweite angegeben, so wird automatisch der Wert 1 als Schrittweite angenommen. Der Wert 0 ist als Schrittweite nicht erlaubt und wäre auch nicht sinnvoll.

Für die Ausführung der Schleife gilt:
Zunächst wird die Schleifenvariable i mit dem Anfangswert a_1 besetzt, und die Anzahl der Schleifendurchläufe wird bestimmt. Ist diese Zahl größer als Null, so werden die Schleifenanweisungen ausgeführt. Vor jedem weiteren Schleifendurchlauf wird zum aktuellen Wert von i die Schrittweite a_3 addiert. Ist die berechnete Anzahl der Schleifendurchläufe gleich Null, so werden die Schleifenanweisungen nicht ausgeführt, und das Programm wird mit der auf die CONTINUE-Anweisung folgende Anweisung fortgesetzt.

Beispiel:

```
      PROGRAM TAFEL
C
C     Erstellung einer Tabelle der Quadrat-
C     und Kubikzahlen von 1 bis 50.
C
*-----------------------------------------------------------------------
*     --Konstanten
      INTEGER NMAX
      PARAMETER (NMAX=50)
*     --Variablen
      INTEGER N
*-----------------------------------------------------------------------
      PRINT '(3A8)', 'N', 'N**2', 'N**3'
      PRINT*
      DO 100 N = 1, NMAX
         PRINT '(3I8)', N, N**2, N**3
 100  CONTINUE
      END
```

Die DO-Schleife dieses Programms ist vom Resultat her gesehen identisch mit den folgenden 50 Einzelanweisungen:

```
PRINT '(3I8)', 1, 1**2, 1**3
PRINT '(3I8)', 2, 2**2, 2**3
   .
   .
   .
PRINT '(3I8)', 50, 50**2, 50**3
```

Weitere Beispiele:

a) DO 200 N = -4, 4, 2

Die Schleifenanweisungen werden mit allen geraden Zahlen von -4 bis 4 für N in aufsteigender Reihenfolge durchlaufen.

b) DO 300 M = 5, -3, -2

Die Schleifenanweisungen werden mit allen ungeraden Zahlen von 5 bis -3 für M in absteigender Reihenfolge durchlaufen.

Eine Schleifenvariable kann vom Datentyp INTEGER, REAL oder DOUBLE PRECISION sein; entsprechend können Anfangswert, Endwert und Schrittweite der Variablen in Form beliebiger arithmetischer Ausdrücke mit ganzzahligen, reellen oder doppeltgenauen Werten angegeben werden.

Empfehlung:
Man sollte grundsätzlich nur INTEGER-Variablen als Schleifenvariablen und nur ganzzahlige Ausdrücke für Anfangswert, Endwert und Schrittweite verwenden. Nicht ganzzahlige Größen können auf Grund von Rundungsfehlern bewirken, daß identische Programmschleifen auf verschiedenen Rechenanlagen unterschiedlich oft durchlaufen werden (siehe 5.3.3).

Die Ausführung einer DO-Schleife kann an Hand des folgenden Struktogramms übersichtlich dargestellt werden:

Auswertung der arithmetischen Ausdrücke a_1, a_2 und a_3

Initialisierung der Schleifenvariablen $i = a_1$

Berechnung der Anzahl der Schleifendurchläufe
$d = \max((\mathrm{int}(a_2-a_1+a_3)/a_3), 0)$

Exit, falls $d = 0$

Ausführung der Schleifenanweisungen

Addition der Schrittweite zum Wert der Schleifenvariablen: $i = i+a_3$

Verminderung der Anzahl der Schleifendurchläufe um eins: $d = d-1$

Beim Verlassen der Schleife hat die Schleifenvariable den letzten ihr zugewiesenen Wert.

<u>Beispiel</u>:
```
      DO 100 I=1,5
         J=I
  100 CONTINUE
```
Nach der Ausführung dieser Schleife hat I den Wert 6 und J den Wert 5.

Da die Verwendung des Wertes einer Schleifenvariablen außerhalb ihres Schleifenbereichs die Nachvollziehbarkeit des Programms beeinträchtigt und eine Fehlerquelle darstellt, sollte man hierauf verzichten.

Ist $a_3 > 0$ und $a_1 > a_2$
oder $a_3 < 0$ und $a_1 < a_2$,

so erhält der Schleifenzähler d den Wert Null, d.h. <u>die Schleife wird nicht durchlaufen</u>. Die Zählschleife in FORTRAN ist also eine <u>abweisende</u> Schleife.

<u>Beispiel</u>:
```
      K = -2
      SUMME = 0.
      DO 150 I = 1,10,K
         SUMME=SUMME+I
  150 CONTINUE
```

Diese Schleife wird nicht ausgeführt. Die Variable SUMME behält den Wert 0., und I hat den Wert 1 vor der Ausführung der nächsten Anweisung.

Der Wert der Schleifenvariablen i darf innerhalb der DO-Schleife nicht verändert werden!

<u>Beispiel</u>:
```
      DO 100 I = N+1, 1, -1
         READ*, I                    - verboten -
         ...
         I=I+1                       - verboten -
         ...
  100 CONTINUE
```

Zum Abschluß dieses Abschnittes betrachten wir noch zwei Sonderfälle:

a) Vorzeitige Beendigung eines Schleifendurchlaufs

Sollen in bestimmten Fällen die letzten Anweisungen einer DO-Schleife nicht ausgeführt werden, so erreicht man dies durch den Einbau einer einseitigen Block IF-Struktur in die Schleife:

```
      DO n i = a1, a2 [, a3]
        ...
        IF (la) THEN
          ...
        END IF
    n CONTINUE
```

Für den Fall, daß der logische Ausdruck den Wert .FALSE. hat, wird zur letzten Anweisung der Schleife, der CONTINUE-Anweisung, verzweigt. Ist der Endwert der Schleifenvariablen noch nicht erreicht, so werden die Schleifenanweisungen nochmals durchlaufen, andernfalls wird als nächste Anweisung die auf die CONTINUE-Anweisung folgende Anweisung ausgeführt.

b) Vorzeitiges Verlassen einer Schleife

Soll eine Schleife vorzeitig beendet werden, so erreicht man dies mit Hilfe einer logischen IF-Anweisung in Verbindung mit einer GOTO-Anweisung, die zu der der letzten Schleifenanweisung folgenden Anweisung verzweigt:

```
      DO  n  i = a1, a2 [, a3]
        ...
        IF (la) GOTO m
        ...
    n CONTINUE
    m CONTINUE
```

Gegebenenfalls kann die logische IF-Anweisung durch eine einseitige Block IF-Struktur ersetzt werden, wobei der IF-Block als letzte Anweisung die GOTO-Anweisung enthält.

<u>Beispiel</u>: Iterationsverfahren

Ein Iterationsverfahren ist - vereinfacht ausgedrückt - eine wiederholt angewandte Rechenvorschrift, die ausgehend von einem Startwert x_0 eine Folge von Werten x_1, x_2, x_3, ... erzeugt.

Ziel eines solchen Verfahrens ist es, eine Näherungslösung für ein mathematisches Problem zu ermitteln.

Eines der bekanntesten Iterationsverfahren zur Bestimmung einer Lösung der Gleichung $f(x) = 0$ ist das <u>Newton-Verfahren</u>:

$$x_{n+1} = x_n - f(x_n)/f'(x_n)$$

Wenden wir dieses Verfahren auf die Kubikwurzel-Gleichung

$$f(x) = x^3 - a = 0$$

an, so erhalten wir:

$$x_{n+1} = (2x_n + a/x_n^2)/3$$

Das Verfahren bricht ab, wenn sich zwei aufeinanderfolgende Iterationswerte um weniger als eine vorgegebene Genauigkeit unterscheiden. Da die Konvergenz nur in wenigen Fällen a priori gesichert ist, ist es zweckmäßig eine maximale Anzahl von Iterationsschritten vorzugeben, um "Dauerläufer"-Programme zu vermeiden.

Die programmtechnische Realisierung des Verfahrens kann an Hand des folgenden Struktogramms verdeutlicht werden:

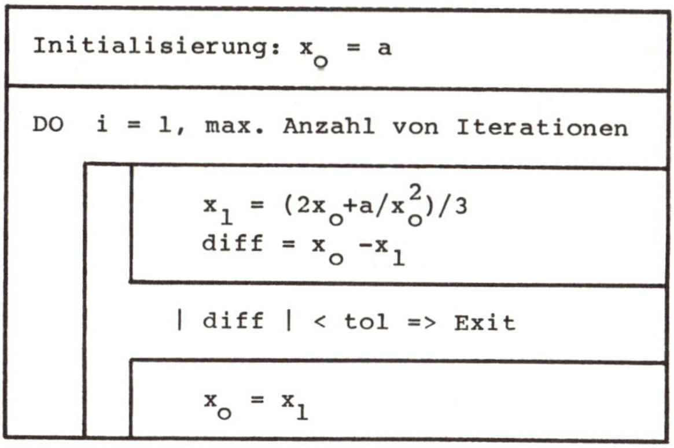

```
      PROGRAM KUBIK
C
C     Berechnung der Kubikwurzel einer reellen Zahl
C
*----------------------------------------------------------------------
*     -- Konstanten
      INTEGER MAXIT
      PARAMETER (MAXIT = 50)
*     MAXIT = maximale Anzahl von Iterationsschritten

*     -- Variablen
      REAL X0, X1, DIFF, ZAHL, WURZEL, TOL
*     TOL =   absolute Genauigkeitsschranke (kann vom
*             Benutzer festgelegt werden)
      INTEGER ITOL
*----------------------------------------------------------------------
      PRINT*, 'GEBEN SIE DIE ZAHL AN, VON DER DIE KUBIKWURZEL ',
     A        'BERECHNET WERDEN SOLL '
      READ*, ZAHL
      PRINT*, 'AUF WIEVIELE NACHKOMMASTELLEN SOLL DIE KUBIKWURZEL ',
     A        'BERECHNET WERDEN? (GANZE ZAHL)'
      READ*, ITOL
*     -- Berechnung der Genauigkeitsschranke:
      TOL = 0.5*(10.**(-ITOL))

*     -- Die eingelesene Zahl wird als Startwert verwendet:
      X0 = ZAHL

*     -- Iterationsverfahren
      DO 100 I = 1, MAXIT
          X1 = (2.*X0 + ZAHL/(X0*X0))/3.
          DIFF = X0-X1
          IF (ABS(DIFF) .LT. TOL) GOTO 110
          X0 = X1
  100 CONTINUE
  110 CONTINUE
*     -- Ausgabe der Ergebnisse
      IF (I .GT. MAXIT) THEN
         PRINT*, 'DIE KUBIKWURZEL KONNTE MIT ', MAXIT, 'ITERATIONS',
     A           'SCHRITTEN NICHT MIT DER GENAUIGKEIT VON ',
     B            ITOL,' NACHKOMMASTELLEN BERECHNET WERDEN!'
      ELSE
         WURZEL = (X0+X1)/2.
         PRINT*, 'DIE KUBIKWURZEL VON ', ZAHL,' IST ', WURZEL
      END IF
      END
```

5.3.2 Die Verarbeitung von Vektoren

Zählschleifen werden in der Praxis recht häufig zur Verarbeitung von Vektoren herangezogen, wobei pro Vektorelement ein Schleifendurchlauf stattfindet.
Ein Vektor - allgemein spricht man von einem Feld (array) - wird wie eine Variable in einer expliziten Typanweisung vereinbart. Neben dem Feldnamen sind die untere und die obere Grenze der Feldindizes anzugeben. Die untere Indexgrenze kann weggelassen werden; in diesem Fall wird als Untergrenze 1 angenommen.

Alle Elemente eines Feldes haben den gleichen Datentyp und bei CHARACTER-Feldern auch die gleiche Länge.

Beispiel:

```
REAL A(-2:3), B(0:4)
INTEGER KM (4)
CHARACTER*10 NAME(3)
```

Es werden die folgenden Vektoren (= eindimensionalen Felder) vereinbart:

```
A(-2:3) hat die 6 Elemente A(-2), A(-1), A(0), A(1), A(2), A(3).
B(0:4)  hat die 5 Elemente B(0), B(1), B(2), B(3), B(4).
KM(4)   hat die 4 Elemente KM(1), KM(2), KM(3), KM(4).
NAME(3) hat die 3 Elemente NAME(1), NAME(2), NAME(3);
jedes Element ist vom Typ CHARACTER und hat die Länge 10.
```

Will man ein einzelnes Element eines Feldes ansprechen, so gibt man den Feldnamen und einen in Klammern stehenden ganzzahligen Indexausdruck an. Der Wert dieses Ausdrucks muß innerhalb der vereinbarten Indexgrenzen liegen.
Ein Verletzen dieser Bedingung wird als "Feldgrenzenüberschreitung" bezeichnet und führt i.a. zu einem Programmabbruch.

Beispiel: Nach den Vereinbarungen im letzten Beispiel sind:

a) A(-1), B(0), KM(2), NAME(1) gültige Feldelemente

b) A(5), B(-1), KM(5), NAME(0) ungültige Feldelemente.

Ein Feldelement kann im Programm wie eine gewöhnliche Variable verwendet werden und wird daher auch als indizierte Variable bezeichnet.

Beispiele:

```
A(1) = (A(0)+B(0))/2.5
NAME(3) = 'LUDWIG'
```

Für die Ein- und Ausgabe von Feldern gibt es drei prinzipielle Möglichkeiten, die jeweils an einem Beispiel erläutert werden sollen:

a) E/A einzelner Feldelemente

Beispiel:

```
      INTEGER UINDEX, OINDEX, I
      PARAMETER (UINDEX=0, OINDEX=10)
      REAL X(UINDEX:OINDEX)
      DO 100 I=UINDEX,OINDEX
         READ*, X(I)
  100 CONTINUE
```

Da jede READ-Anweisung mit einem neuen Datensatz (bzw. einer neuen Lochkarte) beginnt, wird von jedem Datensatz genau eine Zahl gelesen und dem Feldelement X(I) zugeordnet.

b) E/A des gesamten Vektors

Wird in der Ein- oder Ausgabeliste der Feldname ohne Indizes angegeben, so wird das gesamte Feld gelesen oder ausgegeben.

Beispiel:

```
      INTEGER UINDEX, OINDEX
      PARAMETER (UINDEX=0, OINDEX=10)
      REAL X(UINDEX:OINDEX)
      READ*, X
```

Es werden insgesamt 11 Werte eingelesen. Dabei ist es unwichtig, ob alle 11 in einem Datensatz stehen oder auf mehrere Datensätze verteilt sind.

c) implizite DO-Liste

Mit Hilfe einer impliziten DO-Liste kann eine festgelegte Anzahl von Vektorelementen pro Lese- oder Schreibschritt verarbeitet werden.

Beispiel:

```
      INTEGER UINDEX, OINDEX, I
      PARAMETER (UINDEX=0, OINDEX=10)
      REAL X(UINDEX:OINDEX)
      READ*, (X(I), I = UINDEX, 5)
      READ*, (X(I), I = 6, OINDEX)
```

Mit der ersten Leseanweisung werden die Werte der Feldelemente X(0) bis X(5) eingegeben, mit der zweiten die Werte von X(6) bis X(10).

Eine <u>implizite DO-Liste</u> hat die allgemeine Form

$$(\mathit{doliste},\ i = a_1,\ a_2\ [,a_3])$$

Die *doliste* enthält zulässige Ein- oder Ausgabelistenelemente; hierzu zählen auch weitere implizite DO-Listen. Für die Schleifenvariable i und die arithmetischen Ausdrücke a_1, a_2 und a_3 gelten die aus dem vorangegangenen Abschnitt bekannten Regeln für DO-Schleifen.

Im Unterschied zu anderen Programmiersprachen (z.B. ALGOL, SIMULA) kennt man im FORTRAN keine "dynamische Speicherverwaltung", die ein Verändern der im Vereinbarungsteil festgelegten Dimensionsgrenzen gestattet. Dennoch ist es möglich, FORTRAN-Programme weitgehend unabhängig von den verwendeten Indexgrenzen zu gestalten. Hierzu ist folgende Vorgehensweise zu empfehlen:

a) Die auftretenden Felder werden so groß angelegt, daß alle zu erwartenden Fälle abgedeckt werden.
b) Die Indexgrenzen des vom Programm zu untersuchenden konkreten Feldes werden eingelesen.
c) Reicht der reservierte Speicherplatz nicht aus, so erfolgt eine entsprechende Programm-Meldung. Eine Änderung der Indexgrenzen sollte allein innerhalb von PARAMETER-Anweisungen vornehmbar sein.
d) Im Programm wird nur der aufgefüllte Feldbereich betrachtet. Dabei werden für jeden Indexbereich eine oder zwei INTEGER-Variablen mitgeführt, die angeben, wie weit das Feld aufgefüllt ist:

<u>Beispiel:</u> Berechnung des Skalarproduktes der beiden Vektoren X und Y. Die Anzahl der Vektorelemente kann zwischen 1 und 1000 variieren.

```
      PROGRAM SKALAR
C
C     Berechnung des Skalarproduktes der Vektoren
C     X und Y (maximal 1000 Vektorelemente)
*-----------------------------------------------------------
*     --Konstante
      INTEGER MAXEL
      PARAMETER (MAXEL=1000)
*     maximale Anzahl von Elementen: 1000

*     --Variablen und Felder
      REAL X(MAXEL), Y(MAXEL), SPROD
      INTEGER ANZAHL, I
*-----------------------------------------------------------
```

```
      OPEN (10, FILE = 'VEKTOREN')
      READ(10,*) ANZAHL
      IF (ANZAHL .GT. MAXEL) THEN
          PRINT*, 'DAS PROGRAMM VERARBEITET NUR VEKTOREN MIT ',
     A              'MAXIMAL', MAXEL, ' ELEMENTEN'
      ELSE
*         --Einlesen der Vektoren
          READ(10,*) (X(I), I = 1, ANZAHL)
          READ(10,*) (Y(I), I = 1, ANZAHL)

*         --Berechnung des Skalarproduktes
          SPROD=0.
          DO 100 I = 1, ANZAHL
             SPROD = SPROD + X(I)*Y(I)
  100     CONTINUE
          PRINT*, 'SKALARPRODUKT = ', SPROD
      END IF
      END
```

Hinweis:

Auf dem 1. Eingabesatz muß die Anzahl der Vektorelemente stehen. Danach werden zunächst alle Komponenten von X und anschließend die von Y eingelesen. Ist die Anzahl der Vektorelemente unbekannt, so wird man den Einleseprozeß mit einer Einleseschleife mit Dateiende-Abfrage realisieren.

5.3.3 Die Substitution reeller Schleifenvariabler durch ganzzahlige

Es wurde bereits bemerkt, daß - obwohl REAL- und DOUBLE PRECISION-Größen in der DO-Anweisung zulässig sind - stets nur ganzzahlige Größen verwendet werden sollten. Der Grund dafür liegt in der Berechnungsformel für die Anzahl der Schleifendurchläufe

$$d = \mathrm{MAX}(\mathrm{INT}((a_2-a_1+a_3)/a_3),\ 0)$$

bei der sich Rundungsfehler ungünstig auswirken können.

Beispiel:

Man erwartet, daß die durch die Anweisung

```
DO  100  X = 0.0, 1.0, 0.1
```

eingeleitete Schleife 11-mal durchlaufen wird.

Liefert die Berechnung des Durchlaufzählers z.B.

$$(a_2-a_1+a_3)/a_3=1.1/0.1=10.999...9$$
$$\mathrm{INT}(10.999...9)=10,$$

so wird sie jedoch nur 10-mal ausgeführt.

Um im Programmentwurf vorhandene Zählschleifen mit nicht ganzzahligen Schleifenvariablen in FORTRAN zweckmäßig zu realisieren, ist eine <u>Transformation</u> der folgenden Form vorzunehmen:

Entwurf: DO x = a_1, a_2, a_3

...

END DO

FORTRAN-Realisierung:

Addiere in der Schleifenberechnungsformel noch eine der Genauigkeit der Rechenanlage entsprechende Rundungskonstante:

```
      REAL EPS
      PARAMETER (EPS = 1E-5)
      X = a1
      DO n  i = 1, MAX(INT((a2-a1+a3(1+EPS))/a3),0)
         ...
         X = X+a3
   n  CONTINUE
```

Am Ende jedes Schleifendurchlaufs wird zum aktuellen Wert von X die Schrittweite a_3 addiert.
Die Schleifenvariable i wird innerhalb der Schleife nicht verwendet.

In manchen Fällen läßt sich der Transformationsweg vereinfachen, indem a_1, a_2 und a_3 mit der kleinsten Zehnerpotenz e multipliziert werden, sodaß die Produkte ganzzahlig sind:

$$i_1 = a_1\ 10^e,\ i_2 = a_2\ 10^e,\ i_3 = a_3\ 10^e$$

Man beachte, daß die resultierenden Zahlen im zulässigen INTEGER-Bereich der Rechenanlage liegen müssen. Die obige DO-Anweisung hat dann die Form:

DO n i = i_1, i_2, i_3

Beispiel:
Aufstellung einer Wertetabelle der Funktion f(x)=x sin(2x) im Intervall [0,10] mit der Schrittweite 1/10.

Entwurf:

```
drucke Tabellenüberschrift
DO x = 0, 10, 0.1
    berechne f(x)
    drucke x, f(x)
END DO
```

Programmausschnitt:

```
      WRITE (10,'(A)') '      X     I   F(X)    '
      WRITE (10,'(A)') ' ---------------------'
      X = 0.0
      DO 200  I = 0, 100
         F = X*SIN(2.0*X)
         WRITE (10, '(T2, F10.2, A, F10.5)') X, 'I', F
         X = X+0.1
  200 CONTINUE
```

Die FORTRAN DO-Anweisung erhält man durch Multiplikation von Anfangswert, Schrittweite und Endwert der entsprechenden Pseudocode-Anweisung mit dem Faktor 10.

5.4 Die Verschachtelung von Verzweigungen und Schleifen

Falls die Programmlogik es erfordert, müssen Verzweigungen und Wiederholungen ineinander verschachtelt werden. Dabei ist grundsätzlich zu beachten, daß eine äußere Struktur alle inneren Strukturen vollständig enthält. Ein gegenseitiges Überschneiden von Strukturen ist nicht gestattet.

Durch die Technik der Schrittweisen Verfeinerung, bei der zunächst die äußeren und anschließend die inneren Strukturen entwickelt werden, sind bereits im Programmentwurf Überschneidungen ausgeschlossen.

Die reine Verschachtelung von Verzweigungen haben wir bereits im Abschnitt 4.2.4 studiert. Wir wollen hier mit den Besonderheiten bei der Verschachtelung von Zählschleifen beginnen und danach die Kombination von Schleifen und Verzweigungen untersuchen.

5.4.1 Verschachtelung von Zählschleifen

Die Verarbeitung geschachtelter DO-Schleifen soll an Hand eines einfachen Beispiels aufgezeigt werden:

```
      DO 110 I = 1,2                        ┐
         DO 100 J = 0, 4, 2  ┐              │
            PRINT*, I, J     │ innere Schleife │ äußere Schleife
100      CONTINUE            ┘              │
110   CONTINUE                              ┘
```

Zu Beginn der Ausführung der äußeren Schleife erhält I den Wert 1. Anschließend wird die innere Schleife vollständig abgearbeitet, d.h. J durchläuft die Werte 0, 2 und 4. Danach erhält I den Wert 2 und die innere Schleife wird wieder vollständig abgearbeitet. Der Programmteil erzeugt somit die Ausgabe:

```
1 0
1 2
1 4
2 0
2 2
2 4
```

Die folgenden Regeln sind bei der Schachtelung von DO-Schleifen zu beachten:

- Jede Schleife muß eine eigene Schleifenvariable besitzen.
- Jede äußere Schleife muß, wie eingangs bereits dargestellt, jede innere Schleife vollständig umfassen, wobei gemeinsame Schleifenende-Anweisungen zulässig sind.

Das obige Beispiel kann daher auch in der folgenden Form dargestellt werden:

```
      DO 100 I = 1,2
         DO 100 J = 0, 4, 2
            PRINT*, I, J
100   CONTINUE
```

Auf gemeinsame Schleifenende-Anweisungen sollte man jedoch verzichten, da sich Programmänderungen leichter ausführen lassen, wenn jede Programmschleife eine eigene Schleifenende-Anweisung besitzt.

Beispiele:

a) erlaubte Schleifenschachtelung

```
      DO 190 INDEX1 = 1, NMAX
         DO 170 INDEX2 = NMAX, 1, -1
            ...
170      CONTINUE
         ...
         DO 180 INDEX2 = INDEX1, 1, NMAX/2
            ...
180      CONTINUE
190   CONTINUE
```

b) verbotene Schleifenschachtelung

```
      DO 200 ZEILE = 0,N+1
         ...
         DO 210 SPALTE = 1, 9, 2
200   CONTINUE
      ...
210      CONTINUE
```

Das Überschneiden von DO-Schleifen wird von den FORTRAN-Compilern i.a. als fehlerhaft erkannt.

Abschließend noch ein einfaches Anwendungsbeispiel:
Man erstelle eine Multiplikationstafel für das "Kleine 1x1".

Struktogramm:

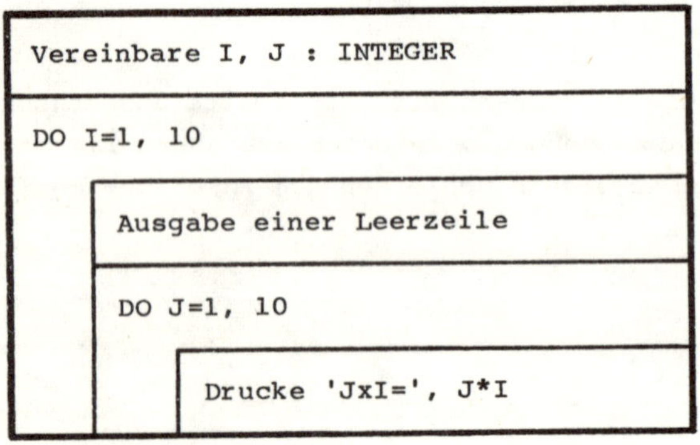

Programm:

```
      PROGRAM TAFEL
C
C     Ausgabe einer Multiplikationstafel
C     für das "Kleine 1x1"
C
*-----------------------------------------------------------------
*     --Vereinbarungen
      INTEGER I, J
*-----------------------------------------------------------------
      DO 110 I = 1, 10
         PRINT*
         DO 100 J = 1, 10
            PRINT'(T5, I2, A, I2, A, I3)', J, 'x', I, ' = ', J*I
 100     CONTINUE
 110  CONTINUE
      END
```

5.4.2 Verschachtelung von DO-Schleifen und Block IF-Strukturen

Tritt innerhalb eines IF-, ELSE IF- oder ELSE-Blocks eine DO-Anweisung auf, so muß die gesamte DO-Schleife in diesem Block enthalten sein.

Beispiel:

erlaubt	verboten

<pre>   IF (X.GT.0.) THEN
      DO 310 K = N, 2*N
        ...
310   CONTINUE
    ...
    END IF</pre>
	<pre> IF (X.GT.0.) THEN
	      DO 310 K = N, 2*N
	        ...
	    END IF
	      ...
	310 CONTINUE</pre>

Entsprechend gilt die "Umkehrung":
Tritt innerhalb einer DO-Schleife eine Block IF-Anweisung auf, so muß auch die gesamte Block IF-Struktur innerhalb der DO-Schleife liegen.

Beispiel:

erlaubt	verboten

DO 500 I = 1, N-1
...
IF (Z.LT.O.) THEN
...
END IF
...
500 CONTINUE
	DO 500 I = 1, N-1
	...
	IF (Z.LT.O.) THEN
	...
	500 CONTINUE
	...
	END IF

5.5 Verzweigungen in und aus Blockstrukturen

Es wurde bereits im letzten Kapitel angemerkt, daß die unbedingte Sprunganweisung

GOTO *n*

nur in begründeten Ausnahmefällen, wie z.B. zur Realisierung einer Bedingungsschleife oder eines Exits aus einer Zählschleife, herangezogen werden sollte.

Da jedoch vielen "routinierten" (?) FORTRAN-Programmierern die GOTO-Anweisung leider schon in Fleisch und Blut übergegangen ist, soll an dieser Stelle der Vollständigkeit halber noch kurz auf erlaubte und unerlaubte Sprünge eingegangen werden:

1) Es ist nicht gestattet, von außen in den Bereich einer DO-Schleife zu springen; dagegen ist ein Sprung aus einer Schleife heraus, also das vorzeitige Verlassen der Schleife, zulässig.

Beispiel:

```
          GOTO 190                        - verboten -
          DO  200  I = 1, N
               ...
    190        CONTINUE
               ...
               GOTO 210                   - erlaubt -
               ...
    200   CONTINUE
          ...
    210   CONTINUE
```

2) Jede Block IF-Struktur kann man <u>nur</u> durch ihren "Eingang", die Block IF-Anweisung, betreten. Innerhalb eines IF-, ELSE- oder ELSE IF-Blocks sind beliebige Sprünge gestattet. Darüberhinaus darf von einem inneren Block (höhere IF-Schachtelungstiefe) in einen äußeren Block (niedrigere Schachtelungstiefe) verzweigt werden. Die umgekehrte Sprungrichtung ist nicht erlaubt. Ebensowenig darf man von einem Block in einen anderen mit gleicher Schachtelungstiefe (z.B. von einem IF-Block in den zugehörigen ELSE-Block) springen.

<u>Beispiel</u>:

erlaubte Sprünge	verbotene Sprünge

<pre>   IF (X.GT.Y) THEN
          :
100   CONTINUE
          :
        GOTO 100
        IF (X.LT.Z) THEN
            :
          GOTO 100
            :
        END IF
          :
      END IF</pre>
	<pre> GOTO 100
	      IF (X.GT.Y) THEN
	          :
	100 CONTINUE
	          :
	      ELSE
	          :
	        GOTO 100
	          :
	      END IF</pre>

Kapitel 6: Module

Im Kapitel 3 haben wir gelernt, daß komplexe Problemstellungen zunächst in überschaubare Teilprobleme zerlegt werden sollten, die dann durch ein oder mehrere Programmodule gelöst werden. Die resultierenden Programme bestehen aus einem Hauptprogramm und mehreren Unterprogrammen. Das Hauptprogramm steuert den globalen Ablauf und verteilt die mehr oder minder komplexen Einzelaufgaben an die Unterprogramme. Ist eine Teilaufgabe besonders umfangreich, so verwendet man ein koordinierendes Unterprogramm sowie zusätzliche Unterprogramme, in denen die Unteraufgaben dieser Teilaufgabe gelöst werden. Auf diese Weise erhält man eine hierarchische Programmstruktur.

Die Modularisierung bewirkt nicht nur eine **Verringerung der Problemkomplexität. Programmtests** (9.2), **Fehlerkorrekturen und Programmänderungen lassen sich** bei modularisierten Programmen wesentlich **leichter durchführen** als bei nicht modularisierten "Spaghetti-Programmen", da man sich häufig auf eine oder wenige, kleinere Programmeinheiten beschränken kann. Modularisierte Programme sind **übersichtlicher** und enthalten i.a. **weniger Anweisungen** als nicht modularisierte, wenn Unterprogramme mehrmals aufgerufen werden. Darüber hinaus können ausgetestete Unterprogramme auch in anderen Programmen **wiederverwendet** werden.

Programmtechnisch gesehen ist ein Unterprogramm einfach die Zusammenfassung mehrerer Anweisungen unter einem Namen. Die Angabe des Namens in einer anderen Programmeinheit bewirkt, daß während der Programmausführung an dieser Stelle die entsprechenden Unterprogrammanweisungen ausgeführt werden.

In FORTRAN unterscheidet man zwei Arten von Unterprogrammen, FUNCTION- und SUBROUTINE-Unterprogramme.

FUNCTION-Unterprogramme werden verwendet, wenn ein einziger Wert berechnet werden soll. Dieser wird dann an der Aufrufstelle (z.B. in einem arithmetischen Ausdruck), wie bei einem Standardfunktionsaufruf, eingesetzt. Demgegenüber gestatten SUBROUTINE-Unterprogramme die gleichzeitige Berechnung mehrerer Werte, die anschließend in der aufrufenden Programmeinheit weiterverwendet werden können.

Die Kommunikation zwischen der rufenden Stelle, man spricht von der "rufenden Programmeinheit", und dem aufgerufenen Unterprogramm findet über Parameter statt. Ihrer Funktion entsprechend unterscheidet man zwischen Ein- und Ausgabeparametern:

- Eingabeparameter dienen zur Übergabe von Werten an das Unterprogramm. Die Werte dieser Parameter dürfen im Unterprogramm nicht verändert werden!
- Ausgabeparameter dienen zur Übergabe der im Unterprogramm berechneten Werte an die rufende Programmeinheit.

Parameter können auch beide Funktionen gleichzeitig erfüllen, d.h. ihre Werte werden an das Unterprogramm übergeben, dort verändert und anschließend der rufenden Programmeinheit zur Verfügung gestellt.

6.1 Von der Modulbeschreibung zum fertigen Unterprogramm

Bevor wir uns der Definition und Anwendung von Unterprogrammen zuwenden, soll kurz noch auf die am Ende der Programmentwurfsphase erzeugten Modulbeschreibungen eingegangen werden.
Eine solche Beschreibung besteht aus einer verbalen Funktionsbeschreibung und einer Schnittstellendefinition, in der der Modulaufruf sowie die Ein- und Ausgabeparameter inklusiv Datentyp festgelegt werden.

Beispiel:

```
      SUBROUTINE NULLST(F,A,B,EPS,MAXIT,X,FEHLER)

*     Zweck: Berechnung einer Nullstelle der Funktion
*            F(X) im Intervall [A,B]
*
*     Eingabeparameter: F     Funktionsname
*                       A     Intervallanfang
*                       B     Intervallende
*                       EPS   absolute Genauigkeitsforderung
*                       MAXIT maximale Anzahl von Iterationsschritten
*
*     Ausgabeparameter: X     Nullstelle
*                       FEHLER=0 Nullstelle gefunden
*                       FEHLER=1 keine Nullstelle gefunden.
*
*     Alle Parameter, bis auf die INTEGER-Variable FEHLER, sind
*     reellwertig.
*
```

Es ist günstig, die Modulbeschreibungen in Form von Dateien zu halten. Bei der Modulprogrammierung können diese als "Modulkopf" übernommen werden. Dies erspart Schreibarbeit und fördert die Programmdokumentation (siehe auch 9.1).

6.2 SUBROUTINE-Unterprogramme

6.2.1 Definition

Ein SUBROUTINE-Unterprogramm ist eine selbständige Programmeinheit, die durch eine SUBROUTINE-Anweisung eingeleitet wird:

SUBROUTINE *name* [([*fp*[,*fp*]...])]

Der Unterprogrammname *name* dient zur Identifikation der Programmeinheit. Er besitzt keinen Datentyp, und es darf ihm auch kein Wert zugewiesen werden. Die formalen Parameter *fp* haben die Funktion von Platzhaltern für diejenigen Größen, die beim Aufruf an das Unterprogramm übergeben werden. Sie müssen zusätzlich wie alle anderen Größen im Unterprogramm vereinbart werden. Ein formaler Parameter kann sein:

- ein Variablenname
- ein Feldname
- ein (anderer!) Prozedurname
- ein Stern

Ein SUBROUTINE-Unterprogramm besitzt die gleiche Grundstruktur wie ein Hauptprogramm:

```
SUBROUTINE name [([fp[,fp]...])]
   Vereinbarungen
   ausführbare Anweisungen
END
```

Die Ausführung der END-Anweisung bewirkt den Rücksprung vom Unterprogramm an die Aufrufstelle der rufenden Programmeinheit.

Bemerkung:

Programmierer mit FORTRAN IV-Erfahrung werden an dieser Stelle wahrscheinlich die (auch in FORTRAN 77 vorhandene) RETURN-Anweisung vermissen. Diese Anweisung wird auf Grund der oben genannten Eigenschaft der END-Anweisung weitgehend überflüssig.

Beispiele:

a)
```
      SUBROUTINE TAUSCH (A,B)
*
*  Funktion: Die Werte der REAL-Variablen A und B
*            werden vertauscht
      REAL A,B
*-----------------------------------------------------------------
*     Es wird eine Hilfsvariable C benötigt, die dazu dient,
*     den Wert der Variablen A zwischenzuspeichern, bevor dieser
*     durch den Wert der Variablen B überschrieben wird.
      REAL C
      C=A
      A=B
      B=C
      END
```

Die formalen Parameter A und B dienen sowohl als Eingabe- als auch als Ausgabeparameter.

b)
```
      SUBROUTINE POLAR (X, Y, RADIUS, WINKEL)
*
*   Funktion: Umwandlung von kartesischen Koordinaten
*             (X, Y) in Polar-Koordinaten (RADIUS, WINKEL)
*
*   Eingabeparameter: X, Y                         (reellwertig)
*
*   Ausgabeparameter: RADIUS, WINKEL (im Bogenmaß) (reellwertig)
*
      REAL X, Y, RADIUS, WINKEL
*-----------------------------------------------------------------
      RADIUS = SQRT(X*X+Y*Y)
      IF (RADIUS.GT.0.) THEN
          WINKEL = ATAN2(Y,X)
      ELSE
          PRINT*, 'KEINE WINKELANGABE MOEGLICH'
      END IF
      END
```

c)
```
      SUBROUTINE REGELN
*
*   Funktion: Ausgabe der Spielregeln des KALAH-Spiels
*
*-----------------------------------------------------------------
      PRINT*, 'K A L A H - S P I E L R E G E L N'
      PRINT*
      PRINT*, 'DAS KALAH-SPIEL IST EIN 2 PERSONENSPIEL'
      ...
      END
```
(parameterloses SUBROUTINE-Unterprogramm)

6.2.2 Aufruf und Parameterübergabe

Ein SUBROUTINE-Unterprogramm wird durch eine CALL-Anweisung aufgerufen, die neben dem Unterprogrammnamen *name* ggf. noch eine Liste von aktuellen Parametern *ap* enthält:

CALL *name* [([*ap*[,*ap*]...])]

Die aktuellen Parameter *ap* müssen bezüglich Reihenfolge, Anzahl und Datentyp mit den formalen Parametern übereinstimmen, wobei noch folgende Beziehungen zwischen formalen und aktuellen Parametern zu berücksichtigen sind:

formaler Parameter	zugehöriger aktueller Parameter
Variable	benannte oder unbenannte Konstante (E) Variable Feldelement Funktionsaufruf (E) zusammengesetzter Ausdruck (E) Teilkette (7.3.1)
Feld	Feld (7.5) Feldelement (7.5)
Prozedur	Standardfunktion (6.4) FUNCTION-Unterprogramm (6.4) SUBROUTINE-Unterprogramm (6.4) formale Prozedur (6.4)
*	*n ("alternativer Rücksprung") dabei ist *n* eine Anweisungsnummer der rufenden Programmeinheit (A.1)

Die in Klammern gesetzte Angabe E bedeutet, daß nur Eingabeparameter, also Parameter, die im Unterprogramm nicht verändert werden, in dieser Form angegeben werden dürfen.

Das im vorangegangenen Abschnitt definierte SUBROUTINE-Unterprogramm POLAR kann z.B. wie folgt aufgerufen werden (X1, X2, R, W seien Variablen vom Datentyp REAL):

```
CALL POLAR (1.0, 2.5, R, W)
CALL POLAR (X1+X2, X1-X2, R, W)
CALL POLAR (SIN(X1), COS(X2)-1, R, W)
```

Nicht erlaubt sind dagegen die beiden folgenden Aufrufe:

a) CALL POLAR (X1, X2, R-1., W**2)

Die letzten beiden Parameter sind Ausgabeparameter und müssen daher in Form von einfachen oder indizierten Variablen angegeben werden.

b) CALL POLAR (1, 2.5, R, W)

Der erste Parameter muß den Datentyp REAL besitzen.

Hinweis:
Im Unterschied zur Wertzuweisung findet bei der Parameterübergabe keine Datentypkonversion statt! Daher ist eine häufige Fehlerquelle die Nichtübereinstimmung der Datentypen von formalen und aktuellen Parametern (siehe letztes Beispiel).

Da die einzelnen Programmeinheiten eines Programms separat übersetzt werden, kann der Compiler fehlerhafte Unterprogrammaufrufe nicht erkennen. Diese machen sich erst während der Programmlaufzeit durch Programmabbrüche oder fehlerhafte Resultate bemerkbar.

Ein Unterprogrammaufruf bewirkt die folgenden Aktionen:

a) Aktuelle Parameter, die in Form von Ausdrücken angegeben sind, werden berechnet.
b) Die aktuellen Parameter werden den zugehörigen formalen Parametern zugeordnet.
c) Die ausführbaren Anweisungen des Unterprogramms werden bis zur END-Anweisung durchlaufen.
d) Es erfolgt ein Rücksprung in die rufende Programmeinheit, zur nächsten, der CALL-Anweisung folgenden, ausführbaren Anweisung.

Beispiel:

```
      PROGRAM SORT
C
C   Funktion: Sortieren von REAL-Zahlen in absteigender Reihenfolge.
C
C   Verwendete Dateien:
C   Eingabedatei 'UNSORT' enthält die Anzahl der zu ordnenden Zahlen
C                und diese Zahlen
C   Ausgabedatei 'SORT' enthält die sortierten Zahlen
C
C   Methode: "Austauschverfahren"
C   Das erste Element wird mit allen nachfolgenden verglichen.
C   Hat eines dieser Elemente einen größeren Wert, so findet
C   ein Werteaustausch statt. Auf diese Weise erreicht man,
C   daß das größte Element an die 1. Position rückt. Durch
C   Anwendung dieser Vorgehensweise auf das zweite bis letzte
C   Element, wird das zweitgrößte Element an die 2. Position
C   plaziert, usw.
C
*********************************************************************
*     --Konstanten--
      INTEGER MAXANZ
      PARAMETER (MAXANZ=1000)
*     Es werden maximal 1000 Zahlen sortiert
*     --Variablen--
      REAL X(MAXANZ)
      INTEGER ANZAHL, POS1, POS2
*********************************************************************
      OPEN (10, FILE='UNSORT')
      OPEN (11, FILE='SORT')
*
*     --Einlesen der Anzahl der zu ordnenden Zahlen--
*
      READ (10,*) ANZAHL

      IF ((ANZAHL.GT.0).AND.(ANZAHL.LE.1000)) THEN
         READ (10,*) (X(I), I = 1, ANZAHL)
*        --Sortiere den Vektor--
         DO 110 POS1=1, ANZAHL-1
            DO 100 POS2=POS1+1, ANZAHL
               IF (X(POS1).LT.X(POS2)) THEN
                  CALL TAUSCH (X(POS1), X(POS2))
               END IF
 100        CONTINUE
 110     CONTINUE
*        --Schreibe den sortierten Vektor in die Ausgabedatei--
         WRITE (11,*) (X(I), I=1, ANZAHL)
      ELSE IF (ANZAHL .GT. MAXANZ) THEN
         PRINT*, 'MEHR ALS ', MAXANZ, 'ZAHLEN KOENNEN NICHT SORTIERT ',
     A           'WERDEN'
      ELSE
         PRINT*, 'DIE ANZAHL ', ANZAHL, 'IST INKORREKT '
      END IF
      END
      SUBROUTINE TAUSCH (A,B)

*     (Vereinbarung wie in 6.2.1, Beispiel a)

      END
```

Die verwendete Sortier-Methode ist sehr einfach, aber nicht besonders effizient für große Vektoren.

Die in einem Unterprogramm auftretenden Namen von Variablen, Konstanten und Feldern sowie die verwendeten Anweisungsnummern haben nur <u>lokale Bedeutung</u>, d.h. die gleichen Namen und die gleichen Anweisungsnummern dürfen auch in anderen Programmeinheiten verwendet werden.

6.3 FUNCTION-Unterprogramme

In FORTRAN gibt es insgesamt drei Kategorien von Funktionen. Diese unterscheiden sich nur durch die Art der Funktionsdefinition und den Verfügbarkeitsbereich:

a) <u>Standardfunktionen</u> (intrinsic functions) sind bereits definiert und stehen in allen Programmeinheiten zur Verfügung (Übersichtstabellen siehe 7.2.4 und 7.3.4).

b) Eine <u>Anweisungsfunktion</u> (statement function) ist eine Funktion, die im Vereinbarungsteil einer Programmeinheit in Form einer einzigen Anweisung definiert wird; sie kann nur innerhalb dieser Programmeinheit verwendet werden. Anweisungsfunktionen haben nur geringe Bedeutung (s. A.1).

c) <u>Externe Funktionen</u> (external functions) werden in selbständigen Programmeinheiten, in FUNCTION-Unterprogrammen, definiert; sie stehen in allen anderen Programmeinheiten des Programms zur Verfügung.

Der <u>Aufruf</u> einer Funktion ist einheitlich: Es wird der Funktionsname mit einer Liste von aktuellen Parametern angegeben.

Funktionen und SUBROUTINE-Unterprogramme werden auch unter dem Sammelbegriff <u>Prozeduren</u> (procedures) geführt; FUNCTION- und SUBROUTINE-Unterprogramme werden als <u>externe Prozeduren</u> (external procedures) bezeichnet.

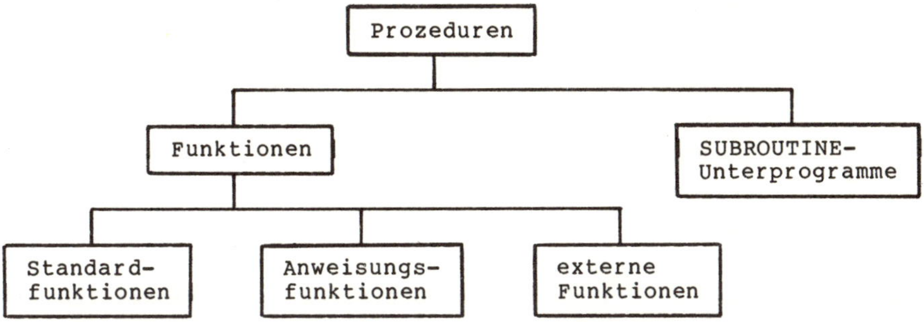

Abb. 6.1 Prozeduren

Externe Funktionen sind gegenüber SUBROUTINE-Unterprogrammen vorzuziehen, wenn nur ein einziger Wert benötigt wird. Eine solche Funktion wird in einem FUNCTION-Unterprogramm definiert. Dieses wird durch eine FUNCTION-Anweisung eingeleitet

[*typ*] FUNCTION *fun* ([*fp*[,*fp*]...])

Dabei bedeuten:

typ Datentyp der Funktion; mögliche Angaben sind: INTEGER, REAL, DOUBLE PRECISION, COMPLEX, LOGICAL und CHARACTER [*len]

fun Funktionsname

fp formaler Parameter; möglich sind: Variablenname, Feldname, Prozedurname

Wird kein Datentyp spezifiziert, so gilt die implizite Typdeklaration, d.h. ist der Anfangsbuchstabe des Funktionsnamens ein I, J, K, L, M oder N, so ist der Funktionswert vom Datentyp INTEGER, sonst vom Datentyp REAL.

Im Unterprogramm wird der Funktionsname wie ein gewöhnlicher Variablenname - also ohne Parameterliste - verwendet, wobei in mindestens einer Anweisung dem Funktionsnamen ein Wert zuzuweisen ist.

Ein FUNCTION-Unterprogramm hat somit folgende allgemeine Struktur:

```
[typ] FUNCTION fun ([fp[,fp]...])
Vereinbarungen
ausführbare Anweisungen
fun = ausdruck
END
```

Somit unterscheidet es sich von SUBROUTINE-Unterprogrammen lediglich in der Kopfzeile und im Gebrauch des Funktionsnamens als Variablennamen.

Beispiele:

a)

```
      INTEGER FUNCTION FAK(N)
*
*  Funktion: Berechnung von N-Fakultät (N!)
*
*  Eingabeparameter: N (INTEGER)
      INTEGER N
*-----------------------------------------------------------------
      INTEGER I
      FAK = 1
      DO 100 I=2, N
         FAK=I*FAK
  100 CONTINUE
      END
```

Diese Funktion sollte nur zur Fakultätsberechnung für N kleiner als 13 verwendet werden, da sonst die Gefahr besteht, daß der zulässige Zahlenbereich überschritten wird.

b)

```
      LOGICAL FUNCTION GLSEIT (A,B,C)
*
*  Funktion: Test eines Dreiecks auf Gleichseitigkeit
*
*  Eingabeparameter: Die Dreieckseiten A, B, C (reellwertig)
*
*  Berechnung:
*     GLSEIT=.TRUE., falls Gleichseitigkeit vorliegt
*     GLSEIT=.FALSE. sonst
*
*  Bemerkung: Der Test wird mit der absoluten
*  Genauigkeitsschranke TOL=1E-10 durchgeführt.
*
      REAL A, B, C, TOL
      PARAMETER (TOL=1E-10)
*-----------------------------------------------------------------
      GLSEIT=(ABS(A-B)+ABS(A-C)).LT.TOL
      END
```

c)

```
      REAL FUNCTION MITTEL (X, N)
*
*  Funktion: Bestimmung des Mittelwertes der N Komponenten
*            des Vektors X
*
*  Eingabeparameter: X Vektor (reellwertig)
*                    N Anzahl der Komponenten von X
*
      INTEGER N
      REAL X(N)
*----------------------------------------------------------------
      INTEGER I
      MITTEL=0.
      DO 100 I=1, N
         MITTEL=MITTEL+X(I)
  100 CONTINUE
      MITTEL = MITTEL/N
      END
```

Als Funktionsparameter sollten **nur Eingabeparameter** verwendet werden, da sonst unerwünschte Nebeneffekte auftreten könnten.

Eine externe Funktion wird wie eine Standardfunktion (und eine Anweisungsfunktion) dort eingesetzt, wo ein Funktionswert benötigt wird. Dabei wird neben dem Funktionsnamen fun eine Liste von aktuellen Parametern *ap* angegeben:

fun ([*ap*[, *ap*] . . .])

Diese Parameter müssen bezüglich Anzahl, Reihenfolge und Datentyp mit den formalen Parametern übereinstimmen, wobei die im Abschnitt 6.2.2 angegebenen Zuordnungsforderungen zu erfüllen sind.

Ein Funktionsaufruf bewirkt die folgenden Aktionen:

- Berechnung der aktuellen Parameter.
- Die aktuellen Parameter werden den formalen zugeordnet.
- Die ausführbaren Anweisungen des Unterprogramms werden durchlaufen.
- An der Aufrufstelle wird der berechnete Funktionswert eingesetzt.

Bei der Verwendung externer Funktionen ist noch zu beachten, daß der Funktionsname in der aufrufenden Programmeinheit in einer expliziten Typvereinbarung angegeben werden muß, wenn nicht die implizite Typvereinbarung (Anfangsbuchstabe I-N: INTEGER, sonst REAL) gelten soll. Aus Übersichtsgründen sollten alle verwendeten externen Funktionsnamen in expliziten Typanweisungen vereinbart werden.

Beispiel:

```
      PROGRAM KOMBI
*
*  Berechnung der Anzahl von Kombinationen von n verschiedenen
*  Elementen zu jeweils k Stück
*
*  Eingabe von n und m erfolgen über die Tastatur. Ausgabe der
*  Anzahl von Kombinationen erfolgt auf dem Bildschirm.
*
*  externe Funktionen: FAK
*
*****************************************************************
*     --Variablen
      INTEGER N, M, ANZAHL, FAK
  100 CONTINUE
         PRINT*, 'GEBEN SIE DIE WERTE FÜR N UND M EIN',
     A           '(FORMAT: N, M)'
         PRINT*, 'LEERE EINGABE BEENDET DAS PROGRAMM'
         READ (*, *, END=200) N, M
         IF ((N.GE.M).AND.(M.GE.0) .AND. (N .LT. 13)) THEN
           ANZAHL=FAK(N)/(FAK(M)*FAK(N-M))
           PRINT*, 'ES GIBT ', ANZAHL, ' KOMBINATIONEN'
         ELSE
           PRINT*, 'FALSCHE EINGABE: N MUSS GROESSER ODER '
           PRINT*, '     GLEICH M SEIN, BEIDE DUERFEN NICHT '
           PRINT*, '     NEGATIV SEIN, N MUSS KLEINER ALS 13 SEIN.'
         END IF
         GOTO 100
  200 CONTINUE
      END

      INTEGER FUNCTION FAK(N)
      (Definition wie im vorangegangenen Beispiel Teil a)
      END
```

Aufrufbeispiele für die logische Funktion GLSEIT und die reellwertige Funktion MITTEL:

```
REAL X, Y, Z, A(10), MITTEL
LOGICAL GLSEIT
...
IF (GLSEIT (X, Y, Z/2.)) THEN
      PRINT*, 'DAS DREIECK IST GLEICHSEITIG'
END IF
...
PRINT*, 'MITTELWERT=', MITTEL (A, N)
```

Die explizite Vereinbarung der Funktionsnamen MITTEL und GLSEIT ist in der rufenden Programmeinheit unerläßlich!

6.4 Prozeduren als Parameter

In den bisherigen Beispielen haben wir uns auf Variablen und Felder als formale Parameter beschränkt, wobei anzumerken ist, daß die für die Übergabe von Feldern geltenden Besonderheiten ausführlich im Abschnitt 7.3 erläutert werden.

In diesem Abschnitt wird die Übergabe von Prozeduren als Parameter betrachtet. Die nur für SUBROUTINE-Unterprogramme möglichen alternativen Rücksprünge werden im Anhang A.1 beschrieben.

Ist der formale Parameter ein Prozedurname, so kann als Aktualparameter der Name einer Standardfunktion, einer externen Funktion oder eines SUBROUTINE-Unterprogramms angegeben werden. Damit der Compiler diese Prozedurnamen von gewöhnlichen Variablennamen unterscheiden kann, ist eine besondere Kennzeichnung in der aufrufenden Programmeinheit notwendig.

Für externe Prodzeduren geschieht dies durch die EXTERNAL-Anweisung

EXTERNAL *proz* [,*proz*]...

wobei *proz* der Name eines FUNCTION-, SUBROUTINE- oder BLOCKDATA-Unterprogramms oder einer formalen Prozedur sein kann.

Steht in einer EXTERNAL-Anweisung der Name einer Standardfunktion, so wird dieser Name zu einem externen Prozedurnamen, und die Standardfunktion mit diesem Namen kann in der Programmeinheit nicht mehr aufgerufen werden.

Beispiel:

```
      EXTERNAL SQRT
*     SQRT wird als externe (!) Funktion gekennzeichnet
      ...
      R = SQRT(X, Y)
*     Die externe Funktion SQRT wird aufgerufen
      ...
      END
      REAL FUNCTION SQRT(A, B)
      ...
      END
```

Mit Hilfe der INTRINSIC-Anweisung

INTRINSIC *fun* [,*fun*]...

wird ein Name *fun* als Standardfunktionsname gekennzeichnet.

Es gibt zwei kleine Einschränkungen für die Übergabe von Standardfunktionen als Aktualparameter:

a) Datentypkonvertierungsfunktionen (INT, REAL, ...), lexikographische Vergleichsfunktionen (LGE, LGT, ...) und Maximum- und Minimumfunktionen (MAX, MIN, ...) sind als aktuelle Parameter nicht gestattet.
b) Der spezifische Funktionsname (siehe 7.2.4) ist anzugeben.

Beispiel: "Sehnentrapezregel"

Nur in wenigen Fällen kann ein bestimmtes Integral $\int_a^b f(x)\,dx$ analytisch berechnet werden. Man verwendet daher numerische Verfahren, sogenannte Quadraturverfahren, um Näherungswerte des Integrals zu bestimmen.
Ein einfaches Quadraturverfahren ist die Sehnentrapezregel:
Das Gesamtintervall [a,b] wird in n gleichgroße Teilintervalle zerlegt, und auf jedem Teilintervall wird das Integral durch ein Trapez ersetzt. Die Summe der Trapezflächen ergibt einen Näherungswert für das Integral.

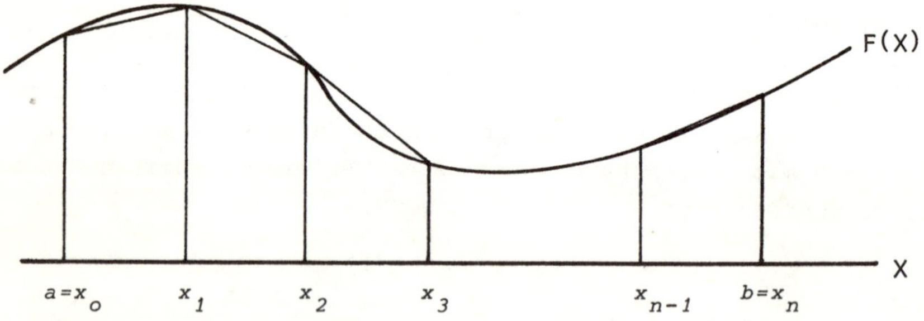

Die Näherungsformel lautet:

$$\int_a^b f(x)dx \approx h\left\{\frac{f(a)+f(b)}{2} + f(x_1) + f(x_2) + \dots + f(x_{n-1})\right\}$$

mit $h=(b-a)/n$ $x_1=a+h$ $x_2=a+2h$ ... $x_{n-1}=a+(n-1)h=b-h$

Wird die Bestimmung des Näherungswertes mit einem FUNCTION-Unterprogramm realisiert, bei dem die zu integrierende Funktion als Parameter zu übergeben ist, so kann dieses Unterprogramm zur Integralberechnung für beliebige Funktionen verwendet werden.

```
      PROGRAM INTEG
C
C  Näherungsweise Berechnung der Integrale über die
C  Funktionen SIN(X)/X und ARCTAN X im Intervall [0,1]
C
      EXTERNAL FKT
      INTRINSIC ATAN
********************************************************************
      PRINT*, 'DAS INTEGRAL VON SIN(X)/X IM INTERVALL [0,1] ',
     A        'IST NAEHERUNGSWEISE:', STRAP(0., 1., FKT, 100)
      PRINT*, 'DAS INTEGRAL VON ARCTAN X IM INTERVALL [0,1] ',
     A        'IST NAEHERUNGSWEISE:', STRAP(0., 1., ATAN, 100)
      END

      REAL FUNCTION FKT(X)
*
*  Funktion: SIN(X)/X
*
*  Eingabeparameter: X (reellwertig)
      REAL X
*-------------------------------------------------------------------
      FKT=1.
      IF(X.NE.0.) FKT=SIN(X)/X
      END

      REAL FUNCTION STRAP (A, B, F, N)
*
*  Funktion: Numerische Integration mit der Sehnentrapezregel
*
*  Eingabeparameter: A   untere Intervallgrenze
*                    B   obere Intervallgrenze
*                    F   zu integrierende Funktion
*                    N   Anzahl der Teilintervalle
      REAL A, B, F
      INTEGER N
C- Der formale Prozedurname F muß nicht in einer
C- EXTERNAL-Anweisung vereinbart werden, da F
C- nicht als Aktualparameter verwendet wird.
*-------------------------------------------------------------------
      REAL H, S
      H=(B-A)/N
      S=(F(A)+F(B))/2.
      DO 100 I=1, N-1
         S=S+F(A+I*H)
  100 CONTINUE
      STRAP=S*H
      END
```

Man beachte den Unterschied:

```
        INTRINSIC SIN
        ...
        Y = F(SIN, A, B)
        Z = G(SIN(X), A, B)
```

Als erster Parameter der Funktion F wird die Standardfunktion SIN übergeben; als erster Parameter der Funktion G wird der Funktions*wert* SIN(X) übergeben!

Zur Erhöhung des Benutzerkomforts bzw. zur Erleichterung der Umstellung von FORTRAN IV-Programmen auf FORTRAN77 werden von vielen FORTRAN77-Compilern zusätzliche, nicht genormte (!) Standardfunktionen bereitgestellt. Die Verwendung solcher Funktionen hat zur Folge, daß die Programme Rechenanlagen-abhängig werden. Man sollte daher auf diese Funktionen verzichten bzw. - soweit dies nicht möglich ist - deren Namen in einer INTRINSIC-Anweisung angeben.

Darüberhinaus wird empfohlen:

> Alle in einer Programmeinheit verwendeten externen Funktionen sollten in EXTERNAL-Anweisungen deklariert werden.

Für den Fall, daß eine externe und eine interne Funktion zufällig den gleichen Namen besitzen, wird durch diese Maßnahme sichergestellt, daß stets die externe Funktion ausgeführt wird.

6.5 Programmbibliotheken

Für viele Problemstellungen existieren bereits Lösungen in Form von fertigen Unterprogrammen, die in sogenannten Unterprogrammbibliotheken zusammengefaßt sind. Diese Bibliotheksroutinen sind in der Regel von anerkannten Fachspezialisten geschrieben worden und berücksichtigen Sonderfälle, Rundungsprobleme, Stabilitätsfragen usw. Sie sind praxiserprobt und können im Programm wie eigene Unterprogramme verwendet werden.

Empfehlung:
Im Rahmen der Systementwurfsphase sollte man sich darüber informieren, ob bereits Unterprogramme existieren, mit denen Teilaufgaben erledigt werden, und diese einplanen. Der Einsatz fertiger Routinen führt bei vielen Programmierprojekten zu einer großen Einsparung an Arbeits- und Ressourcenaufwand.

Man unterscheidet im wesentlichen zwischen Bibliotheken zur Lösung mathematischer Standardaufgaben (Nullstellenbestimmung, Gleichungsauflösung, Approximation von Funktionen, Optimierung, gewöhnliche

und partielle Differentialgleichungen usw.), Graphik-Bibliotheken und fachspezifischen Bibliotheken.
Die bekanntesten Vertreter der ersten Klasse sind:

NAG (Anbieter: Numerical Algorithms Group Ltd., Oxford)
IMSL (Anbieter: International Mathematical and Statistical Library Inc., Houston)

Beispiele für Graphik-Unterprogrammbibliotheken sind:

DISSPLA (Anbieter: ISSCO, Koblenz)
ERLGRAPH (Erlanger Graphik-System, Anbieter: RRZ Universität Erlangen).

Das folgende Beispiel zeigt auf, daß man schon bei recht simplen Problemstellungen Bibliotheksroutinen gegenüber Eigenentwicklungen bevorzugen sollte:

Zur Berechnung reeller Nullstellen der quadratischen Gleichung $x^2+px+q=0$ wurde das folgende Unterprogramm entwickelt:

```
      SUBROUTINE QUADGL (P, Q, X1, X2, REELL)
*
*   Funktion: Berechnung der reellen Nullstellen der quadratischen
*             Gleichung X*X+P*X+Q=0
*
*   Eingabeparameter: P, Q (REAL)
*
*   Ausgabeparameter: Lösungen X1, X2 (REAL)
*                     REELL=.TRUE., falls Lösung reellwertig
*                     REELL=.FALSE., sonst
*
      REAL P, Q, X1, X2
      LOGICAL REELL
******************************************************************
      REAL DIS
*          DIS=DISKRIMINANTE
      DIS=P*P-4.*Q
      IF (DIS.GE.0.) THEN
*           ***Reelle Wurzeln
            REELL=.TRUE.
            X1=0.5*(-P+SQRT(DIS))
            X2=0.5*(-P-SQRT(DIS))
      ELSE
*           ***konjugiert komplexe Wurzeln
            REELL=.FALSE.
      END IF
      END
```

Angewandt auf die Gleichung $x^2+10^8x+1=0$ erhält man (auf einer CYBER 170) als Lösungen X1=0 und X2=-10^8 im Unterschied zu den korrekten Resultaten $x_1=-10^{-8}$, $x_2=-10^8$.

Grund für die Resultatsverfälschung sind Rundungsfehler. SQRT(DIS) und P stimmen in den führenden Stellen überein; durch die Differenzbildung bei der Berechnung von x_1 werden die signifikanten Stellen gelöscht.

Die Routine C02AEF der NAG-Library dagegen berücksichtigt Rundungsfehler und liefert die korrekten Ergebnisse:

```
      PROGRAM NAGQGL
C
C  Lösung der quadratischen Gleichung
C  A(1)*X**2+A(2)*X+A(3)=0 mit Hilfe der NAG-Routine C02AAF
C
*     --Kontanten
      INTEGER N
      PARAMETER (N=3)
*     --Variablen
      INTEGER IFAIL, I
      REAL TOL
*     --Felder
      REAL A(N), RETEIL (N), IMTEIL (N)
*     A(N): Koeffizientenvektor
*     RETEIL (N-1): Realteil des Lösungsvektors
*     IMTEIL (N-1): Imaginärteil des Lösungsvektors
*------------------------------------------------------------------
      READ*, (A(I), I=1, N)
      PRINT*, 'KOEFFIZIENTEN:', (A(I), I=1, N)
      TOL=X02AAF(PARAM)
      IFAIL=0

      CALL C02AEF (A, N, RETEIL, IMTEIL, TOL, IFAIL)

      IF (IFAIL .EQ.0) THEN
         PRINT*, 'LOESUNGEN:'
         DO 100 I=1, N-1
           PRINT*, 'X(', I,')= ', RETEIL(I),' +I*', IMTEIL (I)
  100    CONTINUE
      ELSE
      ...
```

III Verfeinerungen

Kapitel 7: Datentypen, Felder und Standardfunktionen

Unter dem Datentyp einer Variablen verstehen wir alle möglichen Werte, die diese Variable annehmen kann.
Zu jedem Datentyp gehören:

- Konstanten (das sind die Werte selbst; diese können auch durch einen Namen ersetzt werden: benannte Konstanten)
- Standardfunktionen (das sind Rechenvorschriften, nach denen ein Wert erzeugt wird, der in dieser Wertmenge liegt).
- Variablen (das sind symbolische Namen, die einen solchen Wert annehmen können).
- Operatoren (diese dienen zur Verknüpfung der oben aufgeführten Größen).

Im Unterschied zu modernen Programmiersprachen wie z.B. ADA und PASCAL kennt FORTRAN als einzigen höheren Datentyp das Feld. Ein Feld besteht aus mehreren (indizierten) Variablen, die unter einem gemeinsamen Namen, dem Feldnamen, zusammengefaßt sind.

Wir haben bisher die Datentypen INTEGER, REAL, LOGICAL und CHARACTER studiert, wobei der letztgenannte etwas vernachlässigt wurde. Das soll in diesem Kapitel nachgeholt werden. Zudem werden die beiden noch fehlenden arithmetischen Datentypen COMPLEX (Menge der auf der Rechenanlage darstellbaren komplexen Zahlen) und DOUBLE PRECISION (Menge der auf der Rechenanlage darstellbaren Zahlen "doppelter Genauigkeit") behandelt.

Weitere Schwerpunkte dieses Kapitels sind mehrdimensionale Felder, insbesondere die Übergabe von Feldern an Unterprogramme, sowie die Zusammenstellung aller Standardfunktionen.

7.1 Arithmetische Datentypen

7.1.1 Die Datentypen INTEGER und REAL

Ganzzahlige und reelle Größen können mit Hilfe der expliziten Typanweisungen

INTEGER *v*[,*v*]...
REAL *v*[,*v*]...

vereinbart werden. Dabei kann *v* der Name

einer Variablen,
einer (benannten) Konstanten,
eines Feldes (mit Dimensionsangaben),
oder einer Funktion sein.

7.1.2 Der Datentyp DOUBLE PRECISION

Wird eine besonders hohe Präzision der Resultate verlangt, oder können Rundungsfehler das Ergebnis verfälschen, so ist die Verwendung von Größen doppelter Genauigkeit zu empfehlen.

Während REAL-Zahlen und INTEGER-Zahlen eine numerische Speichereinheit belegen - diese ist häufig indentisch mit einem Maschinenwort - , belegen Größen doppelter Genauigkeit stets zwei aufeinanderfolgende numerische Speichereinheiten. Gegenüber REAL-Zahlen erreicht man dadurch in etwa eine Verdoppelung der Mantissenstellen bei gleichem Größenbereich. Der Genauigkeitsgewinn wird allerdings i.a. durch eine höhere Laufzeit des Programms "erkauft".

Die Namen *v* von doppeltgenauen Variablen, Feldern, benannten Konstanten und Funktionen werden mit Hilfe der expliziten Typanweisung

DOUBLE PRECISION *v*[,*v*]...

vereinbart.

DOUBLE PRECISION-Konstanten müssen stets mit einem Exponenten angegeben werden; dieser ist durch den Buchstaben D zu kennzeichnen.

<u>Beispiele</u>: 11D6,   3.141592653589793D0,   7.2D-10

Die Verwendung doppeltgenauer Größen entspricht i.w. der von REAL-Größen.

Bei der <u>listengesteuerten Eingabe</u> können die Eingabedaten in Form von INTEGER-, REAL- oder DOUBLE PRECISION-Konstanten angegeben werden.

<u>Beispiel</u>:
```
      DOUBLE PRECISION D
      READ*, D
```

Um durch die READ-Anweisung die Variable D mit dem Wert -128D0 zu besetzen, können angegeben werden:

-128, -128., -128E0, -1.28E2, -128D0, -1.28D2

Bei der <u>listengesteuerten Ausgabe</u> wird eine DOUBLE-PRECISION-Zahl in Abhängigkeit von ihrer Größe (anlagenabhängig) im Festpunkt- oder im Gleitpunktformat ausgegeben.

<u>Beispiel</u>:
```
      PROGRAM DBLADD
*
* Addition von 2 doppelgenauen Zahlen
*
      DOUBLE PRECISION X,Y
      READ*, X,Y
      PRINT*,' DOPPELTGENAUE SUMME = ',X+Y
      END
```

Eingabe: 7D-11, 0.1D08

Ausgabe: DOPPELTGENAUE SUMME = 10000000.00000000007

Zur <u>formatierten Ein- und Ausgabe</u> kann der F- oder E-Beschreiber in der gewohnten Form verwendet werden.

<u>Beispiel</u>:
```
      PROGRAM DBLFMT
*
* Formatierte E/A von DOUBLE PRECISION-Zahlen
*
      DOUBLE PRECISION X,Y
      READ '(2E12.3)', X,Y
      PRINT '(2(A,E10.3))', ' X=',X,' Y=',Y
      END
```

Eingabe: 1234567.8901   987D-3

Ausgabe: X= .123E+07   Y= .987E+00

7.1.3 Der Datentyp COMPLEX

Bei technischen Problemstellungen treten häufig komplexwertige Berechnungen auf. Diese können in FORTRAN-Programmen leicht mit Hilfe von Größen des Datentyps COMPLEX realisiert werden.

Komplexe Konstanten werden in FORTRAN als geordnete Paare von REAL- oder INTEGER-Zahlen dargestellt. Dabei gibt die erste Zahl den Realteil und die zweite den Imaginärteil an. Beide Zahlen werden in Klammern eingeschlossen und durch ein Komma getrennt.

Beispiele:

math. Schreibweise	FORTRAN-Schreibweise
13,5 + 12,7i	(13.5, 12.7)
-0,00075 + 200i	(-.75E-3, 200)
-1	(-1,0)
i	(0,1)

Maschinenintern werden komplexe Werte in zwei aufeinanderfolgenden Speichereinheiten als REAL-Zahlen gespeichert.

Die Namen *v* von komplexwertigen Variablen, Feldern, benannten Konstanten und Funktionen werden mit Hife der expliziten Typanweisung

```
COMPLEX v[,v]...
```

vereinbart.

Beispiel:

```
COMPLEX I, Z1(10), KARTES
PARAMETER (I=(0,1))
EXTERNAL KARTES
```

Die in den COMPLEX-Konstanten auftretenden REAL- oder INTEGER-Zahlen dürfen nicht durch entsprechende Variablen oder Ausdrücke ersetzt werden! Zur Erzeugung einer komplexen Zahl z aus zwei arithmetischen Ausdrücken a und b dient die Standardfunktion CMPLX(a,b); a bildet dann den Realteil und b den Imaginärteil von z. Die beiden Ausdrücke a und b müssen vom gleichen Typ sein (INTEGER, REAL oder DOUBLE PRECISION)!
Den Realteil eines komplexwertigen Ausdrucks z erhält man durch die Funktion REAL(z), den Imaginärteil durch AIMAG(z).

Bei der <u>listengesteuerten Ein- und Ausgabe</u> werden komplexe Daten als geordnete Paare reeller Zahlen in der gewohnten Form

(realteil,imaginärteil)

dargestellt.

<u>Beispiel</u>:

```
      PROGRAM COMPDG
C
C     KOMPLEXE ZAHLEN UND IHRE DARSTELLUNGSFORMEN
C
      COMPLEX Z
      READ*,Z
      PRINT*
      PRINT*,'DARSTELLUNGSFORMEN VON KOMPLEXEN ZAHLEN'
      PRINT*,'---------------------------------------'
      PRINT*
      PRINT*,'VEKTORIELLE DARSTELLUNG:'
      PRINT*,'Z = ',Z
      X=REAL(Z)
      Y=AIMAG(Z)
      PRINT*
      PRINT*,'ALGEBRAISCHE DARSTELLUNG:'
      PRINT*,'Z = ',X,' + I * ',Y
      R=SQRT(X**2+Y**2)
      PHI=ATAN(Y/X)
      PRINT*
      PRINT*,'TRIGONOMETRISCHE DARSTELLUNG:'
      PRINT*,'Z = ',R,' (COS ', PHI
      PRINT*,'                 + I * SIN ',PHI,')'
      PRINT*
      PRINT*,'EXPONENTIALDARSTELLUNG:'
      PRINT*,'Z = ',R,' * EXP(I * ',PHI,')'
      END
```

Eingabe:

```
(1.,-1.)
```

Ausgabe:

```
DARSTELLUNGSFORMEN VON KOMPLEXEN ZAHLEN
---------------------------------------

VEKTORIELLE DARSTELLUNG:
Z = (1.,-1.)

ALGEBRAISCHE DARSTELLUNG:
Z = 1. + I * -1.

TRIGONOMETRISCHE DARSTELLUNG:
Z = 1.414213562373 (COS -.7853981633974
              + I * SIN -.7853981633974)

EXPONENTIALDARSTELLUNG:
Z = 1.414213562373 * EXP(I * -.7853981633974)
```

Die Tatsache, daß komplexe Werte intern als zwei REAL-Zahlen gespeichert werden, ist auch bei der <u>formatierten Ein- und Ausgabe</u> zu berücksichtigen: Für jede komplexe Zahl sind <u>zwei Daten-Beschreiber</u> für REAL-Größen erforderlich.

Beispiel:
```
COMPLEX Z
READ '(2F6.1)',Z
PRINT '(T2, 2F8.3)',Z
```

Eingabe: -1.12 2.21

Wirkung: Z = (-1.12, 2.21)

Ausgabe: -1.120 2.210

Eine Liste der komplexwertigen Standardfunktionen finden Sie im Abschnitt 7.2.4.

Zum Abschluß noch ein Beispiel für eine externe Funktion vom Typ COMPLEX:

```
      COMPLEX FUNCTION KARTES(R,PHIG)
*
* Funktion: Eine in der trigonometrischen Darstellung
*           gegebene Zahl wird in die entsprechende
*           komplexe Zahl umgewandelt.
*
* Eingabeparameter: R    Radius (reellwertig)
*                   PHIG Winkel (reellwertig) in Grad!
*
      REAL R, PHIG
*-----------------------------------------------------
      REAL PHIB
* Umwandlung von Grad in Bogenmaß:
      PHIB = (3.14159*PHIG)/180.
      KARTES = CMPLX(R*COS(PHIB), R*SIN (PHIB))
      END
```

7.2 Arithmetische Ausdrücke, Wertzuweisungen und Standardfunktionen

7.2.1 Arithmetische Ausdrücke

Größen vom Typ INTEGER, REAL, DOUBLE PRECISION und COMPLEX können mit Hilfe der arithmetischen Operatoren +, -, *, / und ** zu zusammengesetzten arithmetischen Ausdrücken verknüpft werden. Mit Ausnahme der Kombination von doppelgenauen und komplexen Operanden sind alle anderen Typkombinationen erlaubt.

Der Datentyp eines Ausdrucks, bei dem zwei arithmetische Operanden x und y miteinander verknüpft werden, ist durch die folgende Tabelle festgelegt:

x \ y	INTEGER	REAL	DOUBLE P.	COMPLEX
INTEGER	INTEGER	REAL	DOUBLE P.	COMPLEX
REAL	REAL	REAL	DOUBLE P.	COMPLEX
DOUBLE P.	DOUBLE P.	DOUBLE P.	DOUBLE P.	-
COMPLEX	COMPLEX	COMPLEX	-	COMPLEX

Interpretations-Beispiel:
Ist ein Operand vom Datentyp REAL, der andere vom Typ DOUBLE PRECISION, so hat der arithmetische Ausdruck den Typ DOUBLE PRECISION. Dies gilt unabhängig von der Reihenfolge der Operanden.

Beispiel: DOUBLE PRECISION X

```
a)   X = 1/3          Wert von X: 0D0
b)   X = 1./3.        Wert von X: 0.33...300...0D0
c)   X = 1D0/3D0      Wert von X: 0.33...333...3D0
```

Sind die beiden Operanden von verschiedenem Typ, so wird - mit Ausnahme der Potenzierung mit ganzzahligem Exponenten - der vom Ergebnistyp abweichende Operand in den Ergebnistyp konvertiert. Anschliessend erfolgt die Durchführung der Operation.

Typkombination	Konvertierung (Ergebnistyp ist unterstrichen)
INTEGER-REAL	INTEGER → REAL
INTEGER-DOUBLE P.	INTEGER → REAL → DOUBLE PRECISION
INTEGER-COMPLEX	INTEGER → REAL → COMPLEX
REAL-DOUBLE P.	REAL → DOUBLE PRECISION
REAL-COMPLEX	REAL → COMPLEX

Bei einer Konvertierung von REAL nach COMPLEX wird eine reelle Größe r in die komplexe Zahl (r,0.) umgewandelt.

Beispiel:

Kombination	Konvertierung	Ergebnis
3 + 4.7	3 → 3.	7.7
-3 - 1D-2	-3 → -3. → -3D0	-3.01D0
3*(1.,-1.)	3 → 3. → (3.,0.)	(3.,-3.)
1.7/2D0	1.7 → 1.7D0	.85D0
7.-(0.1,-1.)	7 → (7.,0.)	(6.9,1.)
1.5**3	3 wird nicht konvertiert	3.375

Die Auswertung eines arithmetischen Ausdrucks mit mehr als einem arithmetischen Operator ist durch die im Abschnitt 2.4.2 beschriebene Prioritätenfolge geregelt.

7.2.2 Vergleich arithmetischer Ausdrücke

Ausdrücke mit ganzzahligen, reellen, doppeltgenauen und komplexen Werten können in Form von Vergleichsausdrücken miteinander verglichen werden, wobei die beiden folgenden Einschränkungen zu beachten sind:

a) Ein komplexer Operand darf nur im Zusammenhang mit den Vergleichsoperatoren .EQ. und .NE. vorkommen (Grund: Die Menge der komplexen Zahlen ist nicht geordnet).

b) Eine doppeltgenaue Zahl darf nicht mit einer komplexen Zahl verglichen werden (vergleiche 7.2.1).

7.2.3 Die arithmetische Wertzuweisung

Die arithmetische Wertzuweisung hat die allgemeine Form

v = aa

wobei *v* der Name einer Variablen oder eines indizierten Feldelementes (mit einem arithmetischen Datentyp) und *aa* ein arithmetischer Ausdruck ist.

Die Ausführung der Anweisung bewirkt die Auswertung des arithmetischen Ausdrucks und dessen Zuweisung an *v*. Für den Fall, daß der Datentyp des Ausdrucks nicht mit dem der Variablen übereinstimmt, wird das Ergebnis in den Typ von *v* konvertiert.

7.2.4 Arithmetische Standardfunktionen

Im Unterschied zu vielen anderen Programmiersprachen umfaßt die Sprache FORTRAN ein umfangreiches Spektrum gebrauchsfertiger Funktionen.

Jede dieser Funktionen besitzt einen spezifischen Namen (specific name). Wird dieser Name angegeben, so müssen die Argumente von einem ganz bestimmten Datentyp sein.

Um Programme flexibel gestalten zu können, hat man in FORTRAN 77 Funktionen mit ähnlicher Wirkungsweise derart zusammengefaßt, daß sie über einen gemeinsamen Namen, den Gattungsnamen (generic name), aufgerufen werden können. Dieser Name kann für Argumente verschiedenen Typs verwendet werden. Bis auf die Ausnahmen Datentypkonvertierung, nächste INTEGER-Zahl (NINT) und Absolutbetrag einer komplexen Zahl stimmt dann der Typ des resultierenden Funktionswertes mit dem Typ der Argumente überein.

Beispiel:

Zur Berechnung des Absolutbetrages existieren die spezifischen Funktionen:

```
ABS   für Argumente vom Typ REAL
CABS  für Argumente vom Typ COMPLEX
DABS  für Argumente vom Typ DOUBLE PRECISION
IABS  für Argumente vom Typ INTEGER
```

Der Gattungsname für diese Funktion ist ABS.

Somit sind mit den Vereinbarungen

```
COMPLEX C
DOUBLE PRECISION D
INTEGER I
```

die folgenden Funktionsaufrufe äquivalent:

```
ABS(C) und CABS(C)
ABS(D) und DABS(D)
ABS(I) und IABS(I)
```

Bei Standardfunktionen mit mehreren Argumenten müssen alle Argumente den gleichen Datentyp besitzen.

Die Verwendung von Gattungsnamen hat den Vorteil, daß man sich weniger Namen merken muß. Darüber hinaus lassen sich Programmänderungen, wie z.B. die Umstellung von einfacher auf doppelte Genauigkeit oder von REAL nach COMPLEX, wesentlich leichter durchführen.

Beispiel:

```
REAL X,Y
READ*, X
Y = SIN(X) + SQRT(1.+COS(2.*X))
```

Ersetzt man die erste Anweisung durch

```
DOUBLE PRECISION X,Y
```

so werden die nachfolgenden Operationen mit doppelter Genauigkeit durchgeführt, da SIN, SQRT und COS Gattungsnamen sind, und der Datentyp der Funktionswerte durch den Typ der Argumente bestimmt wird.

Die folgenden drei Tabellen enthalten fast alle arithmetischen Standardfunktionen. Weggelassen wurden nur die spezifischen Funktionsnamen zur Datentypkonvertierung und zur Maximum/Minimum-Bestimmung, da diese Funktionen keine Bedeutung besitzen.
Spezifische Funktionsnamen werden nur dann benötigt, wenn eine Standardfunktion als Aktualparameter in einem Unterprogrammaufruf verwendet wird (6.4); Standardfunktionen zur Typkonvertierung und Maximum/Minimum-Berechnung sind jedoch als Aktualparameter verboten.

In den Tabellen und Erläuterungen gelten die folgenden Abkürzungen:

a,b Argumente	c COMPLEX	i INTEGER
	d DOUBLE PRECISION	r REAL

Umwandlung nach	Gattungsname	Argument a Anzahl	Typ	Typ der Funktion
INTEGER (1),(2)	INT	1	i,r,d,c	i
REAL (2)	REAL	1	i,r,d,c	r
DOUBLE P. (2)	DBLE	1	i,r,d,c	d
COMPLEX (3)	CMPLX	1 oder 2	i,r,d,c	c

Tabelle 7.1 Arithmetische Konvertierungsfunktionen

Bemerkungen:

(1) INT (a) liefert den ganzzahligen Anteil von a (ohne Rundung!), z.B.

INT (-3.9) = 3

(2) Bei einem komplexen Argument wird nur der Realteil umgewandelt, z.B.

REAL ((2.5,-3.1)) = 2.5

(3) Wird die Funktion mit einem Argument a vom Typ i,r oder d aufgerufen, so ist der Realteil des Funktionswertes REAL(a) und der Imaginärteil Null.
Wird die Funktion mit zwei Argumenten aufgerufen, CMPLX (a,b), so erhält man eine komplexe Zahl mit dem Realteil REAL(a) und dem Imaginärteil REAL(b).

Funktionen	Gattungs- name	spezif. Name	Argumente		Typ der Funktion
			Anzahl	Typ	
Abschneiden der Dezimalstellen(1)	AINT	AINT DINT	1	r d	r d
nächste INTEGER-Zahl (2)	NINT	NINT IDNINT	1	r d	i i
nächste ganze Zahl (Typ bleibt erhalten) (3)	ANINT	ANINT DNINT	1	r d	r d
Absolutbetrag (für komplexes a: ABS(a):=SQRT ((Re a)^2+(Im a)^2)	ABS	ABS IABS DABS CABS	1	i r d c	i r d r
Divisionsrest (4)	MOD	MOD AMOD DMOD	2	i r d	i r d
Vorzeichenüber-tragung (5)	SIGN	ISIGN SIGN DSIGN	2	i r d	i r d
positive Differenz (6)	DIM	IDIM DIM DDIM	2	i r d	i r d
doppeltgenaues Produkt (7)	-	DPROD	2	r	d
Maximumbestimmung (8)	MAX		≥ 2	i r d	i r d
Minimumbestimmung (8)	MIN		≥ 2	i r d	i r d
konjugiert komplexe Zahl (9)	-	CONJG	1	c	c
Imaginärteil (10)	-	AIMAG	1	c	r
Realteil (11)	-	REAL	1	c	r

Tabelle 7.2 Arithmetische Hilfsfunktionen

Bemerkungen und Definitionen:

(1) Die Funktionen AINT und DINT wirken wie INT, wobei jedoch der Typ des Funktionswertes mit dem des Argumentes übereinstimmt.

(2) NINT(a) := INT(a+.5) für $a \geq 0$ (Rundungsfunktion)
NINT(a) := INT(a-.5) für $a < 0$

(3) ANINT(a) := AINT(a+.5) für $a \geq 0$
ANINT(a) := AINT(a-.5) für $a < 0$

(4) MOD(a,b) := a - INT(a/b) * b

(5) SIGN(a,b) := |a| für $b \geq 0$
SIGN(a,b) :=-|a| für $b < 0$

(6) DIM(a,b) := MAX(a-b,0)

(7) x sei vom Datentyp DOUBLE PRECISION, a und b vom Typ REAL
x = a*b: Das Produkt wird mit einfacher Genauigkeit berechnet und anschließend in eine Zahl mit doppelter Genauigkeit umgewandelt.
x = DPROD(a,b): Das Produkt wird mit doppelter Genauigkeit berechnet.

(8) Es gibt noch entsprechende spezifische Funktionen <u>mit Typkonvertierung</u>:

AMAX0(i->r)	MAX1(r->i)
AMIN0(i->r)	MIN1(r->i)

(9) CONJG(a) := (Re a, - Im a)

(10) AIMAG(a) := Imaginärteil von a

(11) REAL(a) := Realteil von a

Funktionen	Gattungs-name	spezif. Name	Anzahl der Argumente	Typ (1)
Quadratwurzel: $\sqrt{a}$ (2)	SQRT	SQRT DSQRT CSQRT	1	r d c
Exponentialfunktion: e**a	EXP	EXP DEXP CEXP	1	r d c
Natürlicher Logarith-mus: ln a (3)	LOG	ALOG DLOG CLOG	1	r d c
Dekadischer Loga-rithmus: $\log_{10}$ (3)	LOG10	ALOG10 DLOG10	1	r d
Sinus: sin a (4)	SIN	SIN DSIN CSIN	1	r d c
Kosinus: cos a (4)	COS	COS DCOS CCOS	1	r d c
Tangens: tan a (4)	TAN	TAN DTAN	1	r d
Arkussinus: arcsin a (5), (6)	ASIN	ASIN DASIN	1	r d
Arkuskosinus: arccos a (5), (6)	ACOS	ACOS DACOS	1	r d
Arkustangens: (6), (7) arctan a	ATAN	ATAN DATAN	1	r d
(6), (8) arctan (a/b)	ATAN2	ATAN2 DATAN2	2	r d
Hyperbelsinus: sinh a	SINH	SINH DSINH	1	r d
Hyperbelcosinus: cosh a	COSH	COSH DCOSH	1	r d
Hyperbeltangens: tanh a	TANH	TANH DTANH	1	r d

Tabelle 7.3 Mathematische Standardfunktionen

Bemerkungen:

(1) Bei den mathematischen Standardfunktionen ist der Datentyp des Funktionswertes identisch mit dem Typ der Argumente. Es genügt daher eine Typ-Spalte.

(2) Reellwertige Argumente müssen größer oder gleich Null sein. Der Funktionswert eines komplexen Argumentes ist der Hauptwert mit dem Realteil größer oder gleich Null.

(3) Reellwertige Argumente müssen positiv und komplexe ungleich (0.,0.) sein.

(4) Die Argumente der trigonometrischen Funktionen müssen im Bogenmaß angegeben werden.

(5) Die Umkehrfunktionen der trigonometrischen Funktionen liefern Werte im Bogenmaß.

(6) Der Argumentwert muß betraglich kleiner oder gleich eins sein ($|a| \leq 1$). Für die Funktionswerte gilt:

$$-\pi/2 \leq \text{ASIN(a)} \leq \pi/2$$
$$0 \leq \text{ACOS(a)} \leq \pi$$

(7) Für die Funktionswerte gilt:

$$0 \leq \text{ATAN(a)} \leq \pi$$

(8) Die Argumente a und b dürfen nicht gleichzeitig den Wert Null besitzen.
Das Ergebnis von ATAN2(a,b) ist der Winkel im Bogenmaß und gibt u.a. den Quadranten an, in dem der Punkt (a,b) liegt:

$$-\pi < \text{ATAN2(a,b)} \leq \pi$$

7.3 Verarbeitung von Zeichenketten

Bisher stand die Verarbeitung numerischer Daten im Vordergrund. Dabei wurden Texte nur im Rahmen der Programmausgabe zur Erläuterung der berechneten Resultate eingesetzt.

In zunehmendem Maße treten heute in der Praxis Anwendungen auf, bei denen sowohl numerische als auch nicht-numerische Daten zu verarbeiten sind (Beispiele: Materialverwaltung, Fakturierung) bzw. bei denen sogar fast ausschließlich nicht-numerische Daten vorkommen (Beispiele: Textverarbeitungs- und Textanalyse-Programme).

Diese Aufgaben lassen sich in FORTRAN 77 recht bequem erledigen, da hier ein modernes und vor allem Rechenanlagen-unabhängiges Zeichenketten-Konzept existiert.

Daß die Verarbeitung von Texten auch für reine "Zahlen-Programme" wichtig ist, zeigt der letzte Unterabschnitt:
Mit Hilfe von Textvariablen (internen Dateien) lassen sich Programmabbrüche vermeiden, die sonst durch falsche Benutzereingaben hervorgerufen werden.

7.3.1 Konstanten, Variablen, Felder und Teilketten vom Typ CHARACTER

Unter einer Zeichenkette (string) versteht man eine nicht-leere Folge von Zeichen, wobei alle auf der Rechenanlage vorhandenen Zeichen vorkommen dürfen. Aus Portabiblitätsgründen sollte man sich auf den FORTRAN-Zeichensatz bzw. auf den weit verbreiteten ASCII-Zeichensatz (Anhang A.4) beschränken. Leerzeichen innerhalb von Zeichenketten sind signifikant.

Als Länge einer Zeichenkette bezeichnet man die Anzahl der in ihr enthaltenen Zeichen. Jedes Zeichen innerhalb einer Zeichenkette besitzt eine Position, wobei die Numerierung bei 1 beginnt und von links nach rechts verläuft.

Eine Zeichenketten-Konstante ist eine durch Apostrophstriche begrenzte Zeichenkette

'zeichenkette'.

Da das Apostrophzeichen als Begrenzer dient, muß jedes innerhalb der Zeichenkette vorkommende Apostroph durch zwei aufeinanderfolgende Apostrophe dargestellt werden.
Bei der Längenbestimmung werden doppelte Apostrophe als ein Zeichen gezählt und die begrenzenden Apostrophe vernachlässigt.

Beispiele: 'RZW: FORTRAN-KURS' (Länge 17)
'LAEUFT''S?' (Länge 9)

Die Namen von Variablen, Feldern, Funktionen und benannten Konstanten vom Datentyp CHARACTER können in CHARACTER-Anweisungen vereinbart werden:

CHARACTER[**len*] *name*[,*name*]...

Dabei gibt *len* die Länge, d.h. die Anzahl der reservierten Zeichen an. Dies kann sein:

a) eine vorzeichenlose, positive INTEGER-Konstante.
b) ein in Klammern eingeschlossener INTEGER-Konstantenausdruck mit einem positiven Wert.
c) ein in Klammern eingeschlossener Stern (*) (nur bei benannten Konstanten, formalen Parametern und FUNCTION-Unterprogrammen möglich).

Hinter dem Namen *name* kann ebenfalls eine Längenangabe stehen:

name * [*len*]

Eine direkt hinter dem Schlüsselwort CHARACTER stehende Längenspezifikation gilt für alle ohne eigene Längenangabe aufgeführten Größen dieser Anweisung.
Dagegen ist eine direkt hinter einem Namen stehende Längenangabe nur für diese Größe gültig.
Eine ohne jede Längenangabe aufgeführte Größe besitzt die Länge 1.
Wird der Name eines Feldes vereinbart, so haben alle Feldelemente die gleiche Länge.

Beispiele:

a) CHARACTER*12 NAME, VORNAM, STADT*10

Es werden die beiden Variablen NAME und VORNAM vereinbart, die jeweils 12 Zeichen aufnehmen können, sowie die Variable STADT, die 10 Zeichen aufnehmen kann.

b) CHARACTER KARTE*80, CFELD (100)*40, ZIFFER

KARTE ist eine Variable, für die 80 Zeichen reserviert werden; jedes Element des Feldes CFELD kann 40 Zeichen aufnehmen; die Variable ZIFFER kann 1 Zeichen aufnehmen.

c)
```
INTEGER N, M
PARAMETER (N=10, M=12)
CHARACTER*(N*M) TEXT
```
Für die Variable TEXT werden 120 Zeichen reserviert.

d)
```
CHARACTER*(*)START
PARAMETER (START='JETZT GEHT''S LOS!')
```
Die Länge der (benannten) CHARACTER-Konstanten START wird durch die aktuelle Länge der in der PARAMETER-Anweisung angegebenen Zeichenkette bestimmt.

Die beiden Anweisungen dürfen nicht vertauscht werden!

Im Rahmen von Textuntersuchungen und -veränderungen ist man in der Regel nicht an der gesamten Zeichenkette, sondern nur an ganz speziellen Teilen oder gar nur an einzelnen Zeichenpositionen interessiert. Ein solcher Zugriff auf den Teil einer Zeichenkette läßt sich mit Hilfe von Teilketten realisieren.

Eine <u>Teilkette</u> (substring) einer CHARACTER-Variablen v bzw. eines CHARACTER-Feldelementes f(indexausdruck) hat die Form

$$v([p_1]:[p_2])$$
$$\text{bzw. } f(\text{indexausdruck})\ ([p_1]:[p_2])$$

wobei p_1 die Start- und p_2 die Endposition innerhalb der Ursprungskette bezeichnen.

Start- und Endpositionen können in Form von INTEGER-Ausdrücken angegeben werden und müssen die Bedingung

$$1 \leq p_1 \leq p_2 \leq \text{len}$$

erfüllen, wobei len die Länge der Variablen bzw. des Feldelementes ist. Wird p_1 nicht angegeben, so wird der Wert 1 als Startposition angenommen; wird p_2 nicht angegeben, so wird als Wert für die Endposition die Länge der Variablen bzw. des Feldelementes angenommen.

Beispiel: Die Variable KETTE sei definiert durch
CHARACTER KETTE*12
und besitze den Wert ZEICHENKETTE. Dann hat

die Teilkette KETTE (2:6) den Wert EICHE,
die Teilkette KETTE (:7) den Wert ZEICHEN,
die Teilkette KETTE (8:) den Wert KETTE
die Teilkette KETTE (3:3) den Wert I und
die Teilkette KETTE (:) den Wert ZEICHENKETTE.

7.3.2 CHARACTER-Ausdrücke und -Wertzuweisungen

CHARACTER-Konstanten, -Variablen, -Feldelemente, -Funktionsaufrufe und Teilketten stellen bereits die einfachste Form eines CHARACTER-Ausdrucks dar.
Für die Verknüpfung dieser Größen gibt es in FORTRAN den Verkettungsoperator (concatenation operator) //, der durch zwei aufeinanderfolgende Schrägstriche dargestellt wird. Angewandt auf die beiden Zeichenketten-Operanden c_1 und c_2

$$c_1//c_2$$

liefert er eine Zeichenkette, bei der die beiden Ausgangsketten aneinandergereiht sind. Die Länge der resultierenden Zeichenkette ist

$$\mathrm{len}(c_1//c_2) = \mathrm{len}(c_1) + \mathrm{len}(c_2)$$

Beispiel: 'FRITZ'//'CHEN' hat den Wert FRITZCHEN.
'ACA'//'PUL'//'CO' hat den Wert ACAPULCO.

Die CHARACTER-Wertzuweisung hat die allgemeine Form

$$v = ca$$

wobei *v* eine CHARACTER-Variable, ein CHARACTER-Feldelement oder eine Teilkette ist und *ca* einen CHARACTER-Ausdruck darstellt.

Beispiel:
```
CHARACTER NAME*9
NAME= 'FRITZ'//'CHEN'
```

Zunächst wird der Zeichenausdruck *ca* ausgewertet; anschließend wird der Variablen *v* (NAME) das Ergebnis zugewiesen.

Es ist nicht notwendig, daß die Variable *v* und der Ausdruck *ca* die gleiche Länge besitzen. Für diesen Fall gelten die folgenden Regeln:

a) Ist die Länge von *v* kleiner als die Länge von *ca*, so wird der Ausdruck rechts auf die Länge von *v* gekürzt.

Beispiel:
```
CHARACTER NAME*5
NAME= 'FRITZCHEN'
```

Da die Variable NAME nur 5 Zeichen aufnehmen kann, erhält sie den Wert FRITZ.

b) Ist die Länge von *v* größer als die von *ca*, so wird der Wert von *ca* linksbündig übertragen, und die restlichen Positionen von *v* werden mit Leerzeichen aufgefüllt.

Beispiel:
```
CHARACTER NAME*10
NAME= 'FRITZCHEN'
```

Die 10. Position der Variablen NAME wird mit einem Leerzeichen belegt.

Hinweis:
Häufig wird die Wertzuweisung

v = ' '

verwendet. Dadurch erreicht man, daß alle Positionen von *v* mit einem Leerzeichen besetzt werden.

Einschränkung:
Ist *v* eine Teilkette, so darf bei der Wertzuweisung keine der in *v* vorkommenden Zeichenpositionen im Ausdruck *ca* auftreten.

Beispiel:
KETTE(1:4) = KETTE(4:7) ist nicht korrekt, da die Zeichenposition KETTE(4:4) auf beiden Seiten vorkommt.

Durch die Verwendung von Hilfsvariablen kann diese Restriktion umgangen werden:
```
HILF(1:4)  = KETTE(4:7)
KETTE(1:4) = HILF(1:4)
```

Ist *v* eine Teilkette, so werden nur die in der Teilkette vorkommenden Positionen belegt. Alle anderen Positionen der Ursprungskette behalten ihren Wert bzw. bleiben undefiniert.

Beispiel:
```
CHARACTER*3 A,B
A= '123'
B(2:3)= '123'
```

Wirkung:

A	1	2	3
B	undef.	1	2

7.3.3 Die Ein- und Ausgabe von Zeichenketten

Bei der listengesteuerten Eingabe von CHARACTER-Daten ist zu beachten, daß diese in Form von CHARACTER-Konstanten (also mit begrenzenden Apostrophen!) vorliegen müssen. In der Eingabeliste können außer Variablen, Feldern und Feldelementen auch Teilketten angegeben werden. Für die Zuweisung gelten die Regeln der CHARACTER-Wertzuweisung (7.3.2), d.h. zu lange Eingabeketten werden rechts abgeschnitten, und zu kurze werden rechts mit Leerzeichen aufgefüllt.

Bei der listengesteuerten Ausgabe werden die Zeichenketten ohne die begrenzenden Apostrophe ausgegeben.

Beispiel:
```
CHARACTER*10 NAME(2), ORT*20
READ*, ORT(1:4), NAME
PRINT*, NAME(2), '. ', NAME(1) (1:1),'.'
```

Eingabe:
```
'5600'
'WEHNES', 'THORSTEN ALEXANDER'
```

Ausgabe:
```
THORSTEN A. W.
```

Für die formatierte Ein- und Ausgabe verwendet man den A-Beschreiber

A[w]

Die optionale Feldweite w gibt dabei die Anzahl der einzulesenden oder auszugebenden Zeichen an.
Wird keine Feldweite angegeben, so wird die Länge der in der E/A-Liste stehenden zugehörigen CHARACTER-Größe als Feldweite angenommen.

Beispiel:
```
CHARACTER C1*2, C2*3
READ(1,'(A,A)') C1, C2
WRITE (2,'(T2,3A)') C1, '+', C2
```

Eingabe: ABCDEFG

Wirkung: C1='AB', C2='CDE'

Ausgabe: AB+CDE

Wird die Feldweite w angegeben, und ist len die Länge des in der E/A-Liste stehenden zugehörigen CHARACTER-Elementes, so gilt

a) für die Eingabe:

$w \geq len$: Die am weitesten rechts stehenden Zeichen werden dem CHARACTER-Element zugeordnet; die ersten w-len Zeichen des Eingabefeldes werden ignoriert.[1)]

$w < len$: Die w Zeichen des Eingabefeldes werden linksbündig in den Speicherbereich des CHARACTER-Elements übertragen. Die restlichen Positionen werden mit Leerzeichen belegt.

b) für die Ausgabe:

$w > len$: Die len Zeichen des Ausgabeelements werden rechtsbündig mit führenden Leerzeichen ausgegeben.

$w \leq len$: Die am weitesten links stehenden Zeichen werden ausgegeben; die letzten len-w Zeichen des Ausgabeelements werden ignoriert.

Beispiel:
```
CHARACTER C1*2, C2*3
READ(1,'(A4,A2)') C1, C2
WRITE(2,'(T2,A3,A1)') C1, C2
```

Eingabe: ABCDEFG

Wirkung: C1 = 'CD'   C2 = 'EF '

Ausgabe: CDE

1) Achtung: Diese Wirkungsweise ist nicht konform zur CHARACTER-Wertzuweisung und zur listengesteuerten Eingabe von Zeichenketten!

<u>Empfehlung</u>: Verwenden Sie vorrangig den A-Beschreiber <u>ohne</u> Feldweitenangabe!

<u>Beispiel</u>:

```
      PROGRAM KURVE
C
C  Das Programm erzeugt eine graphische Darstellung
C  der Funktion f(x) = x sin(2x) im Intervall
C  [0,10]. Die Ausgabe erfolgt auf dem Zeilendrucker
C
*-------------------------------------------------------
*     --Konstanten
      INTEGER PUNKTE, SPALTN, MITTE
      REAL XANF, XEND, H
      PARAMETER (PUNKTE=51, SPALTN=71)
      PARAMETER (MITTE=(SPALTN+1)/2, XANF=0., XEND=10.)
      PARAMETER (H = (XEND-XANF)/(PUNKTE-1))

*     --Variablen und Felder
      INTEGER INDEX
      REAL X(PUNKTE), Y(PUNKTE), H, YMAX, YA
      CHARACTER ZEILE*(SPALTN)
*-------------------------------------------------------
*     --Berechnung der Stützstellen, der Funktionswerte
*     --und des betragsgrößten Funktionswertes
      X(1)=XANF
      Y(1)=XANF * SIN(2.*XANF)
      YMAX=ABS(Y(1))
      DO 100 I=2,PUNKTE
         X(I)=XANF+(I-1)*H
         Y(I)=X(I)*SIN(2.*X(I))
         YA  =ABS(Y(I))
         IF (YA .GT. YMAX) YMAX=YA
 100  CONTINUE

*     --Ausgabe der Wertetabelle und Zeichnen der Kurve
      PRINT '(''1'')'
      ZEILE = ' '
      DO 110 I=1, PUNKTE
*        --Markierung der Achse
         ZEILE(MITTE:MITTE)='I'
*        --Positionsberechnung
*        --Transformation von [-ymax,ymax] nach [0,spaltn]
         INDEX=MITTE+INT(Y(I)/YMAX*(MITTE-1))
         ZEILE(INDEX:INDEX)='*'
         PRINT'(2F10.4, T30, A)',X(I), Y(I), ZEILE
         ZEILE(INDEX:INDEX)=' '
 110  CONTINUE
      END
```

7.3.4 Zeichenketten-Vergleichsausdrücke und -Standardfunktionen

Analog zu den Zahlen werden auch die Zeichen maschinenintern binär dargestellt, wobei jedes Zeichen eine Zeichen-Speichereinheit belegt.

Beispiel: An einer Rechenanlage vom Typ CYBER 170 stehen für jedes Zeichen 6 Bit zur Darstellung zur Verfügung. Bei der Verwendung des FTN5-Compilers gilt:

Zeichen	Binär-Darstellung
blank	000 000
!	000 001
-	000 010
...	...
_	111 111

Eine wie im obigen Beispiel angegebene Tabelle bezeichnet man als eine Code-Tabelle.

Interpretiert man die Binär-Darstellungen als INTEGER-Zahlen, so läßt sich jedem Zeichen eindeutig eine ganze Zahl zwischen 0 und n-1 zuordnen, wobei n die Gesamtzahl aller auf der Rechenanlage vorhandenen Zeichen ist.

Durch die Anordnungen der natürlichen Zahlen wird indirekt eine Zeichenreihenfolge (collating sequence) festgelegt. Zu beachten ist, daß diese Zeichenreihenfolge von Rechenanlage zur Rechenanlage verschieden sein kann!

Die beiden Standardfunktionen ICHAR und CHAR bewerkstelligen die Umwandlung eines Zeichens in die (Rechenanlage-spezifische) INTEGER-Zahl und umgekehrt:

ICHAR(ca) liefert zu einem CHARACTER-Ausdruck ca der Länge 1 die entsprechende Position innerhalb der Zeichenreihenfolge der Anlage.

CHAR(i) liefert zu einem INTEGER-Ausdruck i mit $0 \le i \le n-1$ das zu dieser Position gemäß der Zeichenreihenfolge der Anlage zugehörige Zeichen.

Beispiel: An einer Rechenanlage vom Typ CYBER 170
liefert CHAR(2) das Zeichen :
und ICHAR(':') die Zahl 2

Im FORTRAN-Standard sind die folgenden Anforderungen für Zeichenreihenfolgen festgelegt:

a) 'Leerzeichen'<'A'<'B'<...<'Z'
b) 'Leerzeichen'<'0'<'1'<...<'9'
c) '9'<'A' oder 'Z'<'0', d.h. alle Buchstaben stehen vor allen Ziffern oder umgekehrt.

Die genaue Stellung der Sonderzeichen ist nicht definiert.

Auf der Grundlage der Zeichenreihenfolge ist ein Vergleich zweier CHARACTER-Ausdrücke ca_1 und ca_2 mit den bereits bekannten Vergleichsoperatoren .GT., .GE., .EQ., .NE., .LE. und .LT. möglich.

$$ca_1 \text{ vop } ca_2$$

Sind die beiden Ausdrücke unterschiedlich lang, so wird der kürzere Operand rechts mit Leerzeichen bis zur Länge des längeren Operanden aufgefüllt.

Bei der anschließenden Auswertung werden ca_1 und ca_2 zeichenweise von links nach rechts verglichen:
Stimmen alle Zeichenpositionen überein, so liegt Gleichheit vor. Unterscheiden sich die beiden Zeichenketten an irgendeiner Position, so liegt Ungleichheit vor.
Bei der Untersuchung auf "größer" oder "kleiner" wird dann die erste (von links) unterschiedliche Zeichenposition für den Vergleich herangezogen:
ca_1 ist kleiner (größer) als ca_2, wenn das an dieser Position stehende Zeichen in der Zeichenreihenfolge vor (hinter) dem entsprechenden Zeichen von ca_2 steht, d.h. wenn die Relation für die zugehörigen Positionszahlen erfüllt ist.

Ein CHARACTER-Vergleichsausdruck liefert den logischen Wert .TRUE., falls die angegebene Bedingung erfüllt ist, sonst den Wert .FALSE..

Beispiel:

Vergleichsausdruck	Wert
'AB' .EQ. 'AB '	.TRUE.
'AB' .EQ. ' AB'	.FALSE.
'FRITZ' .LT. 'FRITZCHEN'	.TRUE.
'MERCEDES' .GT. 'FIAT'	.TRUE.
'12' .GT. '123'	.FALSE. ('Leerzeichen'<'3')
'N1' .LE. 'N2'	.TRUE.
'N+' .LE. 'N2'	Rechenanlagen-abhängig
'N1' .GT. '1N'	Rechenanlagen-abhängig
'?' .EQ. '!'	.FALSE.

Nicht zulässig ist der Vergleich eines CHARACTER-Ausdrucks mit einem arithmetischen Ausdruck.

Die Werte von CHARACTER-Vergleichsausdrücken mit den Operatoren .EQ. und .NE. sind unabhängig von der zugrunde liegenden Zeichenreihenfolge.

Für die Durchführung Rechenanlagen-unabhängiger Zeichenkettenvergleiche auf "größer" und "kleiner" stehen die folgenden lexikographischen Standardfunktionen zur Verfügung:

Funktion	Bedeutung
LGT (ca_1, ca_2)	lexikographisch größer als
LGE (ca_1, ca_2)	lexikographisch größer oder gleich
LLE (ca_1, ca_2)	lexikographisch kleiner oder gleich
LLT (ca_1, ca_2)	lexikographisch kleiner als

Als Vergleichsgrundlage wird die international genormte ASCII-Zeichenreihenfolge (A.4) herangezogen.

Die Funktion LGT (ca_1, ca_2) hat den Wert .TRUE., falls ca_1 nach der ASCII-Codetabelle größer als ca_2 ist, andernfalls den Wert .FALSE.. Entsprechend sind die drei anderen Zeichenketten-Vergleichsfunktionen zu interpretieren.

Beispiel: LLE ('ALFA', 'BETA') hat den Wert .TRUE.

LGT ('A10*', '120+') hat den Wert .TRUE.

Empfehlung:
Sind weder reine Großbuchstabenvergleiche noch reine Ziffernvergleiche durchzuführen, so sollte man stets die lexikographischen Standardfunktionen verwenden, um portable Programme zu erzeugen.

Als weitere Standardfunktionen zur Textverarbeitung stehen zur Verfügung:

INDEX (ca_1, ca_2) dient dazu festzustellen, ob der Ausdruck ca_2 im Ausdruck ca_1 enthalten ist. Ist dies der Fall, so erhält man als Funktionswert die 1. Startposition der Teilkette ca_2 innerhalb von ca_1, andernfalls den Wert Null.

Beispiele:

a)
```
INDEX ('ERDBEERE', 'ER') hat den Wert 1,
INDEX ('BULETTE', 'FLEISCH') hat den Wert 0,
INDEX ('APRESSKI', 'RE') hat den Wert 3.
```

b)
```
CHARACTER*80 ZEILE
READ (*, '(A)') ZEILE
IF (INDEX(ZEILE,' OTTO ').GT.0) THEN
   PRINT*, 'DIE ZEILE ENHAELT DEN NAMEN OTTO'
END IF
```

LEN (ca) liefert als Wert die Länge des CHARACTER-Ausdrucks ca. Die Funktion wird vorrangig verwendet, wenn CHARACTER-Ausdrücke variabler Länge an Unterprogramme übergeben werden und ihre Länge benötigt wird (7.3.5).

Beispiel: LEN ('HALLO') hat den Wert 5.
LEN (ZEILE) mit der Variablen ZEILE aus dem obigen Beispiel b) hat immer den Wert 80.

7.3.5 CHARACTER-Funktionen und die Übergabe von CHARACTER-Größen an Unterprogramme

Externe Funktionen vom Typ CHARACTER lassen sich mit einer festen Anzahl oder einer variablen Anzahl von Zeichenpositionen vereinbaren.

Beispiele:

```
a) CHARACTER*10  FUNCTION TAG(N)
b) CHARACTER*(*) FUNCTION TAG(N)
```

Während der Funktionsname TAG im Beispiel a) stets 10 Zeichen aufnimmt, hängt die Anzahl der aufzunehmenden Zeichen im Fall b) davon ab, mit wie vielen Zeichen der Funktionsname in der rufenden Programmeinheit vereinbart wurde.

<u>Beispiel</u>:

```
      CHARACTER*(*) FUNCTION STIFT(N)
*
*     Die Funktion liefert zu einer ganzen Zahl
*     N (=1,2,3,4) die Farbe des zugehörigen Stiftes
*
      INTEGER N
*-----------------------------------------------------
      IF (N .EQ. 1) THEN
          STIFT = 'SCHWARZ'
      ELSE IF (N .EQ. 2) THEN
          STIFT = 'ROT'
      ELSE IF (N .EQ. 3) THEN
          STIFT = 'BLAU'
      ELSE IF (N .EQ. 4) THEN
          STIFT = 'GRUEN'
      ELSE
          PRINT*, 'UNZULAESSIGE STIFTNUMMER AN FUNCTION ',
     A            'STIFT UEBERGEBEN'
      END IF
      END
```

Dem Funktionsnamen STIFT werden genau so viele Zeichen zugeordnet, wie in der Vereinbarungsanweisung in der rufenden Programmeinheit angegeben sind. Z.B. bewirkt

```
      CHARACTER*4 STIFT
      PRINT*, 'FARBE : ', STIFT(1)
```

die Ausgabe von

```
      FARBE : SCHW
```

Da im Kapitel 6 (Unterprogramme und Funktionen) der Datentyp CHARACTER noch nicht hinreichend bekannt war, sollen an dieser Stelle die Besonderheiten bei der <u>Übergabe von CHARACTER-Parametern an Unterprogramme</u> erläutert werden:

a) Ist der Formalparameter ein CHARACTER-Variablenname, so kann der zugehörige Aktualparameter sein:

- eine CHARACTER-Konstante (nur bei Eingabeparametern)
- eine CHARACTER-Variable
- ein CHARACTER-Feldelement
- eine Teilkette
- ein CHARACTER-Funktionsaufruf (nur bei Eingabeparametern)
- ein zusammengesetzter CHARACTER-Ausdruck (nur bei Eingabeparametern)

b) Die Länge des Formalparameters darf nicht größer als die des Aktualparameters sein.

Beispiel: Gegeben seien die Programmeinheiten

```
PROGRAM HAUPT                  SUBROUTINE SUB (X,Y)
CHARACTER A*3, B*5, C*6        CHARACTER*5 X,Y
...                            ...
END                            END
```

Dann ist der Aufruf

```
CALL SUB (A,B)
```

unzulässig, da der formale Parameter X länger als der aktuelle Parameter A ist. Zulässig ist dagegen der Aufruf

```
CALL SUB (A//B,C)
```

sofern der Parameter X nur als Eingabeparameter fungiert.

c) Ist die Länge des Formalparameters kürzer als die des Aktualparameters, so werden analog zur CHARACTER-Wertzuweisung die am weitesten links stehenden Zeichen übertragen.

d) Ist die Längenangabe des formalem Parameters ein Stern (*) , so paßt sich die Länge des formalen Parameters automatisch der des aktuellen Parameters an.

Beispiel:

```
      LOGICAL FUNCTION PALIND(A)

*
*     Die Funktion untersucht, ob eine Zeichenkette A ein
*     Palindrom ist, d.h. bei vor- und rückwärts lesen
*     gleich lautet (z.B. ANNA).
*
*     PALIND = .TRUE.  falls A ein Palindrom ist
*     PALIND = .FALSE. sonst
*
      CHARACTER*(*) A
*-----------------------------------------------------------
      INTEGER I
      PALIND = .TRUE.
      DO 100 I=1, LEN(A)/2
         IF (A(I:I) .NE. A((LEN(A)+1-I):(LEN(A)+1-I))) THEN
            PALIND = .FALSE.
            GOTO 110
         END IF
  100 CONTINUE
  110 END
```

7.3.6 Interne Dateien

Bei vielen Problemstellungen benötigt man eine Umwandlung von CHARACTER-Werten in Nicht-CHARACTER-Werte und umgekehrt.

Beispiele:

a) Der Wert eines arithmetischen Ausdrucks soll einer CHARACTER-Variablen zugewiesen werden (dies geht bekanntlich nicht über eine CHARACTER-Wertzuweisung!)

b) Die innerhalb einer Teilkette stehenden Ziffern sollen als eine ganze Zahl in einem arithmetischen Ausdruck verwendet werden.

Eine Konvertierung der oben gewünschten Art erzielt man, indem die zugrunde liegenden CHARACTER-Größen als interne Dateien (internal files) eingesetzt werden. Im Anwendungsfall bedeutet dies, daß eine entsprechende CHARACTER-Größe anstelle der sonst üblichen Dateinummer in einer READ-bzw. WRITE-Anweisung angegeben wird:

```
READ (v, f) [(ealiste)]
WRITE (v, f) [(ealiste)]
```

Dabei sind v eine Variable, ein Feldelement, eine Teilkette oder ein

Feld vom Typ CHARACTER und f eine zu den in der ealiste enthaltenen Größen passende Formatangabe.

Beispiel:

```
CHARACTER*8 DATUM
INTEGER TAG, MONAT, JAHR
DATUM = '31.12.83'
READ (DATUM,'(I2,TR1,I2,TR1,I2)')  TAG, MONAT, JAHR
JAHR = JAHR+1
WRITE(DATUM(7:8),'(I2)') JAHR
```

Die READ-Anweisung hat die Wirkung einer Eingabeanweisung von einer Datei, die den Datensatz 31.12.83 enthält:
Die Variable TAG erhält den Wert 31, die Variable MONAT erhält den Wert 12 und JAHR den Wert 83.
Die WRITE-Anweisung hat den Effekt einer CHARACTER-Wertzuweisung, d.h. die Variable DATUM erhält den Wert '31.12.84'.

Eine Variable, ein Feldelement und eine Teilkette werden jeweils wie eine Datei mit einem Datensatz behandelt, wenn sie als interne Dateien benutzt werden. Ein als interne Datei verwendetes Feld besteht aus n Datensätzen, wobei n die Anzahl der Feldelemente ist. Vor jedem Datentransfer ist eine interne Datei (im Unterschied zu externen Dateien) stets auf dem Dateianfang positioniert.

Restriktionen:

a) Listengesteuerte E/A-Anweisungen sind im Zuammenhang mit internen Dateien nicht gestattet.
b) Das Eröffnen (mit der OPEN-Anweisung), Abschließen und Abfragen einer internen Datei ist ebensowenig zulässig wie die Verwendung von Dateipositionierungsanweisungen (Kapitel 8).

Während die E/A-Anweisungen auf externe Dateien relativ langsam sind (die zu transferierenden Informationen stehen auf einer Magnetplatte und müssen in den Arbeitsspeicher transportiert werden), haben E/A-Anweisungen für interne Dateien eine kurze Ausführungszeit, da hier ein Datentransfer innerhalb des Arbeitsspeichers durchgeführt wird.

Beliebte Anwendungen interner Dateien sind z.B. variable Formatierungen (Kapitel 8) und das im folgendem Beispiel erläuterte Abfangen fehlerhafter Benutzereingaben.

Beispiel:

Um ein Programm gegenüber Benutzereingaben "robust" zu machen, d.h. um zu vermeiden, daß fehlerhafte Benutzereingaben zu einem Programmabbruch führen, ist es zweckmäßig, die eingegebene Information in eine CHARACTER-Variable einzulesen und anschließend zu analysieren.

```
      PROGRAM STEUER

      CHARACTER*10 EINGAB
      LOGICAL GZAHL
      INTEGER BLOHN, NLOHN
*     BLOHN=BRUTTOLOHN, NLOHN=NETTOLOHN
      ...
      PRINT*, 'GEBEN SIE IHREN BRUTTOARBEITSLOHN AN ',
     A         '(VOLLER DM-BETRAG)'
100   CONTINUE
      READ(*,'(A)',END=900) EINGAB
      IF (GZAHL(EINGAB)) THEN
          READ(EINGAB,'(I10)') BLOHN
      ELSE
          PRINT*,'DER BRUTTOARBEITSLOHN MUSS ALS VOLLER(!)',
     A            ' DM-BETRAG ANGEGEBEN WERDEN'
          GOTO 100
      END IF
      ...


      LOGICAL FUNCTION GZAHL (ZEILE)
*
*     Die Funktion testet, ob die in der CHARACTER-Variablen
*     ZEILE enthaltenen Zeichen eine ganze Zahl ergeben.
*
*     GZAHL = .TRUE., falls ZEILE eine ganze Zahl ist
*     GZAHL = .FALSE., falls ZEILE keine ganze Zahl ist.
*
      CHARACTER*(*) ZEILE
*-------------------------------------------------------
      INTEGER I, L
      CHARACTER*1 ZEICHN
      L=LEN(ZEILE)
      GZAHL = .TRUE.
      DO 100 I=1,L
         ZEICHN=ZEILE (I:I)
         IF (ZEICHN .NE. ' ') THEN
            IF(LLT(ZEICHN,'0') .OR. LGT(ZEICHN,'9')) THEN
               GZAHL = .FALSE.
               GOTO 200
            END IF
         END IF
100   CONTINUE
200   END
```

7.4 Mehrdimensionale Felder

Die im Abschnitt 5.3.2 kennengelernte Verarbeitung eindimensionaler Felder kann ohne große Mühe auf mehrdimensionale Felder erweitert werden.
Dadurch ist es z.B. möglich, mathematische Lösungsalgorithmen, die sich in Matrizenschreibweise formulieren lassen, kompakt und übersichtlich in FORTRAN-Programmen wiederzugeben.

7.4.1 Die Vereinbarung von Feldern

Unter einem Feld (array) versteht man eine nichtleere Menge von Variablen gleichen Typs, die unter einem gemeinsamen Namen, dem Feldnamen, ansprechbar sind. Die einzelnen Variablen heißen Feldelemente oder indizierte Variablen.

Alle innerhalb einer Programmeinheit verwendeten Felder müssen im Spezifikationsteil vereinbart werden. Dabei werden der Feldname fname und seine Indexbereiche d in der Form

fname (d[,d]...)

angegeben. Jeder Indexbereich d hat die Gestalt

[u:]o

wobei u die untere und o (≥u) die obere Indexgrenze ist. Wird u nicht angegeben, so wird als Untergrenze 1 angenommen. Maximal 7 Dimensionen (Indexbereiche) darf ein Feld besitzen.

Felder können durch die expliziten Typanweisungen INTEGER, REAL, DOUBLE PRECISION, COMPLEX, LOGICAL und CHARACTER [*len] vereinbart werden. Dabei sind die Indexgrenzen aller Felder, die nicht formale Parameter sind, in Form von INTEGER-Konstanten-Ausdrücken anzugeben.

Beispiel:
```
COMPLEX C(10,20)
REAL KOEFF(0:10), MAT(0:10, 0:10, 0:10)
CHARACTER*80 ZEILE(60), HILFSZ
```

Diese Anweisungen vereinbaren:

- das zweidimensionale COMPLEX-Feld C(1:10,1:20)
- das eindimensionale REAL-Feld KOEFF(0:10)
- das dreidimensionale REAL-Feld MAT(0:10, 0:10, 0:10)
- das eindimensionale CHARACTER-Feld ZEILE(1:60)
  (Für jedes Feldelement werden 80 Zeichenpositionen reserviert)
- die 80 Zeichen lange CHARACTER-Variable HILFSZ

Empfehlung:
Geben Sie die Feldgrenzen (nicht-formaler Felder) stets in Form von benannten Konstanten an. Dies erhöht die Übersichtlichkeit des Programms und hat den Vorteil, daß eine Feldgrenzenänderung nur an einer einzigen Stelle im Programm vorgenommen werden muß.

Beispiel:

```
*      --Konstanten (Feldgrenzen)
       INTEGER CMAX1, CMAX2, U, O, SPALTN, ZEILEN
       PARAMETER (CMAX1=10, CMAX2=20,
     A                U=0,      O=10,
     B           SPALTN=80, ZEILEN=60)
*      --Variablen und Felder
       COMPLEX C(CMAX1, CMAX2)
       REAL KOEFF (U:O), MAT (U:O, U:O, U:O)
       CHARACTER*(SPALTN) ZEILE(ZEILEN), HILFSZ
```

Als Indexgrenzen formaler Felder sind ganzzahlige Ausdrücke mit Variablen und Konstanten als Operanden erlaubt.
Dadurch ist eine variable Dimensionierung (siehe 7.5) möglich.

Beispiel:

```
SUBROUTINE MATADD (A, B, C, N)
INTEGER N
DOUBLE PRECISION A(N,N), B(N,N), C(N,N)
```

Bei formalen Feldern, die eine variable Elementzahl besitzen sollen, wird für die letzte obere Grenze ein Stern angegeben (siehe ebenfalls 7.5).

Beispiel:

```
REAL FUNCTION F(A,X,N)
INTEGER N, A(0:*),X(N,*)
```

7.4.2 Die Verwendung von Feldern und Feldelementen

Innerhalb eines Programms können die Feldelemente wie gewöhnliche Variablen verwendet werden.

Der Zugriff auf ein Feldelement erfolgt über den Feldnamen und eine in Klammern stehende Indexliste. Als Indizes sind nur ganzzahlige Ausdrücke gestattet. Die Anzahl der Indizes muß mit der Anzahl der Felddimensionen übereinstimmen, ihre Werte müssen innerhalb der jeweiligen Indexgrenzen liegen.

Beispiel:

```
INTEGER ZEILEN,SPALTN
PARAMETER (ZEILEN=20, SPALTN=10)
REAL A(ZEILEN,SPALTN), X(ZEILEN)
```

Erlaubte Anweisungen sind z.B.:

```
    DO 100 I=1,SPALTN
       A(I,I) =2.**I
100 CONTINUE
    A(20,8)=EXP(X(7)+X(8))
    X(9)=-A(9,9)
```

Nicht gestattet sind die Anweisungen:

```
X(1,1)   = 2.9
A(11,11) = X(6)
X(0)     = -3.7
```

da die auf der linken Seite stehenden Elemente nicht vereinbart sind.

Soll das komplette Feld angesprochen werden, so ist nur der Feldname anzugeben.

Beispiel:

```
REAL A(10,10),X(10)
READ*, A
PRINT*,X
```

Die Verwendung von Feldnamen ohne Indexangaben ist in Wertzuweisungen nicht möglich.

7.4.3 Die Speicherung von Feldern

Wird in einer ausführbaren Anweisung der Feldname ohne Indexangaben spezifiziert, so werden die Feldelemente in der Reihenfolge verarbeitet, in der sie gespeichert sind. Es ist daher (leider!) notwendig zu wissen, wie Felder intern gespeichert werden.

Alle Elemente eines Feldes werden in aufeinanderfolgenden Speichereinheiten abgelegt.

Bei eindimensionalen Feldern erfolgt die Speicherung in aufsteigender Indexreihenfolge.

Beispiel: REAL X(3)

Speicherreihenfolge:
```
X(1)
X(2)
X(3)
```

Bei mehrdimensionalen Feldern erfolgt die Speicherung spaltenweise, d.h. der erste Indexwert variiert am schnellsten und der letzte am langsamsten.

Beispiel: REAL A(0:1,2,-1:1)

Speicherreihenfolge:
```
A(0,1,-1)
A(1,1,-1)
A(0,2,-1)
A(1,2,-1)
A(0,1,0)
A(1,1,0)
A(0,2,0)
A(1,2,0)
A(0,1,1)
A(1,1,1)
A(0,2,1)
A(1,2,1)
```

7.4.4 Die Ein- und Ausgabe mehrdimensionaler Felder

Die im Abschnitt 5.3.2 erläuterte Ein- und Ausgabe von Vektoren kann ohne Schwierigkeiten auf mehrdimensionale Felder erweitert werden.

Die dabei zu berücksichtigenden Besonderheiten werden im folgenden exemplarisch an Hand einer zweidimensionalen Matrix A aufgezeigt. Diese sei vereinbart durch:

```
      INTEGER N,M
      PARAMETER (N=2, M=3)
      REAL A(N,M)
```

a) E/A mittels geschachtelter DO-Schleifen

```
      DO 100 I=1,N
         DO 100 K=1,M
            READ*, A(I,K)
  100 CONTINUE
```

Von jedem Eingabesatz (jeder Datenkarte) wird genau eine Zahl eingelesen und den Matrixelementen in der Reihenfolge:

A(1,1), A(1,2), A(1,3), A(2,1), A(2,2), A(2,3)

zugeordnet. Stehen in einem Eingabesatz mehrere Zahlen, so werden die zweite und alle nachfolgenden überlesen. Vertauscht man die ersten beiden Anweisungen, so ändert sich die Eingabereihenfolge zu:

A(1,1), A(2,1), A(1,2), A(2,2), A(1,3), A(2,3)

b) Feldname in der E/A-Liste

Wird in der Ein- oder Ausgabeliste nur der Feldname aufgeführt, (z.B. READ*,A) so wird das gesamte Feld gemäß der Speicherreihenfolge, also spaltenweise, ein- oder ausgegeben.
Dies setzt für die Eingabe natürlich voraus, daß die Daten ebenfalls spaltenweise sortiert vorliegen. Es ist jedoch nicht notwendig, daß jede Matrixspalte mit einem neuen Datensatz beginnt.

c) Zeilenweise E/A mittels impliziter DO-Listen

Stehen die Eingabedaten zeilenweise sortiert zur Verfügung - dies entspricht dem Normalfall - so ist eine kompakte Eingabe nur mit Hilfe von impliziten DO-Schleifen möglich.

```
READ*,((A(I,K), K=1,M), I=1,N)
```

Die Eingabedaten müssen zeilenweise vorliegen. Dabei ist es nicht notwendig, daß jede Zeile auch mit einem neuen Datensatz beginnt.

Die zeilenweise Ausgabe einer Matrix realisiert man durch eine DO-Schleife in Verbindung mit einer impliziten DO-Liste. Pro Schleifendurchlauf wird eine Zeile ausgegeben:

```
    DO 100 I=1,N
       PRINT*, (X(I,K), K=1,M)
100 CONTINUE
```

Ersetzt man das Schlüsselwort PRINT durch READ, so wird pro Schleife eine Zeile eingelesen. In diesem Fall muß jede Zeile mit einem neuen Datensatz beginnen, da sonst Zahlen überlesen werden.

Beispiel:

```
      PROGRAM MATADD
C
C     Addition von 2 (N,M)-Matrizen A und B.
C     N und M können maximal den Wert 10 annehmen.
C
C     Eingabedatei 'MATEIN' enthält:
C          1. Satz  :    N,M
C          2. Satz  :    1. Zeile von A
C                   ...
C     (N+1).Satz    :    letzte Zeile von A
C     (N+2).Satz    :    1. Zeile von B
C                   ...
C     Ausgabedatei 'MATAUS' enthält:
C
C          1. Satz  :    N,M
C          2. Satz  :    1. Zeile von C=A+B
C                   ...
*-------------------------------------------------------------------
*     --Konstanten (Feldgrenzen)
      INTEGER NMAX, MMAX
      PARAMETER (NMAX=10, MMAX=10)
*     --Variablen und Felder
      INTEGER I,K,N,M
      REAL A(NMAX,MMAX), B(NMAX,MMAX), C(NMAX,MMAX)
      LOGICAL ZULAES
*-------------------------------------------------------------------
      OPEN(10, FILE='MATEIN')
      OPEN(20, FILE='MATAUS')
*     --Einlesen der Matrizen
      READ (10,*) N,M
      ZULAES=(N.GT.0).AND.(N.LE.NMAX).AND.(M.GT.0).AND.(M.LE.MMAX)
      IF (ZULAES) THEN
          DO 100 I=1,N
             READ (10,*) (A(I,K),K=1,M)
 100      CONTINUE
          DO 110 I=1,N
             READ (10,*) (B(I,K),K=1,M)
 110      CONTINUE
*         --Matrizenaddition
          DO 120 I=1,N
             DO 120 K=1,M
                C(I,K)=A(I,K)+B(I,K)
 120      CONTINUE
*         --formatierte Ausgabe
          WRITE (20,'(2I5)') N,M
          DO 130 I=1,N
             WRITE (20, '(10F12.5)') (C(I,K),K=1,M)
 130      CONTINUE
      ELSE
         PRINT*,'N UND M MUESSEN ZWISCHEN 1 UND', NMAX,' BZW.',
     A          'MMAX, ' LIEGEN.'
      END IF
      END
```

Bemerkungen:

a) Das Programm ist für die Addition beliebiger (N,M)-Matrizen mit N und M kleiner oder gleich 10 anwendbar. Dies wird erreicht, indem (10,10)-Matrizen vereinbart und die aktuellen Werte von N und M eingelesen werden.
b) Die Ergebnismatrix wird zeilenweise und formatiert ausgegeben. In der formatierten WRITE-Anweisung wurde die Formatangabe F12.5 mit dem Wiederholungsfaktor 10 versehen. Enthält die Matrix weniger als 10 Spalten, so haben die überschüssigen Formatangaben keine Auswirkungen.

7.5 Felder als Parameter in Unterprogrammaufrufen

In diesem Abschnitt wird die Übergabe von (mehrdimensionalen) Feldern an Unterprogramme behandelt.

An Hand formaler Felder mit festen Indexgrenzen wird zunächst der Zuordnungsmechanismus für die einzelnen Feldelemente aufgezeigt (7.5.1). Dieser gilt auch für formale Felder mit variablen Indexgrenzen (7.5.2), welche die Erstellung von allgemein verwendbaren Unterprogrammen mit Feldern beliebiger Größe gestatten.

7.5.1 Feste Indexgrenzen

Ist der formale Parameter ein Feld, so darf als zugehöriger Aktualparameter ein Feld, ein Feldelement oder eine Feldelement-Teilkette angegeben werden. Dabei ist es nicht notwendig, daß die Indexbereiche und die Anzahl der Dimensionen des formalen und aktuellen Feldes übereinstimmen.

Die Zuordnung zwischen den Elementen des aktuellen und des formalen Feldes ist durch die Speicherreihenfolge festgelegt. Für Nicht-CHARACTER-Felder gilt:

a) **Ist der aktuelle Parameter ein Feld**, so wird dem 1. Element des formalen Feldes das 1. Element des aktuellen Feldes zugeordnet, dem 2. Element des formalen Feldes das 2. Element des aktuellen Feldes usw.

b) **Ist der aktuelle Parameter ein Feldelement**, so wird dieses dem 1. Element des formalen Feldes zugeordnet, das nachfolgende Feldelement wird dem 2. Element des formalen Feldes zugeordnet usw.

Um zu vermeiden, daß bei der Verwendung formaler Feldelemente auf Werte zugegriffen wird, die nicht zum aktuellen Feld gehören, ist darauf zu achten, daß das formale Feld nicht größer als das aktuelle Feld (a) bzw. nicht größer als das aktuelle Restfeld (b) ist.

Beispiel:

Das FUNCTION-Unterprogramm SYMM3 untersucht, ob eine 3x3-Matrix symmetrisch ist oder nicht.

```
      LOGICAL FUNCTION SYMM3(A)
*
*  Funktion: Symmetrietest einer rellen 3x3-Matrix A
*
*  Eingabeparameter: 3x3-Matrix A
*
*  Ergebnis: SYMM3 = .TRUE.  falls A symmetrisch ist
*            SYMM3 = .FALSE. sonst
*
      REAL A(3,3)
*-------------------------------------------------------------------
      INTEGER I,K
      SYMM3 = .TRUE.
*     --Test aller Nichtdiagonal-Elemente
      DO 100 I=2,3
         DO 100 K=1, I-1
            IF (A(I,K) .NE. A(K,I)) THEN
               SYMM3 = .FALSE.
               GOTO 300
            END IF
  100 CONTINUE
  300 END
```

Das Hauptprogramm enthalte die folgenden Anweisungen

```
      REAL X(3,3), Y(3,4), Z(9), W(2,3)
      LOGICAL SYMM3
      ...
```

Die Funktionsaufrufe SYMM3(X), SYMM3(Y(1,2)), SYMM3(Z) bewirken dann die folgenden Zuordnungen:

X(1,1)	X(2,1)	X(3,1)	X(1,2)	...	X(3,3)
A(1,1)	A(2,1)	A(3,1)	A(1,2)	...	A(3,3)

Y(1,2)	Y(2,2)	Y(3,2)	Y(1,3)	...	Y(3,4)
A(1,1)	A(2,1)	A(3,1)	A(1,2)	...	A(3,3)

Z(1)	Z(2)	Z(3)	Z(4)	...	Z(9)
A(1,1)	A(2,1)	A(3,1)	A(1,2)	...	A(3,3)

Die beiden Aufrufe SYMM3(X) und SYMM3(X(1,1)) haben die gleiche Wirkung.

Nicht erlaubt sind die Aufrufe SYMM3(W) und SYMM3(Y(1,3)), da das aktuelle (Rest-)Feld jeweils kleiner als das formale Feld ist.

Bei CHARACTER-Feldern wird das 1. Zeichen des aktuellen Parameters dem 1. Zeichen des formalen Feldes zugeordnet. Die Zuordnung der nachfolgenden Zeichenpositionen wird durch die Speicherreihenfolge festgelegt. Auch hierbei darf die Anzahl der formalen Zeichenpositionen nicht größer als die der aktuellen Zeichenpositionen sein.

Beispiel:

```
CHARACTER X(2)*3, Y(3)*2
...
CALL SUB(X)
CALL SUB(Y(2)(1:1))
...

SUBROUTINE SUB(A)
CHARACTER*1 A(4)
...
```

Zuordnungen:

X(1)(1:1)	X(1)(2:2)	X(1)(3:3)	X(2)(1:1)
A(1)	A(2)	A(3)	A(4)

Y(2)(1:1)	Y(2)(2:2)	Y(3)(1:1)	Y(3)(2:2)
A(1)	(A2)	A(3)	A(4)

Wie man sieht, ist die Zuordnung von Feldern mit unterschiedlich vielen Dimensionen bzw. mit unterschiedlichen Feldelement-Längen recht unübersichtlich und sollte daher unbedingt vermieden werden.

7.5.2 Variable Indexgrenzen

In der Praxis benötigt man i.a. Unterprogramme, die Felder unterschiedlicher Größe als Aktualparameter akzeptieren.

Beispiel:

```
          REAL FUNCTION NORM (X,N)
*
*  Funktion: Berechnung der euklidschen Norm
*            des Vektors X
*
*  Eingabe:   X Vektor (reellwertig)
*             N Anzahl der Komponenten von X
*
      INTEGER N
      REAL X(N)
*
*  Ergebnis:  NORM = SQRT(X(1)*X(1)+...+X(N)*X(N))
*
*-------------------------------------------------------------------
      INTEGER I
      REAL QSUMME
      QSUMME=0.
      DO 100 I=1,N
         QSUMME=QSUMME+X(I)*X(I)
  100 CONTINUE
      NORM=SQRT(QSUMME)
      END
```

Bei mehrdimensionalen Feldern reicht es i.a. nicht aus, nur die variablen Feldgrenzen zu übergeben. Dies zeigt das folgende

Beispiel:

```
          PROGRAM SYMERR
*
*     Beispiel für eine fehlerhafte (!) Feldübergabe
*
      PARAMETER(NMAX=10)
      REAL X(NMAX,NMAX)
      LOGICAL SYMMNX
      INTEGER NX
*     --Eingabe der aktuellen Indexgrenze
      READ*, NX
*     --Einlesen der aktuellen Matrix (zeilenweise)
      READ*, ((X(I,K), K=1,NX), I=1,NX)
      IF (SYMMNX(X,NX)) THEN
         PRINT*,'X IST SYMMETRISCH'
      ELSE
         PRINT*,'X IST NICHT SYMMETRISCH'
      END IF
      END
```

```
      LOGICAL FUNCTION SYMMNX (A,N)
*
*     Test einer Matrix auf Symmetrie
*
      INTEGER N
      REAL A(N,N)
      SYMMNX = .TRUE.
      DO 100 I=2,N
         DO 100 K=1,I-1
            IF (A(I,K) .NE. A(K,I)) THEN
               SYMMNX = .FALSE.
               GOTO 200
            END IF
100   CONTINUE
200   END
```

Der gewünschte Symmetrietest wird nur im Sonderfall NX=NMAX=10 korrekt durchgeführt.
Da mehrdimensionale Felder spaltenweise (!) gespeichert werden, erhält man für NX$<$10 keine korrekte Zuordnung.

Für NX=2 gilt z.B.:

X(1,1)	X(2,1)	X(3,1)	X(4,1)
A(1,1)	A(2,1)	A(1,2)	A(2,2)

<u>Merke</u>: Bei der Übergabe von Feldern mit variablen Indexbereichen sind sowohl die <u>definierten</u> als auch die <u>aktuellen</u> Feldgrenzen als Parameter zu übergeben!

Dadurch wird das im vorangegangenen Beispiel beschriebene Zuordnungsproblem vermieden:

```
      PROGRAM SYMMOK
*
*     Beispiel für die korrekte Übergabe mehrdimensionaler Felder
*
*-----------------------------------------------------------------
*     --Konstanten (Feldgrenze)
      INTEGER NMAX
      PARAMETER (NMAX=10)
*     --Variablen
      INTEGER I,K,NX
*     --Felder
      REAL X(NMAX,NMAX)
*     --Funktionen (Symmetrietest)
      LOGICAL SYMM
*-----------------------------------------------------------------
```

```
*     --Eingabe der aktuellen Feldgrenzen
      READ*, NX
      IF (NX.GT.NMAX) THEN
         PRINT*, 'DIE MATRIX DARF NICHT MEHR ALS',NMAX,'*',NMAX,
     1           'ELEMENTE HABEN!'
      ELSE
         READ*, ((X(I,K),I=1,NX), K=1,NX)
         IF (SYMM(X,NMAX,NX)) THEN
            PRINT*, 'X IST SYMMETRISCH'
         ELSE
            PRINT*, 'X IST NICHT SYMMETRISCH'
         END IF
      END IF
      END

      LOGICAL FUNCTION SYMM (A,NN,N)
*
*     Funktion: Symmetrietest einer reellen Matrix A
*
*     Eingabeparameter: A   reellwertige Matrix
*                       NN  definierte Feldgrenze
*                       N   aktuelle Feldgrenze
*
*     Ergebnis: SYMM = .TRUE.  falls A symmetrisch ist
*               SYMM = .FALSE. sonst.
*
      INTEGER NN,N
      REAL A(NN,NN)
*------------------------------------------------------------------
      INTEGER I,K
      SYMM = .TRUE.
      DO 100 I=2,N
         DO 100 K=1,I-1
            IF (A(I,K) .NE. A(K,I)) THEN
               SYMM = .FALSE.
               GOTO 200
            END IF
  100 CONTINUE
  200 END
```

Insbesondere beim Einsatz fertiger Bibliotheksroutinen (NAG, IMSL usw.) mit variabel großen Feldern ist auf die richtige Übergabe von definierten und aktuellen Feldgrenzen zu achten. Einige dieser Routinen benötigen darüber hinaus noch Hilfsfelder, deren Größe von der Größe der übergebenen Felder abhängt.
Auch diese Hilfsfelder müssen in der rufenden Programmeinheit vereinbart sein.

Neben den Feldern mit veränderbaren Indexgrenzen (adjustable size arrays) kann man in Unterprogrammen noch Felder mit übernommener Größe (assumed size arrays) vereinbaren. Die obere Indexgrenze der letzten Dimension wird in diesem Fall durch einen Stern festgelegt. Diese Obergrenze und, damit verbunden, die Gesamtanzahl der Feldelemente des formalen Feldes sind von der Größe des zugehörigen aktuellen Feldes abhängig.

Bei Nicht-CHARACTER-Feldern gilt:

a) Ist der Aktualparameter ein Feldname, so nimmt das formale Feld die Größe des aktuellen Feldes an.
b) Ist der Aktualparameter ein Feldelement, so besitzt das formale Feld n-p+1 Elemente (n Anzahl der Feldelemente des aktuellen Feldes, p Position des übergebenen Feldelementes), d.h. es stimmt mit dem Restfeld überein.

Beispiel:

```
INTEGER N,M
PARAMETER (N=10,M=5)
REAL A(N,M), B(M), C(N)
...
CALL SUB (A,B,N)
CALL SUB (A,C,N)
```

```
SUBROUTINE SUB(X,Y,N)
REAL X(N,*) Y(*)
...
```

Beim ersten Aufruf werden im Unterprogramm die Felder X(10,5) und Y(5) vereinbart, beim 2. Aufruf die Felder X(10,5) und Y(10).

Entsprechend nimmt ein formales CHARACTER-Feld mit übernommener Länge die Länge des aktuellen Feldes bzw. die durch die Stellung des angegebenen Feldelements bestimmte Länge des Restfeldes an.

Felder mit übernommener Länge werden in der Praxis nur sehr selten eingesetzt, da die letzte obere Indexgrenze und auch die Gesamtzahl der Feldelemente im Unterprogramm nicht zur Verfügung stehen, sofern sie nicht durch zusätzliche Parameter übergeben werden. Eine Hauptanwendung ist die Ersetzung von Feldern der Länge 1 durch Felder mit übernommener Länge bei der Umstellung von FORTRAN IV-Programmen auf FORTRAN 77.

Restriktionen:

Da die Anzahl der Feldelemente nicht festgelegt ist, dürfen Felder mit übernommener Länge weder als interne Dateien noch als Formatbezeichner verwendet werden und auch nicht als E/A-Listenelemente vorkommen.

7.6 Vorbesetzungen mit der DATA-Anweisung

Bisher hatten alle verwendeten Variablen, Feldelemente und Teilketten zu Beginn der Programmausführung undefinierte Werte. Erst während der Laufzeit des Programms erhielten sie über Wertzuweisungen, Eingabeanweisungen oder Unterprogrammaufrufe einen definierten Status. Mit Hilfe der DATA-Anweisung können Variablen, Felder, Feldelemente und Teilketten mit Anfangswerten (initial values) vorbesetzt werden. Mit diesen Anfangswerten wird die Programmausführung begonnen.

Die DATA-Anweisung ist eine nicht ausführbare Anweisung, die in einer Programmeinheit hinter den Spezifikationsanweisungen steht. Sie hat die allgemeine Form:

DATA *nliste* / *cliste* / [[,] *nliste*/ *cliste*/]...

Eine Namensliste *nliste* kann folgende Elemente enthalten:

Variablennamen
Feldnamen
Feldelementennamen
Teilkettennamen
implizite DO-Listen

Formale Parameter und Funktionsnamen dürfen nicht durch DATA-Anweisungen vorbesetzt werden. Eine Variable, ein Feldelement oder eine Teilkette darf nur einmal im Programm vorbesetzt werden.

Hinter jeder Namensliste steht, durch Schrägstriche eingeschlossen, die dazugehörige Konstantenliste *cliste* . Dise enthält Elemente der Form

c und r*c

wobei c eine benannte oder unbenannte Konstante ist und r einen Wiederholungsfaktor (vorzeichenlose INTEGER-Konstante oder entsprechende benannte Konstante) darstellt.

Beispiel: DATA A, B, C / 1., 2., 0./

Zu Beginn der Programmausführung existieren die Zuordnungen

A = 1., B = 2. und C = 0.

Jede Namensliste muß mit ihrer zugehörigen Konstantenliste bezüglich der Elementzahl übereinstimmen. Bei der Zuweisung wird die erste Konstante der Konstantenliste dem ersten Element der Namensliste zugeordnet, die zweite Konstante wird dem zweiten Element zugeordnet usw. Enthält die Namensliste den Namen eines Feldes ohne Indexangaben, so muß zu jedem Feldelement eine Konstante existieren. Die Wertzuweisung erfolgt gemäß der Speicherreihenfolge der Feldelemente (Abschnitt 7.4.3).

Beispiel:

```
INTEGER DIM,DIMDIM
PARAMETER (DIM=5, DIMDIM=DIM*DIM)
REAL X(DIM,DIM)
DATA X / DIMDIM*0./
```

Alle Elemente der Matrix X werden mit 0. vorbesetzt.

Bei den Anfangswertzuweisungen sind die folgenden Verträglichkeitsbedingungen zu beachten:

a) Einer arithmetischen Größe darf nur eine arithmetische Konstante zugewiesen werden; falls notwendig, findet eine Typkonvertierung im Sinne der arithmetischen Wertzuweisung (7.2.3) statt.

b) Logische Größen können nur mit logischen Konstanten korrespondieren.

c) Auch CHARACTER-Größen können nur mit CHARACTER-Konstanten vorbesetzt werden. Dabei erfolgt die Zuordnung eines Anfangswertes analog zur CHARACTER-Wertzuweisung, d.h. zu kurze Konstanten werden rechts mit Leerstellen aufgefüllt, und bei zu langen Konstanten werden die am weitesten rechts stehenden Zeichen ignoriert.

<u>Beispiel</u>:

```
      REAL X,Y
      COMPLEX Z1, Z2
      CHARACTER*3 A,B
      DATA X, Y, Z1, Z2 / 3*1., (1.,-1.)/, A,B / 2*'ABCD'/
```

Diese DATA-Anweisung bewirkt die Anfangswertzuweisungen:

```
X = 1.   Z1 = (1.,0.)    A = 'ABC'
Y = 1.   Z2 = (1.,-1)    B = 'ABC'
```

Implizite DO-Listen können in DATA-Anweisungen wie in Ein- und Ausgabenanweisungen verwendet werden.

<u>Beispiel</u>:

```
      PARAMETER (N=10, MN=(N*(N-1)/2))
      REAL A(N,N)
      DATA ((A(I,J), I=1, J-1), J=2,N) / MN*1. /
     1      (A(I,I), I=1,N) / N*0. /
     2     ((A(I,J), I=J+1,N), J=1,N-1) / MN*-1. /
```

Die Elemente der Matrix A werden so vorbesetzt, daß alle Elemente oberhalb der Hauptdiagonalen den Wert 1. und unterhalb der Hauptdiagonalen den Wert -1 besitzen.
Die Hauptdiagonalelemente erhalten den Anfangswert 0.

Wird eine DATA-Anweisung innerhalb eines Unterprogramms verwendet, so gilt:

a) Bei der <u>erstmaligen Ausführung</u> des Unterprogramms sind die angegebenen Größen vorbesetzt.

b) Bei allen <u>nachfolgenden Aufrufen</u> des Unterprogramms haben diese Größen nur dann den festgelegten Anfangswert, sofern ihnen in keinem der vorangegangenen Unterprogrammaufrufe ein neuer Wert zugewiesen wurde.

<u>Beispiel</u>:

```
      CHARACTER*(*) FUNCTION TAG(N)
*
*     Die Funktion liefert zu einer INTEGER-Zahl
*     N(=1,2,3,4,5,6,7) den zugehörigen Wochentag
*
      INTEGER N
*-----------------------------------------------------------------
      CHARACTER*10 T(7)
      DATA T/'MONTAG', 'DIENSTAG', 'MITTWOCH',
     A       'DONNERSTAG', 'FREITAG',
     B       'SAMSTAG', 'SONNTAG'/
      TAG = T(N)
      END
```

Kapitel 8: Ein- und Ausgabe

Nachdem bereits an verschiedenen Stellen in vorangegangenen Abschnitten die wohl wichtigsten Teilbereiche der Ein- und Ausgabe (listengesteuerte Ein- und Ausgabe, formatierte Ausgabe, interne Dateien) erläutert wurden, soll innerhalb dieses Kapitels ein umfassender Überblick über die in FORTRAN vorhandenen Ein- und Ausgabemöglichkeiten geliefert werden.

Zunächst werden die wichtigsten Grundbegriffe erläutert (Abschnitt 8.1). Mit Hilfe der in Abschnitt 8.2 vorgestellten Anweisungen OPEN, CLOSE und INQUIRE werden Dateien eröffnet, geschlossen bzw. Dateieigenschaften abgefragt. Die drei folgenden Abnschnitte geben einen Überblick über alle Datentransferanweisungen und Formatierungsmöglichkeiten. Eine häufige Anwendung interner Dateien, die variable Formatierung, wird im Abschnitt 8.6 beschrieben.
Die für die Positionierung sequentieller Dateien vorhandenen Anweisungen werden im Abschnitt 8.7 vorgestellt.
Die beiden letzten Abschnitte des Kapitels behandeln Dateien mit direktem Zugriff und binäre Dateien.

8.1 Grundbegriffe

8.1.1 Datenübertragungsarten

Mit Hilfe von Eingabeanweisungen können Daten von einem externen Medium (z.B. Magnetplatte, Lochkarten, Floppy Disk oder Magnetband) bzw. von einer internen Datei (siehe 7.3.6) in den Arbeitsspeicher übertragen werden. Ausgabeanweisungen sorgen für die Datenübertragung in umgekehrter Richtung.

Da es für die Darstellung von Daten zwei verschiedene Formen gibt:

die menschenlesbare Form
die maschinenlesbare Form,

unterscheidet man auch zwei Arten des Datentransfers:

a) Bei der formatierten Datenübertragung - nur diese Art haben wir bisher kennen gelernt - werden Daten von der menschenlesbaren Form in die maschineninterne Form umgewandelt und umgekehrt.

Beispiele: Eingabe von Daten über ein Terminal.
Ausgabe von Daten auf einem Drucker.

Der Datenübertragungsprozeß besteht hier aus zwei Teilen, aus einem Konvertierungsschritt und der eigentlichen Datenübertragung. Die Konvertierungsvorschrift wird über einen in der formatierten E/A-Anweisung angegebenen Formatbezeichner festgelegt.

Die listengesteuerte Ein- und Ausgabe ist ein Spezialfall der formatierten Datenübertragung, wobei ein Stern als Formatbezeichner angegeben wird. Die Formatierungsvorschrift ist teilweise rechenanlagenabhängig!

b) Bei der formatfreien (oder unformatierten) Datenübertragung werden die Daten in der Form transportiert, wie sie im Arbeitsspeicher der Rechenanlage vorliegen. Da keine Datenkonvertierung durchgeführt wird, ist diese Art der Datenübertragung wesentlich schneller als die formatierte. Sie wird insbesondere zur Speicherung von umfangreichen Zwischenergebnissen verwendet, die später weiterverarbeitet werden sollen.

Die so dargestellten Daten sind für den Menschen nicht direkt lesbar und können i.a. auch nicht auf andere Rechenanlagen übertragen werden.

8.1.2 Datensätze und Datenfelder

Daten sind i.a. mit einer Struktur versehen.

Ein Datensatz (record) ist eine Folge von Werten oder eine Folge von Zeichen.

Beispiele: Dateninhalt einer Bildschirmzeile
Dateninhalt einer Lochkarte
Dateninhalt einer Druckerzeile

Man unterscheidet in FORTRAN drei Arten von Datensätzen:

a) Ein formatierter Datensatz besteht aus menschenlesbaren Zeichen, die auf der Rechenanlage dargestellt werden können. Eine Teilmenge dieser Zeichen ist der FORTRAN-Zeichensatz.

b) Ein unformatierter Datensatz enthält (numerische und/oder nichtnumerische) Werte in einer maschineninternen Form.

c) Ein Dateiendesatz (endfile record) wird durch eine ENDFILE-Anweisung (siehe 8.6) erzeugt. Ein solcher Datensatz kann nur als letzter Datensatz einer sequentiellen Datei (siehe 8.1.4) vorkommen. Er zeigt an, daß diese Datei keine weiteren Daten mehr enthält.

Innerhalb eines formatierten Satzes ist ein Datenelement (z.B. eine Zahl oder eine Zeichenkette) in einem Datenfeld (dies sind ein oder mehrere aufeinanderfolgende Zeichen) enthalten.
Die Anzahl der Zeichen dieses Feldes bezeichnet man als Feldweite. Sie muß bei der formatierten Datenübertragung (ohne Listensteuerung) stets angegeben werden.

8.1.3 Dateien

Eine Datei ist eine Menge von logisch zusammengehörenden Datensätzen. Enthält eine Datei keinen Datensatz, so spricht man von einer "leeren Datei".

Man unterscheidet in FORTRAN zwischen externen und internen Dateien:

a) Externe Dateien sind Dateien, deren Inhalt außerhalb des Arbeitsspeichers auf einem (externen) Speichermedium, z.B. auf Magnetplatte, liegt. Mit Hilfe von FORTRAN-Programmen können bereits existierende externe Dateien gelesen und geändert und neue externe Dateien erzeugt werden.

b) Interne Dateien (siehe 7.3.6) werden, da sie durch veränderliche CHARACTER-Größen repräsentiert werden, während der Programmausführung im Arbeitsspeicher gehalten. Sie ermöglichen einen sehr schnellen Datentransfer und werden vorrangig zur Umwandlung von Daten und für variable Formatierungen (8.6) eingesetzt. Man beachte, daß vor und nach der Programmausführung keine internen Dateien existieren können.

Eine Datei darf entweder nur formatierte oder nur unformatierte Datensätze enthalten. Man spricht daher auch von formatierten und unformatierten Dateien.
Interne Dateien müssen stets formatiert sein.

8.1.4 Zugriffsmethoden

Das Lesen bzw. Schreiben eines Datensatzes einer Datei wird auch als Zugriff (access) auf diesen Datensatz bezeichnet.
Für externe Dateien existieren in FORTRAN zwei verschiedene Zugriffsmethoden:

sequentieller Zugriff (sequential access)
direkter Zurgriff (direct access)

Bei Dateien mit sequentiellem Zugriff werden die Datensätze in der Reihenfolge gespeichert, in der sie geschrieben werden, also sequentiell:

| Satz 1 | Satz 2 | Satz 3 | ... | Satz n | Dateiende-Satz |

Um einen ganz speziellen Satz zu lesen, müssen stets auch alle vorangegangenen Datensätze gelesen werden. Ein Verändern der Datei ist nur am Dateiende möglich. Hier können durch Ausgabeanweisungen weitere Datensätze angefügt werden. Sollen innerhalb der Datei einzelne Sätze hinzugefügt, verändert oder entfernt werden, so ist eine neue Datei zu erzeugen.

Zu Beginn der Programmausführung ist jede sequentielle Datei auf ihrem Dateianfang positioniert.
Eine interne Datei kann nur sequentiell verarbeitet werden.

In den meisten Fällen kommt man mit sequentiellen Dateien aus. Sollen in möglichst kurzer Zeit ganz bestimmte, nicht direkt aufeinanderfolgende Datensätze verarbeitet werden, so ist es günstig, Dateien mit direktem Zugriff anzulegen. Bei der Erstellung einer solchen Datei wird jedem Satz eine Satznummer (record number) zugeordnet.
Die Datei hat dann etwa folgende Form:

| 1, Satz 1 | 2, Satz 2 | 3, Satz 3 | ... | n, Satz n |

Beim Lesen oder Schreiben eines Datensatzes identifiziert man diesen, indem man die Satznummer angibt.
Der Satz 3 kann z.B. vor dem Satz 1 erstellt oder gelesen werden. Es wird nur vorausgesetzt, daß ein zu lesender Datensatz bereits existiert. Dateien mit direktem Zugriff werden ausführlich im Abschnitt 8.8 behandelt.

Die für eine Datei mögliche Zugriffsmethode wird i.w. durch das Speichermedium bestimmt, auf dem sie sich befindet. Speicher, die nur einen sequentiellen Zugriff gestatten, sind z.B. Lochkartenstapel und Magnetbänder. Floppy Disks, Magnetplatten und Magnettrommeln dagegen gestatten beide Zugriffsarten.
Eine Datei, die sequentiell beschrieben wurde, kann nur wieder sequentiell gelesen werden.
Dagegen kann eine Datei, die als direkte Datei erstellt wurde, direkt und sequentiell gelesen werden; die Reihenfolge der Sätze entspricht dann den Satznummern. Eine gemischt sequentielle und direkte Verarbeitung einer Datei ist allerdings nicht zulässig.

8.1.5 Dateinamen und Dateinummern

Eine externe Datei kann einen <u>Dateinamen</u> (file name) besitzen. Die Menge aller zulässigen Namen und ihr Aufbau hängt von dem vorhandenen Betriebssystem ab. Innerhalb eines FORTRAN-Programms wird eine externe Datei jedoch nicht über ihren Namen, sondern über eine <u>Dateinummer</u> (unit) angesprochen.
Die Zuordnung zwischen Datei und Dateinummer kann außerhalb des Programms oder über eine OPEN-Anweisung (8.2.1) innerhalb des Programms erfolgen.

Standardmäßig stehen jedem FORTRAN-Programm eine sequentielle Eingabedatei und eine sequentielle Ausgabedatei zur Verfügung. Die Standard-Eingabedatei ist in der Regel der Bildschirmtastatur oder dem Kartenleser zugeordnet, die Standard-Ausgabedatei dem Bildschirm oder dem Zeilendrucker.

Interne Dateien werden in Ein- und Ausgabeanweisungen über ihre Dateinamen (Variablen-, Feldelement-, Teilketten- oder Feldnamen vom Typ CHARACTER) angesprochen.

8.1.6 Dateieigenschaften im Überblick

Alle möglichen Eigenschaften von Dateien sind im nachfolgenden Diagramm zusammengestellt. Werden bei der Eröffnung keine besonderen Angaben gemacht, so gelten die unterstrichenen Voreinstellungen:

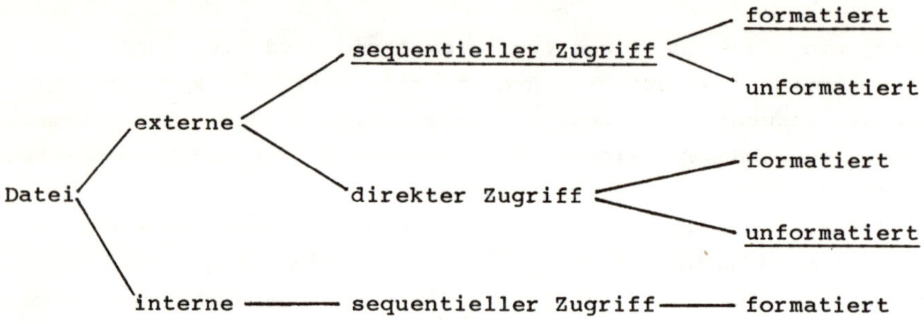

8.2 Eröffnen und Abschließen von Dateien sowie Abfragen von Dateieigenschaften

Die Anweisungen dieses Abschnitts sind nur für externe Dateien zulässig.

8.2.1 Die OPEN-Anweisung

Die im Abschitt 8.1.5 beschriebene Zuordnung zwischen einem Dateinamen und einer Dateinummer kann erreicht werden durch

a) eine Kontrollanweisung des Betriebssystems
b) eine automatische Zuordnung durch das Betriebssystem
c) eine OPEN-Anweisung im FORTRAN-Programm

<u>Beispiel:</u>

a) Im Betriebssystem VM/CMS wird durch das Kommando

```
FILE xx DISK fn ft [fm]
```

der Datei fn ft [fm] die Dateinummer xx zugeordnet.

b) Wurde kein VM/CMS-Betriebssystemkommando zur Zuordnung zwischen einer Datei und eine Dateinummer xx angegeben, und enthält das Programm keine OPEN-Anweisung mit der Dateinummer xx, so wird durch die FORTRAN-Anweisung

    WRITE(xx,...)...

automatisch auf eine (externe) Datei mit dem Namen

    FILE FTxxF001 A

geschrieben.

Die OPEN-Anweisung dient dazu, innerhalb eines Programms

- bereits existierenden externen Dateien Dateinummern zuzuordnen und gleichzeitig Dateieigenschaften festzulegen.
- Eigenschaften von bereits eröffneten Dateien in beschränktem Umfang zu verändern (z.B. die Interpretation von Leerzeichen).
- neue Dateien anzulegen und diese mit Dateinummern auszustatten.

Die OPEN-Anweisung hat die allgemeine Form

OPEN (*oliste*)

wobei die OPEN-Liste *oliste* die folgenden Angaben enthalten kann:

[UNIT=] *u*	Die Dateinummer *u* (ein nicht negativer INTEGER-Ausdruck) wird festgelegt. Das Schlüsselwort UNIT= kann weggelassen werden, wenn *u* als erstes Element in der OPEN-Liste erscheint.
IOSTAT = *ios*	Die INTEGER-Variable *ios* erhält den Wert Null, falls die OPEN-Anweisung fehlerfrei ausgeführt wird, andernfalls eine maschinenabhängige Fehlernummer.
ERR = *n*	Tritt beim Eröffnen einer Datei ein Fehler auf, so wird zur Anweisung mit der Anweisungsnummer *n* verzweigt.
FILE = *fn*	Der CHARACTER-Ausdruck *fn* gibt den Namen der Datei an, die der Dateinummer *u* zugeordnet wird.

STATUS = *sta* Der CHARACTER-Ausdruck *sta* gibt den aktuellen Status der Datei an. Zulässige Werte sind:

- OLD für eine bereits existierende Datei,
- NEW für eine bisher nicht existierende Datei,
- SCRATCH für eine unbenannte temporäre Arbeitsdatei (diese steht nach Ablauf des Programms oder nach der Ausführung einer CLOSE-Anweisung nicht mehr zur Verfügung),
- UNKNOWN für einen unbekannten Dateistatus; der Dateistatus wird dann durch das System selbst bestimmt.

ACCESS = *acc* Der CHARACTER-Ausdruck *acc* gibt die Zugriffsmethode an:

- SEQUENTIAL: die Datei wird sequentiell verarbeitet.
- DIRECT: die Datei wird mit direktem Zugriff verarbeitet.

FORM = *fm* Der CHARACTER-Ausdruck *fm* gibt an, ob die Datei formatiert oder formatfrei verarbeitet werden soll. Zulässige Werte sind:

- FORMATTED : formatierte Datenübertragung
- UNFORMATTED : formatfreie Datenübertragung

RECL = *rl* Der nicht negative INTEGER-Ausdruck *rl* gibt die Satzlänge für eine Datei mit direktem Zugriff an.

BLANK = *blnk* Der CHARACTER-Ausdruck *blnk* legt fest, wie bei der Eingabe die Leerzeichen in numerischen Datenfeldern interpretiert werden sollen:

- NULL : Leerzeichen werden ignoriert
- ZERO : Leerzeichen werden als Nullen interpretiert

Die Angabe der Dateinummer *u* ist obligatorisch. Bei Dateien mit direktem Zugriff ist stets die Satzlänge anzugeben. Alle anderen Angaben sind optional.
Werden die Werte für die Parameter STATUS, ACCESS, FORM und BLANK nicht angegeben, so gilt standardmäßig:

```
STATUS = 'UNKNOWN'
ACCESS = 'SEQUENTIAL'
FORM   = 'FORMATTED'
BLANK  = 'NULL'
```

Für Dateien mit direktem Zugriff (ACCESS = 'DIRECT') gilt standardmäßig:

FORM = 'UNFORMATTED'

Die Länge eines formatierten Datensatzes ist identisch mit der Anzahl der Zeichen, die der beschriebene Datensatz enthält. Die Satzlänge einer unformatierten Datei wird in maschinenabhängigen Einheiten (z.B. in Maschinenworten oder Bytes) angegeben.

Beispiel:

a) OPEN (5, FILE='DATEN', BLANK='ZERO', STATUS='OLD')
   Die bereits existierende Datei DATEN wird der Dateinummer 5 zugeordnet. Die Datei ist sequentiell und formatiert. Bei der Eingabe numerischer Daten werden Leerstellen als Nullen interpretiert.

b) OPEN (8, STATUS='SCRATCH', FORM='UNFORMATTED')
   Eine unformatierte Arbeitsdatei mit der Dateinummer 8 wird eröffnet. Die Datei gestattet einen sequentiellen Zugriff. Sie wird spätestens am Ende der Programmausführung gelöscht.

Die OPEN-Anweisung ist eine ausführbare Anweisung.
Sie muß vor der ersten Ein- oder Ausgabeanweisung stehen, welche die vereinbarte Dateinummer verwendet.

Beispiel:

Zwei nach aufsteigenden Werten sortierte Dateien EIN1 und EIN2 sollen zu einer nach aufsteigenden Werten sortierten Gesamtdatei AUS zusammengefaßt werden, wobei Werte, die in beiden Einzeldateien vorkommen, nur einmal in der Gesamtdatei enthalten sein sollen.

Eine mögliche Programmstruktur wird durch das folgende Struktogramm beschrieben:

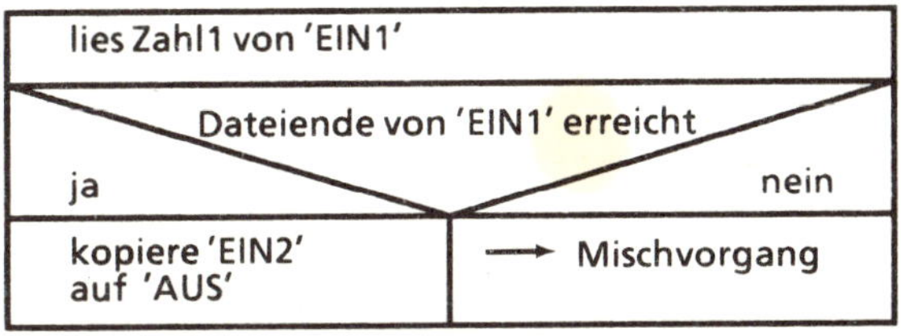

Mischvorgang

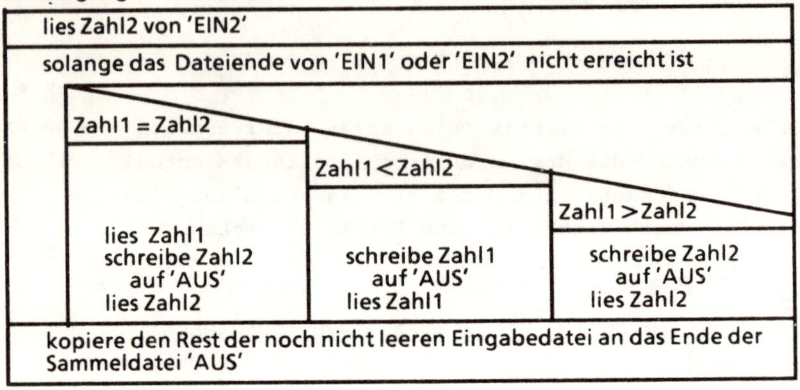


```
C      PROGRAM MISCHE
C  Zwei nach aufsteigenden Werten sortierte Dateien EIN1 und EIN2
C  werden zu einer Gesamtdatei AUS zusammengefügt, wobei in
C  beiden Einzeldateien auftretende Werte nur einmal in der
C  Gesamtdatei erscheinen.
C-----------------------------------------------------------------
*      --Variablen--
       INTEGER ZAHL1, ZAHL2
       OPEN(1,FILE='EIN1', STATUS = 'OLD')
       OPEN(2,FILE='EIN2', STATUS = 'OLD')
       OPEN(3,FILE='AUS',  STATUS = 'NEW')
       READ(1,'(I10)',END=200) ZAHL1
*      --Mische die beiden Dateien bis eine Datei leer ist--
 100   CONTINUE
          READ(2,'(I10)',END=120) ZAHL2
          IF(ZAHL1 .EQ. ZAHL2) THEN
              READ (1,'(I10)', END=110) ZAHL1
              WRITE (3,'(I10)') ZAHL1
              READ (2,'(I10)', END=120) ZAHL2
          ELSE IF (ZAHL1 .LT. ZAHL2) THEN
              WRITE (3,'(I10)') ZAHL1
              READ (1,'(I10)', END=110) ZAHL1
          ELSE
              WRITE (3,'(I10)') ZAHL2
              READ (2,'(I10)', END=120) ZAHL2
          END IF
          GOTO 100
 110   CONTINUE
*      --Datei EIN1 ist bereits leer, kopiere den Rest von EIN2 an AUS
              WRITE (3,'(I10)') ZAHL2
              READ (2,'(I10)', END=900) ZAHL2
       GOTO 110
 120   CONTINUE
*      --Datei EIN2 ist bereits leer, kopiere den Rest von EIN1 an AUS
              WRITE (3,'(I10)') ZAHL1
              READ (1,'(I10)', END=900) ZAHL1
       GOTO 120
 200   CONTINUE
*      --Datei EIN1 war leer
              READ (2,'(I10)',END=900) ZAHL2
              WRITE (3,'(I10)') ZAHL2
              GOTO 200
 900   END
```

8.2.2 Die CLOSE-Anweisung

Mit der CLOSE-Anweisung wird während der Programmausführung die Verbindung zwischen einer Datei und einer Dateinummer aufgehoben.
Die Dateinummer kann anschließend einer anderen Datei zugeordnet werden. Ebenso kann die Datei (falls sie noch existiert) mit einer anderen Dateinummer verknüpft werden.

Die <u>CLOSE-Anweisung</u> hat die Form

CLOSE (*cliste*)

wobei die CLOSE-Liste *cliste* die folgenden Angaben enthalten kann:

[UNIT=] *u* IOSTAT = *ios* ERR = *n*	Diese Parameter haben die gleiche Bedeutung wie bei der OPEN-Anweisung
STATUS = *sta*	Der CHARACTER-Ausdruck *sta* kann die folgenden Werte annehmen: KEEP: die Datei bleibt erhalten DELETE: die Datei wird gelöscht

Enthält die CLOSE-Liste keine Statusangabe, so gilt standardmäßig

STATUS = 'DELETE' für SCRATCH-Dateien
STATUS = 'KEEP' für alle anderen Dateien.

Für SCRATCH-Dateien ist die Angabe STATUS = 'KEEP' nicht erlaubt.

<u>Beispiel</u>: CLOSE (5,STATUS = 'DELETE')
Die der Anweisungsnummer 5 zugeordnete Datei wird gelöscht.

Am Ende der normalen Programmausführung werden alle eröffneten Dateien, die noch nicht durch CLOSE-Anweisungen abgeschlossen wurden, implizit abgeschlossen. Dieser implizite Dateiabschluß hat die gleiche Wirkung wie entspechende CLOSE-Anweisungen ohne STATUS-Angaben, d.h. alle SCRATCH-Dateien werden gelöscht, und alle anderen Dateien bleiben erhalten.

8.2.3 Die INQUIRE-Anweisung

Mit Hilfe der INQUIRE-Anweisung kann man sich über Eigenschaften einer Datei informieren. Man unterscheidet zwei Formen der INQUIRE-Anweisung:

a) Abfrage einer Datei (INQUIRE by file)
INQUIRE (FILE = *fn*, *iliste*)

b) Abfrage einer Dateinummer (INQUIRE by unit)
INQUIRE ([UNIT=] *u*, *iliste*)

Die INQUIRE-Liste iliste enthält die Abfragen in der Form

eigenschaft = v

Die Eigenschaft wird durch ein Schlüsselwort angegeben. Die Variable (oder das Feldelement) *v* enthält nach der Ausführung der INQUIRE-Anweisung die gewünschte Information.

Schlüsselwort	Datentyp von v	Frage / Wirkung / Bemerkungen
EXIST	LOGICAL	Existiert die Datei fn (Dateinummer u)?
OPENED	LOGICAL	Wurde der Datei eine Dateinummer (der Dateinummer eine Datei) zugewiesen?
NUMBER	INTEGER	Nur für a) v liefert die Dateinummer
NAME	CHARACTER	Nur für b) v liefert den Dateinamen
NAMED	LOGICAL	Nur für b) Besitzt die Datei einen Namen?
ACCESS	CHARACTER	Angabe der Zugriffsmethode (SEQUENTIAL / DIRECT)
SEQUENTIAL	CHARACTER	Kann auf die Datei sequentiell zugegriffen werden? (YES/NO/UNKNOWN)

Schlüsselwort	Datentyp von v	Frage / Wirkung / Bemerkungen
DIRECT	CHARACTER	Kann auf die Datei direkt zugegriffen werden? (YES/NO/UNKNOWN)
FORM	CHARACTER	Werte: FORMATTED / UNFORMATTED
FORMATTED	CHARACTER	Kann die Datei formatiert verarbeitet werden? (YES/NO/UNKNOWN)
UNFORMATTED	CHARACTER	Kann die Datei unformatiert verarb. werden? (YES/NO/UNKNOWN)
RECL	INTEGER	Angabe der Satzlänge bei Dateien mit direktem Zugriff
NEXTREC	INTEGER	Nummer des zuletzt bearbeiteten Satzes einer direkten Datei plus 1
BLANK	CHARACTER	Interpretation der Leerstellen bei der Eingabe numerischer Daten (NULL/ZERO)

Beispiel:

```
PROGRAM TEST
LOGICAL OTTOEX
CHARACTER*12 ZUGRIF,FORMAT,ZEILE*100
INQUIRE(FILE='OTTO',EXIST=OTTOEX,ACCESS=ZUGRIF, FORM=FORMAT)
IF (.NOT. OTTOEX) THEN
    PRINT*, 'DIE DATEI ''OTTO'' EXISTIERT NICHT'
ELSE IF (ZUGRIF .EQ. 'SEQUENTIAL') THEN
    OPEN (1,FILE='OTTO')
    READ (1,'(A)') ZEILE
    PRINT*, ZEILE
...
```

Als weitere Parameter kann die INQUIRE-Anweisung die aus den Abschnitten 8.2.1 und 8.2.2 bereits bekannten ERR- und IOSTAT-Parameter enthalten. Dadurch ist eine Reaktion auf Fehler möglich, die eventuell bei der Ausführung der INQUIRE-Anweisung auftreten.

8.3 Datenübertragungsanweisungen

8.3.1 Allgemeine Form

Mit Hilfe der Anweisungen

READ (*stliste*) [*ealiste*]

WRITE (*stliste*) [*ealiste*]

können Daten von einer Datei in den Arbeitsspeicher bzw. vom Arbeitsspeicher in eine Datei übertragen werden. Die Steuerliste *stliste* dient zur Kontrolle des Datentransfers. Sie kann folgende Parameter enthalten:

[UNIT=] *u* — Als Angaben für die Dateinummer *u* sind möglich:
- ein *, wenn man sich auf die Standard-Eingabedatei oder die Standard-Ausgabedatei bezieht.
- ein nicht negativer INTEGER-Ausdruck.
- ein Feld oder eine Variable vom Typ CHARACTER (bei internen Dateien).

[FMT=] *f* — *f* ist ein Formatbezeichner (siehe 8.4).

IOSTAT = *ios* — Die INTEGER-Variable *ios* gibt den E/A-Status an:
ios < 0 beim Lesen des Dateiendes.
ios = 0 bei fehlerfreier Ausführung.
ios > 0 im Fehlerfall (*ios* = Fehlernummer).

REC = *rn* — Es wird der Satz mit der Satznummer *rn* (positiver INTEGER-Ausdruck) verarbeitet. Diese Angabe ist nur für Dateien mit direktem Zugriff gestattet.

ERR = *n1* — Wird bei der Datenübertragung ein Fehler festgestellt, so erfolgt ein Sprung zur Anweisungsnummer *n1* der Programmeinheit.

END = *n2* — Wird bei der Eingabe das Dateiende erkannt, so erfolgt ein Sprung zur Anweisungsnummer *n2* der Programmeinheit.

Die Dateinummer *u* muß stets angegeben werden. Die Schlüsselworte UNIT= und FMT = können wegfallen, wenn die Angaben *u* und *f* an erster und zweiter Stelle in der Steuerliste vorkommen.

Beispiele:

a) Formatierte Eingabe von einer sequentiellen Datei:
```
READ (5,'(A)', END=990) ZEILE
```

b) Unformatierte Ausgabe auf eine direkte Datei:
```
WRITE (10,REC=I) (X(I,J), J=1,N)
```

c) Die folgenden Anweisungen sind äquivalent:

```
READ (5,'(I10, E20.5)', END=200) I,X
READ (UNIT=5, FMT='(I10, E20.5)', END=200) I,X
READ (END=200, UNIT=5, FMT='(I10, E20.5)') I,X
```

Der IOSTAT-Parameter umfaßt i.w. die Funktionen des END- und des ERR-Parameters. Im Sinne der Strukturierten Programmierung sollte er gegenüber der Angabe von END- und ERR-Parameter bevorzugt eingesetzt werden, da sonst von der READ-Anweisung aus eine Verzweigung zu insgesamt drei Anweisungen vorliegt.

Beispiel: Nicht empfehlenswert ist z.B.

```
READ (11,'(I10)', END=190, ERR=170) LITER
```

da als nächste Anweisung

die folgende Anweisung oder
die Anweisung mit der Anweisungsnummer 190 oder
die Anweisung mit der Anweisungsnummer 170

ausgeführt werden kann.

Wird der Parameter IOSTAT = *ios* angegeben, so wird man unmittelbar nach der Anweisung den Wert der Variablen *ios* überprüfen.

Beispiel: Eingabeschleife mit Dateiende- und Fehlerbehandlung

```
      INTEGER STATUS
*     --Eingabeschleife
 100  CONTINUE
*        --Lies den nächsten Datensatz
         READ (10,*, IOSTAT = STATUS) KMSTD, LITER
         IF (STATUS .EQ. 0)THEN
*           --Verarbeite den Datensatz
            GOTO 100
         ELSE IF (STATUS .LT. 0) THEN
*           --Dateiende-Behandlung
         ELSE
*           --Eingabefehler-Behandlung
      END IF
```

8.3.2 E/A-Anweisungen für die Standard-Dateien

Um von der Standard-Eingabedatei zu lesen bzw. auf die Standard-Ausgabedatei zu schreiben, gibt man in der allgemeinen E/A-Anweisung einen Stern als Dateinummer an. Beide Dateien dürfen nur formatiert verarbeitet werden:

READ(*,*f*) [*ealiste*]
WRITE(*,*f*) [*ealiste*]

Identische Wirkung haben die bereits bekannten Kurzformen:

READ *f* [,*ealiste*]
PRINT *f* [,*ealiste*]

Sollen diese Dateien listengesteuert verarbeitet werden, so gibt man einen Stern als Formatangabe an:

READ(*,*) [*ealiste*]
WRITE(*,*) [*ealiste*]

bzw.

READ* [,*ealiste*]
PRINT* [,*ealiste*]

8.3.3 Elemente von Ein- und Ausgabelisten

Als Elemente von Eingabelisten sind zulässig:

a) Variablennamen
b) Feldnamen
c) Feldelementnamen
d) Namen von Teilketten
e) implizite DO-Listen mit Elementen von a)-d).

Beispiel:

```
INTEGER ANZAHL, I
CHARACTER*30 ADRESS(4), NAME(2)
REAL X(100)

READ (10, '(I3,5A)') ANZAHL, ADRESS, NAME(1)
READ (10, '(A)')     NAME(2) (10:20)
READ (10, '(F10.3)')  (X(I),I=1,ANZAHL)
```

Diese Elemente können auch in Ausgabelisten auftreten. Darüber hinaus können in Ausgabelisten enthalten sein:

f) benannte oder unbenannte Konstanten
g) Funktionsaufrufe
h) zusammengesetzte Ausdrücke.

Beispiel:

```
REAL X,Y,Z, PI
PARAMETER (PI=3.14159)

PRINT*, ' PI = ', PI, '  Y = ', SIN(X)
PRINT*, ' Z = ', SQRT(ABS(X))+SIN(Y*(PI/3.))
```

8.4 Formatierte Datenübertragung

8.4.1 Formatangaben

Enthält eine E/A-Anweisung eine Formatangabe [FMT=] *f*, so wird durch diese die Form festgelegt, in der die Eingabedaten interpretiert bzw. in der die auszugebenden Daten dargestellt werden.

Die Formatangabe kann außer dem * für listengesteuerte E/A sein:

a) Ein CHARACTER-Ausdruck oder ein CHARACTER-Feld, das als Wert eine in Klammern eingeschlossene Liste von Format-Beschreibern *fliste* (edit descriptors) enthält

([*fliste*])

b) Eine Anweisungsnummer *n*, die sich auf eine FORMAT-Anweisung bezieht:

n FORMAT ([*fliste*])

Beispiele: a)

```
CHARACTER*20 FORM
FORM = '(T2,A,F10.2)'
WRITE(10,FORM) 'SUMME=', X+Y
```

Eine äquivalente kompaktere Schreibweise ist:

```
WRITE(10,'(T2,A,F10.2)') 'SUMME=', X+Y
```

b)

```
    WRITE (10,190) 'SUMME=', X+Y
190 FORMAT (T2,A,F10.2)
```

Bemerkungen:

a) Wird ein CHARACTER-Feld als Formatangabe verwendet, so werden deren Werte als fortlaufende Zeichenfolge interpretiert.

Beispiel:

```
CHARACTER*10 FORM(2)
FORM(1)='(T2,A'
FORM(2)=',F10.2)'
WRITE(10,FORM) 'SUMME=', X+Y
```

b) Die FORMAT-Anweisung ist eine nicht ausführbare Anweisung. Im Gegensatz zu fast allen anderen nicht ausführbaren Anweisungen kann sie im Ausführungsteil des Programms stehen.

Es ist möglich, daß sich mehrere E/A-Anweisungen auf die gleiche FORMAT-Anweisung beziehen.

8.4.2 Formatbeschreiber und deren Wiederholung

Die Format-Beschreiber unterteilt man in zwei Klassen:

Daten-Beschreiber
Steuerungs-Beschreiber

Daten-Beschreiber korrespondieren zu den in der E/A-Liste aufgeführten Größen. Sie geben die Konvertierungsvorschrift an, nach der die Daten von der externen in die maschineninterne Darstellung bzw. von der maschineninternen in die externe Darstellung umgewandelt werden. Daten-Beschreiber können mit Wiederholungsfaktoren (vorzeichenlose positive INTEGER-Konstanten) versehen werden. Diese stehen unmittelbar vor den Beschreibern.

Beispiel:

```
      READ (1,'(3F15.5)') X1,X2,X3
   ist gleichwertig mit
      READ (1,'(F15.5,F15.5,F15.5)') X1,X2,X3
```

Steuerungs-Beschreiber werden zur Steuerung der Formatierung eingesetzt. Sie dienen u.a. zum Setzen von Tabulatoren, zur Skalierung numerischer Größen und zur Interpretation von Leerstellen bei der Eingabe numerischer Daten.
Steuerungs-Beschreiber können nicht mit Wiederholungsfaktoren ausgestattet werden.

Allerdings kann auch eine Folge von Format-Beschreibern wiederholt werden, indem man diese in Klammern einschließt und einen Wiederholungsfaktor voranstellt.
Die Schachtelung von Klammern ist bis zu einer anlagenabhängigen Tiefe, in der Regel mindestens 4, möglich.

Beispiel:

```
  110  FORMAT (3(TR5,2(I5,F10.2)))

ist gleichwertig mit

  110  FORMAT (TR5,I5,F10.2,I5,F10.2,
     A         TR5,I5,F10.2,I5,F10.2,
     B         TR5,I5,F10.2,I5,F10.2)
```

8.4.3 Zusammenhang zwischen der Formatliste und der E/A-Liste

Zu jedem E/A-Listenelement muß ein zugehöriger Daten-Beschreiber existieren, wobei die Zuordnung durch die Reihenfolge der Listenelemente festgelegt ist. Die einzige Ausnahme bilden komplexe Zahlen, für die jeweils zwei Daten-Beschreiber anzugeben sind.

Beispiel:

```
WRITE (6,'(T5,A,I5,T30,A,F10.3)') 'I = ',I,'X = ',X
```

Zu Beginn einer formatierten Daten-Übertragung ist die zu verarbeitende Datei auf dem Anfang des neuen Datensatzes positioniert.

Für die Ausführung der E/A-Anweisung gilt:

a) Sind sowohl die Formatliste als auch die E/A-Liste leer, so wird bei der Eingabe der aktuelle Datensatz überlesen und bei der Ausgabe ein leerer Datensatz geschrieben.

   Beispiel:

```
          READ (10,112)
   112    FORMAT ()
```

b) Ist die E/A-Liste leer, so kann die Formatliste Elemente enthalten; der umgekehrte Fall ist nicht möglich.
   Es werden alle Steuerungs-Beschreiber bis zum ersten Daten-Beschreiber ausgeführt.

   Beispiel:

```
PRINT '(''1'',A, ''0'')'
```

   Diese Anweisung bewirkt, daß eine neue Druckseite begonnen wird.

c) Ist die E/A-Liste erschöpft und steht in der Formatliste ein noch nicht verwendeter Daten-Beschreiber, so endet die Formatsteuerung direkt vor diesem Daten-Beschreiber.

   Beispiel:

```
PRINT '(T5, I8, ''1'', I6)', KMSTND
```

   Der Wert der Variablen KMSTND wird ausgegeben, anschließend erfolgt ein Seitenvorschub.
   Die Interpretation der Formatliste endet vor dem Daten-Beschreiber I6.

d) Ist die Formatliste erschöpft und stehen noch weitere Elemente in der E/A-Liste zur Bearbeitung bereit, so wird die Datei auf den Anfang des nächsten Datensatzes positioniert.

Enthält die Formatliste keine internen Klammerungen, so wird die Formatsteuerung mit dem ersten Format-Beschreiber der Liste fortgesetzt.

Beispiel:
```
DATA A,B,C / 1.5,-3.7,12.4 /
WRITE (6,'(T2,F4.1)') A,B,C
```

Ausgabe:
```
 1.5
-3.7
12.4
```

Die Formatangabe hat also die gleiche Wirkung wie

```
(T2,F4.1/T2,F4.1/T2,F4.1)
```

wobei durch den Schrägstrich (8.5.7) der aktuelle Datensatz beendet und ein neuer eröffnet wird.

Enthält die Formatliste innere Klammern, so beginnt die Wiederholung mit der öffnenden Klammer, die zur letzten schließenden inneren Klammer der Liste gehört. Ein vor der Klammer stehender Wiederholungsfaktor wird dabei ebenfalls wirksam.

Beispiel:
```
    DATA W,X,Y,Z / 2*1.5,2*-1.5/,I,J,K/1,2,3/
    WRITE (6,110) I,W,X,J,Y,Z,K
110 FORMAT (I2,2(F5.1,','),I2)
```

Ausgabe:
```
 1  1.5,  1.5, 2
-1.5, -1.5, 3
```

Die Formatangabe hat also die gleiche Wirkung wie

```
(I2,F5.1,',',F5.1,',',I2/F5.1,',',F5.1,',',I2)
```

8.5 Format-Beschreiber

Die Programmiersprache FORTRAN enthält ein umfangreiches Repertoire an Format-Beschreibern, das auf den ersten Blick etwas unübersichtlich erscheint, sich aber in der Praxis sehr bewährt hat und viel Komfort bietet.

Die vorhandenen Format-Beschreiber werden zunächst in Form von Übersichten vorgestellt. Ihre Wirkungsweise wird in den nachfolgenden Unterabschnitten ausführlich beschrieben.

8.5.1 Übersichten: Format-Beschreiber

Daten-Beschreiber (Ausgabe)

Form	Bedeutung
	Ausgabe von INTEGER-Zahlen (8.5.3):
Iw[.m]	Die INTEGER-Zahl wird rechtsbündig in ein w Zeichen umfassendes Ausgabefeld geschrieben. Die Angabe Iw.m bewirkt, daß mindestens m Ziffern, gegebenenfalls führende Nullen, ausgegeben werden. Die Angabe Iw.0 bewirkt für den Ausgabewert Null die Ausgabe von w Leerzeichen.
	Ausgabe von REAL-, DOUBLE PRECISION- und COMPLEX-Zahlen (8.5.3):
Fw.d	in der Festpunktdarstellung.
Ew.d[Ee] Dw.d	in der normalisierten Gleitpunktdarstellung, d.h. der Exponent wird so gewählt, daß die Mantisse zwischen 0.1 und 1.0 liegt.
Gw.d[Ee]	In Abhängigkeit von der Größe des Wertes erfolgt die Ausgabe im F- oder E-Format. Die Angabe Ee bewirkt die Ausgabe von e Exponenten-Ziffern.
	Ausgabe von Zeichenketten (7.3.3):
A[w]	Es sei l die Länge der auszugebenden CHARACTER-Grösse v. Die Angabe A bewirkt die Ausgabe der l Zeichen. Die Angabe Aw bewirkt die Ausgabe von w Zeichen. $w \leq l$: Ausgabe = die am weitesten links stehenden w Zeichen von v. $w > l$: Ausgabe = führende Leerstellen + v. (also rechtsbündig)
	Ausgabe von logischen Werten (4.3.4):
Lw	Die Buchstaben T für .TRUE. und F für .FALSE. werden rechtsbündig in das w Zeichen umfassende Ausgabefeld übertragen.

w Feldweite (vorzeichenlose INTEGER-Konstante ungleich Null)

m Mindestanzahl der auszugebenden Ziffern (vorzeichenlose INTEGER-Konstante)

e Anzahl der auszugebenden Exponentenstellen (vorzeichenlose INTEGER-Konstante ungleich Null)

d Anzahl der Nachkommastellen (vorzeichenlose INTEGER-Konstante)

Daten-Beschreiber (Eingabe)

Form	Bedeutung
Iw[.m]	Eingabe von INTEGER-Zahlen (8.5.2): Das w Zeichen umfassende Datenfeld wird als INTEGER-Zahl interpretiert. Die Angabe .m hat keine Bedeutung
Fw.d Ew.d[Ee] Dw.d Gw.d[Ee]	Eingabe von REAL-, DOUBLE PRECISION- und COMPLEX-Zahlen (8.5.2): Die vier Bezeichner haben identische Wirkung. Enthält das Datenfeld keinen Dezimalpunkt, so werden die am weitesten rechts stehenden d Ziffern vor dem Exponentenanteil als Nachkommastellen interpretiert. Die Angabe Ee hat keine Bedeutung.
A[w]	Eingabe von Zeichenketten (7.3.3): Es sei l die Länge der zu besetzenden CHARACTER-Grösse v. Die Angabe A bewirkt die Übertragung von l Zeichen. Die Angabe Aw bewirkt die Übertragung von w Zeichen. w < l: v = Eingabezeichen + nachfolgende Leerzeichen w > l: v = die am weitesten rechts stehenden l Zeichen des Eingabefeldes
Lw	Eingabe von logischen Werten (4.3.4): Die w Eingabezeichen werden als logischer Wert interpretiert. Das Eingabefeld muß, Leerzeichen ausgenommen, mit T, .T, F oder .F beginnen.

w, m, e und d haben die gleiche Bedeutung wie bei der Ausgabe.

Steuerungs-Beschreiber

Form	Bedeutung
/	Der aktuelle Datensatz wird abgeschlossen (8.5.7)
 Tn TRn, nX TLn	Positionierung (8.5.6): Positioniere auf die n-te Position des Satzes. Positioniere um n Stellen nach rechts. Positioniere um n Stellen nach links.
kP	Skalierungsfaktor für die Ein- und Ausgabe reellwertiger Zahlen (8.5.4)
 BN BZ	Leerstellen-Steuerung bei der Eingabe von Zahlen (8.5.2): Leerstellen werden ignoriert. Leerstellen werden als Nullen interpretiert.
 SP SS S	Vorzeichen-Steuerung für die Ausgabe von Zahlen (8.5.3): Positive Zahlen werden mit Plus-Zeichen ausgegeben. Positive Zahlen werden ohne Plus-Zeichen ausgegeben. Die Ausgabe des Plus-Zeichens ist von der verwendeten Rechenanlage abhängig.
 'c1 ... cn' nHc1 ... cn	Ausgabe einer Zeichenfolge c_1 ... c_n (8.5.5): durch den Apostroph-Beschreiber durch den H-Beschreiber; n ist die Anzahl der auszugebenden Zeichen (sollte nicht benutzt werden).
:	Die Ausführung der E/A-Anweisung wird beendet, falls alle Elemente der E/A-Liste bereits abgearbeitet sind (8.5.8).

n ist eine vorzeichenlose INTEGER-Konstante ungleich Null.

k ist eine INTEGER-Konstante.

Der Wirkungsbereich eines Skalierungs-, Vorzeichen- oder Leerstellen-Beschreibers erstreckt sich vom nachfolgenden Beschreiber bis zum nächsten Beschreiber gleicher Art, maximal bis zum Ende der Formatliste.
Zwei aufeinanderfolgende Format-Beschreiber können durch ein Komma, einen Schrägstrich oder einen Doppelpunkt getrennt werden, wobei Schrägstrich und Doppelpunkt die in der Tabelle angegebene Wirkung haben.

Beispiel: `WRITE (6,'(T5,A/T2,F10.3)') 'Y(X)',Y`

8.5.2 Eingabe numerischer Werte

Zur formatierten Ein- und Ausgabe von INTEGER-Zahlen steht der I-Beschreiber, für REAL-, DOUBLE PRECISION- und COMPLEX-Daten der F-, E-, D- und G-Beschreiber zur Verfügung.

Dabei gelten für die Eingabe folgende Regeln:

a) Führende Leerstellen im Datenfeld haben keine Bedeutung.

b) Die Interpretation der restlichen Leerstellen wird durch den BLANK-Parameter in der OPEN-Anweisung festgelegt.
Diese kann durch die Leerstellen-Beschreiber BN und BZ lokal verändert werden.
Wird in der OPEN-Anweisung der BLANK-Parameter nicht angegeben und enthält die Formatliste keine Leerstellen-Beschreiber, so werden alle Leerstellen ignoriert.

c) Ein Eingabefeld, das aus lauter Leerzeichen besteht, hat den Wert Null.

d) Das zu einem F-, E-, D- oder G-Beschreiber gehörige Eingabefeld darf mehr Ziffern enthalten als maschinenintern zur Darstellung von Zahlen verwendet werden.

d) Für die Eingabe einer komplexen Zahl sind zwei REAL-Daten-Beschreiber erforderlich.

Bei der Eingabe von <u>INTEGER-Zahlen</u> haben die beiden Formen des I-Beschreibers,

Iw und Iw.m,

identische Wirkung.
Im Eingabefeld muß eine INTEGER-Konstante stehen.

<u>Beispiel</u>:

```
      INTEGER TEMP, DRUCK
      OPEN (1, FILE='WETTER')
*     --Leerstellen werden ignoriert
      READ (1,100) TEMP, DRUCK
```

Formatangabe	Eingabesatz	interne Werte
(2I5)	- 1 1 1014	-11, 1014
(BZ,2I5)	- 1 1+967	-101, 9670
(BZ, I5, BN, I5)	- 1 1+967	-101, 967
(2I5)	967	0 , 967
(2I5)	- 1.1+967	Fehler (Punkt unzulässig)
(I7, I3)	- 1 1+967	Fehler ('+'-Zeichen zwischen 2 Ziffern)

Alle Formen des E-, F-, D- und G-Beschreibers,

Ew.d Ew.dEe Fw.d Dw.d Gw.d Gw.dEe,

haben bei der Eingabe reellwertiger Zahlen indentische Wirkung. Die Zahl w gibt die Feldweite und d die Anzahl der Nachkommastellen an. Die Angabe der Exponentenstellen e hat keine Bedeutung.

Im Eingabefeld muß eine

INTEGER-Konstante,
REAL-Konstante oder
DOUBLE PRECISION-Konstante

stehen.

Enthält das Eingabefeld einen Dezimalpunkt, so hat die Angabe d keine Bedeutung, d.h. der Wert wird dem Eingabeelement zugeordnet. Enthält das Eingabefeld keinen Dezimalpunkt, so werden die am weitesten rechts stehenden d Ziffern vor dem Exponenten als Nachkommastellen interpretiert.

Beispiel:

```
      REAL A,B
      COMPLEX C
      DOUBLE PRECISION D
      OPEN (1, FILE='MESSWERTE', BLANK='ZERO')
*     --Leerstellen werden als Nullen aufgefaßt
      READ (1,100) A,B
```

Formatangabe	Eingabesatz	interne Werte
(F5.1, F5.3)	1234512345	1234.5, 12.345
(E5.1, BN, D5.3)	123 123	1230.0, 0.123
(2F5.2)	-1.5 7.1E2	-1.5, 710.0

```
      READ (1,101) C
```

Formatangabe	Eingabesatz	interner Wert
(BN, 2E5.2)	+123 -123	(1.23,-1.23)
(F5.0, F5.2)	6D-4 -16E3	(0.0006,-160.)

```
      READ (1,102) D
```

Formatangabe	Eingabesatz	interner Wert
(F10.3)	12.3456789	12.3456789D0
(E10.4)		0.0D0

8.5.3 Ausgabe numerischer Werte

Für die Ausgabe von Zahlen gelten folgende Regeln:

a) Die Werte werden rechtsbündig in das Ausgabefeld geschrieben.

b) Werte vom Typ REAL, DOUBLE PRECISION und COMPLEX werden auf die für die Ausgabe vorgesehene Stellenzahl gerundet.

c) Die Ausgabe eines Pluszeichens für positive Werte kann durch die Vorzeichen-Beschreiber gesteuert werden:

SP	mit Pluszeichen
SS	ohne Pluszeichen
S	anlagenabhängige Ausgabe

Standardgemäß gilt der Beschreiber SS.

d) Übersteigt die Zahl der auszugebenden Ziffern die angegebene Feldweite w, so wird das gesamte Ausgabefeld mit Sternen aufgefüllt.

Bei der Ausgabe von INTEGER-Zahlen durch die Formatangabe Iw werden führende Nullen unterdrückt. Wird dagegen die Form Iw.m gewählt, so werden mindestens m Ziffern gedruckt, wobei gegebenenfalls führende Nullen erscheinen.

Die Angabe Iw.0 bewirkt für den Ausgabewert Null die Ausgabe von w Leerzeichen.

Beispiel:

interner Wert	Formatangabe	Ausgabefeld
12	(SS, I4)	12
12	(SP, I4)	+12
-12	(SP, I4)	-12
-12	(I2)	**
12	(I6.4)	0012
-12	(I6.4)	-0012
0	(I4.0)	
0	(I4)	0

Bei der Ausgabe haben F-, E-, D- und G-Beschreiber unterschiedliche Wirkung.

Die Ausgabe einer reellwertigen Zahl in der Festpunktdarstellung (ohne Exponenten) erreicht man mit Hilfe des F-Beschreibers (Fw.d). Da der Dezimalpunkt und ein mögliches Vorzeichen zu berücksichtigen sind, sollte man stets $w \geq d+2$ wählen.

Die Ausgabe einer reellwertigen Zahl in der Gleitpunktdarstellung (mit Exponenten) erreicht man mit Hilfe des E-Beschreibers (Ew.d, Ew.dEe) oder des D-Beschreibers (Dw.d)*.

Der Exponent wird bei der Ausgabe so bestimmt, daß die Mantisse betragsmäßig kleiner als 1.0 und größer oder gleich 0.1 ist. Die optionale Zahl e gibt die Anzahl der auszugebenden Exponentenstellen an.
Bei der Angabe der Feldweite sind ein mögliches Vorzeichen, der Dezimalpunkt, die d Nachkommastellen und die Exponentenstellen zu berücksichtigen. Daher sollte stets

$$w \geq d+6 \quad \text{bzw.} \quad w \geq d+4+e$$

gewählt werden.

Der G-Beschreiber (Gw.d, Gw.dEe) schließlich bewirkt, daß ein Wert in Abhängigkeit von seiner Größe als Festpunkt- oder Gleitpunktzahl dargestellt wird:

a) Liegt der Wert betragsmäßig zwischen 0.1 und 10^d, so werden rechtsbündig 4 (Gw.d) bzw. e+2 (Gw.dEe) Leerzeichen ins Ausgabefeld übertragen. Davor erscheint der Wert mit d signifikanten Stellen in der Festpunkt-Darstellung.

b) Liegt der Wert außerhalb des obigen Bereichs, so wird er wie mit dem E-Beschreiber (Ew.d, Ew.dEe) ausgegeben.

---

*) Die Form Dw.d existiert i.w. nur aus Gründen der Kompatibilität zu früheren FORTRAN-Versionen. Der einzige Unterschied zu Ew.d besteht darin, daß der Buchstabe D anstelle des Buchstaben E zur Kennzeichnung des Exponenten in der Ausgabedatei erscheinen kann.

Beispiel: Vergleich von F-, E-, D- und G-Beschreiber

interner Wert	Formatangabe	Ausgabefeld
-12.3456	(F9.3)	-12.346
-12.3456	(E9.3)	-.123E+02
-12.3456	(D9.3)	-.123D+02
-12.3456	(G9.3)	-12.3
-1234.56	(G9.3)	-.123E+04
0.00123	(E11.3E4)	.123E-0002

Bemerkung:
Durch Verwendung des G-Formats vermeidet man die beim F-Format mögliche Ausgabe von Sternen für zu große Zahlen. Das G-Format sollte man jedoch nicht verwenden, wenn Tabellen u.ä. erzeugt werden müssen. Hierzu sollte man das F- oder E-Format heranziehen.

8.5.4 Skalierung reeller Werte

Mit Hilfe des P-Beschreibers

kP

kann die Stellung des Dezimalpunktes einer reellen Zahl bei der Ein- und Ausgabe verändert werden. Der Beschreiber kann als eigenständiges Element in der Formatliste vorkommen, oder er kann einem F-, E-, D- oder G-Beschreiber direkt vorangestellt werden.
Die INTEGER-Konstante k bezeichnet man als Skalierungsfaktor. Der Faktor 0 hebt eine vorhandene Skalierung auf.

Beispiel:

```
      REAL A,B,C,D,E
      READ (6,103) A,B,C,D,E
  103 FORMAT (F10.2,BZ,-3P,2F10.2,0P,F10.2,2PF10.2)
```

Die Variable A wird ohne Skalierung, B und C werden mit dem Skalierungsfaktor -3, D ohne Skalierung und E mit dem Skalierungsfaktor 2 eingelesen.

Für die Eingabe gilt:
Steht im Eingabefeld eine Zahl mit Exponent, so wird keine Skalierung durchgeführt.
Steht im Eingabgefeld eine Zahl ohne Exponent, so ist

$$\text{interner Wert} = \text{externer Wert} * 10^{-k}$$

Beispiel:

Formatangabe	Eingabesatz	interner Wert
(F8.2)	12.34	12.34
(1PF8.2)	-12.34	-1.234
(-1PF8.2)	12.34	123.4
(1P,F8.2)	12.34E0	12.34

Für die Ausgabe gilt:

a) Beim F-Beschreiber wird der Ausgabewert mit 10^k multipliziert:

$$\text{Ausgabewert} = \text{interner Wert} * 10^k$$

b) Beim E- und D-Beschreiber wird der Ausgabewert nicht verändert. Gegenüber der normalen Gleitpunktdarstellung wird der Dezimalpunkt um k Stellen nach rechts (bei positivem k) bzw. um $|k|$ Stellen nach links (bei negativem k) verschoben. Dies wird durch eine Änderung des Exponenten ausgeglichen:

$$\text{Ausgabemantisse} = \text{interne Mantisse} * 10^k$$
$$\text{Ausgabeexponent} = \text{interner Exponent} - k$$

c) Beim G-Beschreiber wird der Ausgabewert in Abhängigkeit von seiner Größe ohne Änderung im F-Format oder mit der in b) beschriebenen Wirkung im E-Format ausgegeben.

Beispiel:

Formatangabe	interner Wert	Ausgabefeld
(-1PF8.2)	12.34	1.23
(F8.2)	12.34	12.34
(1PF8.2)	12.34	123.40
(-1PE8.2)	12.34	.01E+03
(E8.2)	12.34	.12E+02
(1PE8.2)	12.34	1.23E+01
(2PE8.2)	12.34	********
(2PG8.2)	12.34	12.34
(2PG8.1)	12.34	12.3E+00

8.5.5 Ausgabe von Texten

Für die Ausgabe von Texten gibt es mehrere Möglichkeiten:

a) Angabe einer CHARACTER-Größe in der Ausgabeliste (der Wert des CHARACTER-Elements wird ausgegeben).

b) Angabe einer Zeichenkette mittels Apostroph-Beschreiber

'Zeichenkette'

oder mittels H-Beschreiber

nHZeichenkette (n gibt die Anzahl der Zeichen an)

als Element der Formatliste.

Wird eine CHARACTER-Konstante zur Formatangabe verwendet und enthält die Formatliste einen Apostroph-Beschreiber, so ist zu beachten, daß die den Text begrenzenden Apostrophe durch zwei Apostrophe dargestellt werden müssen und sogar vier Apostrophe für jedes innerhalb des Textes auftretende Apostroph zu schreiben sind.

Beispiel: WRITE (6,'(T2,''JETZT SCHLAEGT''''S'',I3)')13
Ausgabe: JETZT SCHLÄGT'S 13

Der Apostroph-Beschreiber wird bevorzugt verwendet, da beim H-Beschreiber stets noch die Anzahl der anzugebenden Zeichen bestimmt werden muß und dies eine Fehlerquelle ist.

Beispiel:
Die folgenden Anweisungen erzeugen den gleichen Ausgabesatz:

```
WRITE (8,'(T2,A)') 'DIES IST EIN TEXT'
WRITE (8,'('' DIES IST EIN TEXT'')')
WRITE (8,'(18H DIES IST EIN TEXT)')
```

8.5.6 Positionierungen innerhalb eines Datensatzes

Mit Hilfe des T-, TR-, TL- und X-Beschreibers kann innerhalb eines Ein- oder Ausgabesatzes positioniert werden.
Dadurch ist es z.B. möglich, Zeichen eines Eingabesatzes zu überlesen, Teile von Eingabesätzen mehrfach zu lesen und Leerzeichen in Ausgabesätzen zu erzeugen.

Tn bewirkt eine absolute Positionierung auf die n-te Position des Datensatzes.

TRn,nX bewirkt eine relative Positionierung von der aktuellen Position um n Zeichen nach rechts.

TLn bewirkt eine relative Positionierung von der aktuellen Position um n Zeichen nach links.

Bei der Ausgabe können Zeichen überschrieben werden. Übersprungene und noch leere Positionen werden mit Leerzeichen aufgefüllt.

Beispiel:
```
CHARACTER*4 C1,C2,C3
READ (1,'(A,TL2,A,TR2,A)') C1,C2,C3
```

Eingabe: ABCDEFGHIJKL

Wirkung: C1='ABCD', C2='CDEF', C3='IJKL'

```
WRITE (2,'(T2,A,TL3,A,3X,A)') C1,C2,C3
```

Ausgabe: ACDEF   IJKL

8.5.7 Beendigung eines Datensatzes

Für eine Datensatz-orientierte Vorwärtspositionierung steht der Schrägstrich-Beschreiber zur Verfügung.

Ein Schrägstrich / schließt einen Datensatz ab und eröffnet den nächsten Datensatz. Er ermöglicht somit die Verarbeitung mehrerer Datensätze mit einer einzigen Formatangabe.

Bei der Eingabe bewirkt ein Schrägstrich, daß der Rest des aktuellen Eingabesatzes überlesen und auf den Anfang des nächsten Satzes positioniert wird.

Bei der Ausgabe bewirkt ein Schrägstrich, daß der aktuelle Ausgabesatz beendet und der nächsten begonnen wird.

Da jede E/A-Anweisung ebenfalls mit einem neuen Datensatz beginnt, entscheidet die Stellung des Schrägstrichs innerhalb der Formatliste, ob ein Datensatz überlesen bzw. ein leerer Datensatz erzeugt wird oder nicht:

a) Durch n aufeinanderfolgende, am Anfang oder am Ende der Formatliste stehende Schrägstriche werden n Datensätze überlesen bzw. n leere Datensätze ausgegeben.

   Beispiel: PRINT '(//I6)',JAHR
   Es werden zunächst zwei leere Ausgabesätze erzeugt.

b) Durch n aufeinanderfolgende, zwischen zwei anderen Format-Beschreibern stehende Schrägstriche werden n-1 Datensätze überlesen bzw. n-1 leere Datensätze ausgegeben.

   Beispiel: READ (1,'(A/A)') NAME,ORT
   Vom aktuellen Datensatz wird der Name, vom nachfolgenden der Ort gelesen.

Schrägstriche müssen von den anderen Format-Beschreibern nicht durch Kommata getrennt werden, da sie als Trennzeichen gelten.

Beispiel:

```
    WRITE (6,100)' RADIUS = ',R,' UMFANG = ',U
100 FORMAT(A,F10.3//A,F10.3)
```

Ausgabe:

```
RADIUS = ...

UMFANG = ...
```

Hinweis:
Werden Druckerdateien erstellt, so ist bei der Verwendung von Schrägstrichen darauf zu achten, daß das erste Zeichen jedes Datensatzes als Druckervorschub-Steuerzeichen herangezogen wird!

Bei einer Datei mit direktem Zugriff wird durch einen Schrägstrich die Satznummer um eins erhöht und die Datei auf den Anfang des Satzes, der diese Nummer trägt, positioniert.

8.5.8 Beendigung der Formatabarbeitung

Ist die E/A-Liste abgearbeitet, so endet die Formatsteuerung, wenn eine der folgenden Bedingungen erfüllt ist:

a) Die abschließende Klammer der Formatangabe ist erreicht.

b) In der Formatliste wird der nächste Daten-Beschreiber erreicht.

c) Ein Doppelpunkt-Beschreiber : wird erreicht.

Ist die E/A-Liste nocht nicht erschöpft, so hat ein Doppelpunkt-Beschreiber keine Wirkung.
Da der Doppelpunkt auch als Trennzeichen in der Formatliste dient, muß er selbst nicht durch Kommata von anderen Format-Beschreibern getrennt werden.

Beispiel:

```
I = 12
J = -3
K = 22
WRITE (2,'(T2,3(I3:'',''))') I,J,K
```

Ausgabe:

```
 12, -3, 22
```

Ohne den Doppelpunkt in der Formatliste hätte die Ausgabe die Form

```
 12, -3, 22,
```

8.6 Variable Formatierung

Die Möglichkeit, Formatangaben in veränderlichen CHARACTER-Größen abzuspeichern, läßt sich dazu nutzen, erst während der Programmausführung die genaue Formatierung festzulegen. Man spricht in diesem Fall von einer variablen Formatierung.

Werden große Datenmengen verarbeitet, so kann es günstig sein, den 1. Datensatz der Eingabedatei mit der zugehörigen Formatangabe zu belegen. Diese wird eingelesen, in einer CHARACTER-Variablen gespeichert und in der nachfolgenden Eingabeanweisung als Formatangabe genutzt.

Beispiel:

```
          CHARACTER*30 FORMAT
          REAL X(100)
          READ (5,'(A)') FORMAT
      100 CONTINUE
            READ (5,FORMAT,END=200) X
```

Eingabe: (T5,F10.4)

Die READ-Anweisung hat dann die gleiche Wirkung wie

```
          READ (5,'(T5,F10.4)',END=200) X
```

Gestaltet man die Ausgabe mit einer variablen Formatierung, so wird man häufig von einem Formatierungsmuster ausgehen, das, den berechneten Ergebnissen entsprechend, verändert wird.

Beispiel:

```
      PROGRAM VARFMT

C   Beispielprogramm zum variablen Format
C   Eine positive REAL-Zahl wird eingelesen und mit führenden
C   Sternen in ein 12 Zeichen umfassendes Feld ausgegeben.
C-----------------------------------------------------------
*     --Variablen
      REAL ZAHL
      INTEGER STELLN,S
      CHARACTER*20 FORMAT
*     --Funktion
      EXTERNAL STELLN
C-----------------------------------------------------------
      READ*, ZAHL
      FORMAT='(T6,NN(''*''),FMM.2)'
*     NN und MM sind so zu bestimmen, daß NN+MM=12
      S = STELLN (ZAHL)+3
      WRITE (FORMAT (5:6),'(I2)') 12-S
      WRITE (FORMAT (14:15),'(I2)') S
      WRITE (6,FORMAT) ZAHL
      END

      INTEGER FUNCTION STELLN (ZAHL)
*
*    Die Funktion berechnet die Anzahl der Stellen einer
*    Zahl, die vor dem Dezimalpunkt stehen.
*
*    Eingabeparameter: die zu untersuchende Zahl
      REAL ZAHL
*-----------------------------------------------------------
      REAL Z
      STELLN = 0
      Z = ZAHL
  100 CONTINUE
      IF (Z .GE. 1.0) THEN
          STELLN = STELLN+1
          Z = Z/10.
          GOTO 100
      END IF
      END
```

Eingabe: 128.53

Ausgabe: ******128.53

8.7 Anweisungen zur Positionierung sequentieller Dateien

Häufig tritt bei der Verarbeitung sequentieller Dateien der Wunsch auf, eine mit Zwischenresultaten beschriebene Datei im gleichen Programm weiterzuverarbeiten. Da beim Beschreiben einer sequentiellen Datei diese stets auf dem aktuellen Dateiende positioniert ist, benötigt man für die Weiterverarbeitung Anweisungen, mit denen man jede beliebige Stelle der Datei wieder erreichen kann. Entsprechende Positionierungsmöglichkeiten bieten die Anweisungen

```
BACKSPACE u
ENDFILE   u
REWIND    u
```

Dabei ist *u* die der Datei zugeordnete Dateinummer.

Die BACKSPACE-Anweisung bewirkt ein Zurücksetzen der Datei um einen Datensatz. Ein Zurücksetzen um mehrere Sätze erreicht man durch wiederholte BACKSPACE-Anweisungen (evtl. in eine Schleife packen). Datensätze, die mit Hilfe von listengesteuerten E/A-Anweisungen erstellt wurden, dürfen nicht mit BACKSPACE-Anweisungen zurückgesetzt werden.

Beispiel: BACKSPACE 5

Ein Überlesen von Datensätzen kann durch READ-Anweisungen ohne E/A-Liste oder durch Schrägstriche in der Formatangabe einer READ-Anweisung erreicht werden.

Die REWIND-Anweisung positioniert eine Datei auf ihrem Anfangspunkt. Sie wird insbesondere eingesetzt, um eine sequentielle Datei mehrmals zu lesen oder um sie nach dem Beschreiben lesen zu können.

Beispiel: REWIND 5

Die ENDFILE-Anweisung bewirkt, daß als nächster Datensatz ein Dateiendesatz (endfile record) geschrieben wird.
Die Datei ist anschließend hinter diesem Datensatz positioniert.

Beispiel: ENDFILE 5

Eine Datei, die vom Programm erstellt und anschließend gelesen werden soll, wird man nach der Erstellung durch das Schreiben eines Dateiendesatzes abschließen und mit REWIND auf ihren Anfang positionieren. Beim Lesen kann dann der END- oder IOSTAT-Parameter verwendet werden.

Erlaubt eine Datei auch einen direkten Zugriff auf ihre Datensätze, so können nach der Ausführung einer ENDFILE-Anweisung nur noch die Datensätze gelesen werden, die vor dem Dateiendesatz liegen.

Beispiel:

Positive Eingabedaten sollen grafisch in Form eines Histogramms dargestellt werden.
Dazu bestimmt man zunächst den größten Eingabewert. Nach dem Zurücksetzen der Eingabedatei auf den Dateianfang werden die Daten ein zweites Mal gelesen und in Histogramm-Form ausgegeben.

```
      PROGRAM HISTO
**********************************************************************
* ERSTELLUNG EINES HISTOGRAMMS                                       *
*                                                                    *
* DIE (POSITIVEN!) EINGABEDATEN MUESSEN SICH AUF DER DATEI DATEN     *
* BEFINDEN. DAS HISTOGRAMM WIRD AUF DIE DATEI HGRAMM GESCHRIEBEN.    *
**********************************************************************
      REAL X, XMAX
      INTEGER ANZAHL, BREITE
      CHARACTER*8 FMT
      PARAMETER (BREITE=40, FMT='(F10.3)')
      OPEN (1,FILE='DATEN')
      OPEN (2,FILE='HGRAMM')
C
C     --VORBESETZUNGEN
C
      XMAX=0.
C
C     --EINLESEN DER DATEN UND BESTIMMUNG DES MAXIMUMS
C
100   CONTINUE
          READ (1,FMT,END=200) X
          IF (X.GT.XMAX) XMAX=X
          GOTO 100
200   CONTINUE
C
C     --ZURUECKSETZEN DER DATEI AUF DEN ANFANG
C
      REWIND 1
C
C     --HISTOGRAMM AUSGABE
C     ** UEBERSCHRIFT **
      WRITE (2,'(5X,A/)') 'WERTE      HISTOGRAMM'
C     --BERECHNUNG EINER HISTOGRAMMZEILE
300   CONTINUE
          READ (1,FMT,END=900) X
          ANZAHL = NINT(X*BREITE/XMAX)
          WRITE(2,'(F10.3,4X,40A)') X,('I',J=1,ANZAHL)
      GOTO 300
900   END
```

Ausgabe:

```
WERTE      HISTOGRAMM

123.475    IIIIIIIIIIIIIIIIIIIIIIIIIIIIIIIIIIII
 46.234    IIIIIIIIIIIIII
136.700    IIIIIIIIIIIIIIIIIIIIIIIIIIIIIIIIIIIIIIII
 56.789    IIIIIIIIIIIIIIIII
 99.999    IIIIIIIIIIIIIIIIIIIIIIIIIIIII
111.111    IIIIIIIIIIIIIIIIIIIIIIIIIIIIIIIII
 12.354    IIII
 87.654    IIIIIIIIIIIIIIIIIIIIIIIIII
```

Neben der (obligatorischen) Dateinummer können in den Positionierungsanweisungen noch die Angaben

IOSTAT = *ios*

ERR = *n*

erscheinen, die die gleiche Bedeutung wie in der OPEN-Anweisung (8.2.1) besitzen. Die Anweisungen haben dann die allgemeine Form:

BACKSPACE ([UNIT=]*u*[,IOSTAT=*ios*][,ERR=*n*])

ENDFILE ([UNIT=]*u*[,IOSTAT=*ios*][,ERR=*n*])

REWIND ([UNIT=]*u*[,IOSTAT=*ios*][,ERR=*n*])

8.8 Dateien mit direktem Zugriff

Dateien mit direktem Zugriff sollten stets dann verwendet werden, wenn die Datensätze in beliebiger Reihenfolge zu verarbeiten sind. Dies ist z.B. der Fall bei

Einwohnerdateien,
Buchungsdateien von Reiseunternehmen,
Bücherausleihdaten von Bibliotheken,
Lagerhaltungsdateien usw.

Jeder Datensatz einer solchen Datei kann in etwa der gleichen Zeit gelesen werden, und es ist keine mühsame Satzpositionierung wie bei sequentiellen Dateien (8.7) notwendig.

Um eine Datei mit direktem Zugriff zu verarbeiten, werden in der OPEN-Anweisung die Zugriffsart durch

ACCESS = 'DIRECT'

und die Satzlänge durch

RECL = *rl*

vereinbart.

Die Satzlänge wird in Form eines positiven INTEGER-Ausdrucks angegeben. Sie wird bei formatierten Sätzen in Zeichen gemessen. Bei unformatierten Sätzen ist sie anlagenspezifisch und wird häufig in Bytes (Zeichen) oder Worten gemessen.
Alle Datensätze der Datei haben die festgelegte Satzlänge.

<u>Beispiel</u>:

a) OPEN (2,FILE='LAGER',FORM='FORMATTED',ACCESS='DIRECT',RECL=100)

Die formatierte Datei LAGER wird für direkten Zugriff eröffnet und der Dateinummer 2 zugeordnet. Jeder Datensatz nimmt 100 Zeichen auf.

Da Dateien mit direktem Zugriff in der Regel zur Datenspeicherung (und nicht als Druckdateien) eingesetzt werden, gilt, falls der FORM-Parameter nicht angegeben wird, standardmäßig

FORM = 'UNFORMATTED'.

<u>Beispiel</u>:
OPEN (10,FILE='AUSLEIHE', ACCESS='DIRECT',STATUS='OLD',RECL='216')
Die unformatierte Datei AUSLEIHE wird für direkten Zugriff eröffnet und der Dateinummer 10 zugewiesen. Die Datei existiert bereits und hat eine Satzlänge von 216 Speichereinheiten.

Jeder Datensatz einer Direktzugriffs-Datei wird beim erstmaligen Beschreiben mit einer <u>Satznummer</u> (record number) versehen, über die er stets angesprochen, d.h. gelesen und verändert werden kann.

Die Reihenfolge der Verarbeitung ist beliebig. Allerdings wird vorausgesetzt, daß ein zu lesender Datensatz vorher geschrieben sein muß. Die Angabe der Satznummer *rn* erfolgt in READ- bzw. in WRITE-Anweisungen durch den Parameter

REC = *rn*

wobei *rn* ein positiver INTEGER-Ausdruck sein muß.

Beispiele:

a) READ(10,REC=20) NUMMER,TITEL,AUTOR,VERLAG,ORT,JAHR

b) WRITE(12,REC=ARTNR) ANZAHL,ART

Eine Datei mit direktem Zugriff kann auch sequentiell verarbeitet werden. Dies setzt allerdings voraus, daß die Datei keine Lücken, d.h. keine leeren Sätze, enthält.

Ein gemischt direktes und sequentielles Verarbeiten einer Datei ist nicht möglich.

Weiterhin gibt es folgende Einschränkungen:

a) Eine interne Datei darf nur sequentiell verarbeitet werden.

b) Eine formatierte Direktzugriffs-Datei darf nicht mit listengesteuerten Anweisungen gelesen oder beschrieben werden.

Ein Programmbeispiel zur Verarbeitung direkter Dateien ist im folgenden Abschnitt enthalten.

8.9 Unformatierte Ein- und Ausgabe

Dateien, die nicht in einer menschenlesbaren Form (Ausgabe auf dem Drucker oder Bildschirm) benötigt werden, sollte man zweckmäßiger Weise als unformatierte Dateien anlegen. Dies ist z.B. der Fall, wenn Zwischenergebnisse zu speichern sind, die später weiterverarbeitet werden sollen.

Der Hauptvorteil von unformatierten Dateien besteht darin, daß die Datentransfer-Zeiten wesentlich geringer sind als bei der formatierten Datenübertragung (der Faktor 10 ist keine Seltenheit).

Dies beruht darauf, daß die Daten in binärer Form ohne Konvertierung in oder aus dem Arbeitsspeicher übertragen werden. Bei dieser Art des Datentransfers gibt es auch keine Genauigkeitsverluste, wie sie bei der formatierten Übertragung durch Rundungen und Stelleneinbußen anzutreffen sind.

Eine unformatierte Datei wird durch die Angabe

FORM = 'UNFORMATTED'

in der OPEN-Anweisung vereinbart.

Beispiel:
OPEN (2,FILE='ROHDATEN',FORM='UNFORMATTED',STATUS='NEW')
Eine neue, sequentielle, unformatierte Datei mit dem Namen ROHDATEN wird eröffnet.

Wird der FORM-Parameter in einer OPEN-Anweisung nicht angegeben, so wird

eine sequentielle Datei formatiert und
eine direkte Datei unformatiert

verarbeitet.

Da beim Datentransfer keine Formatierungen durchgeführt werden, enthalten unformatierte E/A-Anweisungen keine Formatangaben. Jede Anweisung bewirkt die Übertragung von genau einem Datensatz.

Beispiel:

```
OPEN (5,FILE='ROHDATEN',FORM='UNFORMATTED')
OPEN (6,FILE='MITTL',FORM='UNFORMATTED')
READ (5,END=210) X,Y,Z
WRITE (6) SUMMEX, SUMMEY, SUMMEZ
```

Hinweis:
Unformatierte Dateien speichern die Daten in einer anlagenspezifischen Form. Sie können daher nicht zum Datenaustausch zwischen verschiedenen Rechenanlagen eingesetzt werden!

Beispiel:

Bei der Verarbeitung umfangreicher Matritzen kann die Anzahl der Matrixelemente die Anzahl der vorhandenen Arbeitspeicherplätze überschreiten. In einem solchen Fall ist es ratsam, die Felder auf einem externen Speichermedium auszulagern und nur die Elemente intern zu halten, die gerade für die Verarbeitung benötigt werden.

```
         PROGRAM BIGMAT
***********************************************************
* ADDITION ZWEIER (NXN) - MATRITZEN                       *
*                                                         *
* DIE MATRIX A BEFINDE SICH AUF DEM DIRECT-ACCESS FILE FA *
* DIE MATRIX B BEFINDE SICH AUF DEM DIRECT-ACCESS FILE FB *
* BEIDE MATRITZEN SEIEN ZEILENWEISE GESPEICHERT, WOBEI    *
* JEDE ZEILE EINEM DATENSATZ ENTSPRICHT.                  *
* DIE ERGEBNISMATRIX C WIRD AUF DIE DATEI FC GESCHRIEBEN  *
***********************************************************
*
*     --VEREINBARUNGEN
*
      INTEGER ANZAHL
      PARAMETER (ANZAHL=500)
      REAL A(ANZAHL), B(ANZAHL), C(ANZAHL)
*-----------------------------------------------------------------
      OPEN (10,FILE='FA',ACCESS='DIRECT',RECL=ANZAHL,STATUS='OLD')
      OPEN (20,FILE='FB',ACCESS='DIRECT',RECL=ANZAHL,STATUS='OLD')
      OPEN (30,FILE='FC',ACCESS='DIRECT',RECL=ANZAHL,STATUS='NEW')
*
      DO 100 I=1,ANZAHL
*        *** EINLESEN DER I-TEN ZEILE VON A UND B ***
         READ(10,REC=I) ((A(J)),J=1,ANZAHL)
         READ(20,REC=I) ((B(J)),J=1,ANZAHL)
*        *** BERECHNUNG UND AUSGABE DER I-TEN ZEILE VON C
         DO 50 J=1,ANZAHL
           C(J) = A(J) + B(J)
50       CONTINUE
         WRITE(30,REC=I) ((C(J)),J=1,ANZAHL)
100   CONTINUE
      END
```

Kapitel 9: Verfeinerung der Unterprogrammtechnik

Dieses abschließende Kapitel dient zur Vertiefung der Unterprogramm-Technik.

Zunächst werden Unterprogramm-Rahmen vorgestellt, die die Entwicklung von Programmodulen erleichtern und vereinheitlichen. Wie man Module und das Gesamtsystem systematisch testet, lernen Sie im Abschnitt 9.2 kennen.

Der Abschnitt 9.3 behandelt eine weitere Möglichkeit, Werte zwischen Programmeinheiten zu übergeben, die Übergabe durch COMMON-Blöcke. Die in (benannten!) COMMON-Blöcken enthaltenen Größen können in BLOCK DATA-Unterprogrammen (9.4) vorbesetzt werden.

Der abschließende Abschnitt 9.5 zeigt auf, wie man die Werte lokaler Größen zwischen zwei Unterprogrammaufrufen mittels der SAVE-Anweisung sichert.

9.1 Unterprogramm-Rahmen

Im Bereich der Programmierung ist der Mustergedanke stark verbreitet. Es ist wesentlich leichter, etwas zu modifizieren oder zu ergänzen als jedesmal bei Null anzufangen.

So ist z.B. für den Entwurf und für die Entwicklung von Modulen die Verwendung eines Unterprogramm-Rahmens eine wesentliche Hilfe. Zum einen erspart man sich dadurch immer wiederkehrende Schreibarbeit, zum anderen werden bei der Vervollständigung des Rahmens eventuelle Versäumnisse schnell sichtbar. Darüber hinaus bietet er eine gemeinsame Plattform für Programmierprojekte, an denen mehrere Personen beteiligt sind.

Ein solcher Unterprogramm-Rahmen wird in einer Datei gespeichert, die als Ausgangspunkt für jede Modulentwicklung dient.
Er besteht aus einer Mischung von halbfertigen Kommentaren und Vereinbarungsanweisungen.

```
      SUBROUTINE name [(Parameterliste)]
C------------------------------------------------------------
C------------------ Modul-Spezifikation ---------------------
C------------------------------------------------------------
C
C  Zweck:
C
C
C
C  Eingabeparameter:      Name      Bedeutung/Wertebereich
C                         ...       ...
C
C  Ausgabeparameter:      Name      Bedeutung/Wertebereich
C                         ...       ...
C
C  Ein-/Ausgabepar.:      Name      Bedeutung/Wertebereich
C                         ...       ...
C
C  formale Prozeduren:    Name      Bedeutung
C                         ...
C
C  Ersteller des Entwurfs:
C
C  Datum:
C
C--------- Vereinbarung der formalen Parameter -----------
      INTEGER
      REAL
      DOUBLE PRECISION
      COMPLEX
      LOGICAL
      CHARACTER
C  wird ein formaler Prozedurname an ein UP übergeben, so muß
C  er in einer EXTERNAL- bzw. INTRINSIC-Anweisung vereinbart
C  werden:
      EXTERNAL
      INTRINSIC
C
C  verwendete Unterprogramme:         Name
C                                     ...
C
*-------------------------------------------------------------
*----------- Programm-technische Realisierung -------------
*-------------------------------------------------------------
*-
*- Autor       Name:
*-             Anschrift:
*-             Tel.:
*-
*- Version:                           Datum:
*-
*- verwendetes Verfahren:
*-
*-
*-
*- Bemerkungen: Hinweis auf zusätzliche Unterlagen.
*-
*-
*-------------------------------------------------------------
```

```
**-----------------------------------------------------------
**--------------------- Änderungen -------------------------
**-----------------------------------------------------------
**- Autor        Name:
**-              Anschrift:
**-              Tel.:
**-
**- Version:                          Datum:
**-
**- Änderung (mit Begründung):
**-
***----------------------------------------------------------
***------------ Vereinbarung der lokalen Größen -----------
***----------------------------------------------------------
**
**lokale Konstanten:                 Name     Bedeutung
**                                   ...      ...

      Typvereinbarungen
      PARAMETER (

**lokale Variablen und Felder:       Name     Bedeutung
**                                   ...      ...
**
      INTEGER
      REAL
      DOUBLE PRECISION
      COMPLEX
      LOGICAL
      CHARACTER
**Unterprogramme, die als aktuelle Parameter übergeben werden:
**                                   Name     Bedeutung
**                                   ...      ...
      EXTERNAL
      INTRINSIC
**-----------------------------------------------------------
**-------------------- Ausführungsteil ---------------------
**-----------------------------------------------------------
```

Beim Modulentwurf werden zunächst nur die mit C beginnenden Kommentarzeilen vervollständigt. Die restlichen Angaben werden im Verlauf der Modul-Realisierung eingetragen.

Noch ein Tip zur Durchführung von Änderungen.*)
Es ist günstig, Anweisungen, die entfernt werden sollen, nicht zu löschen, sondern durch die Angabe von *D in den Spalten 1 und 2 zu deaktivieren. Ebenso sollte man bei Anweisungen verfahren, die zu modifizieren sind. Die alte Anweisung wird mit *M deaktiviert, die neue direkt darunter geschrieben. Fehlerhafte Korrekturen können auf diese Weise leicht rückgängig gemacht werden.

*) An manchen Anlagen gibt es Hilfsprogramme zur Verwaltung von Quellprogrammen (z.B. UPDATE und MODIFY), die gelöschte und geänderte Zeilen automatisch aufbewahren.

Darüber hinaus ist es zweckmäßig, eingefügte, gelöschte und modifizierte Anweisungen in den Spalten 73-80 mit einer Korrekturnummer zu versehen.

Beispiel:

```
*D     TEXT = 'DIES IST EINE DEAKTIVIERTE ANWEISUNG'        KORR1
       IF (X .GT. 0.) THEN
*M        Y = SIN (SQRT(X))                                 KORR1
          Y = SIN (2.*X)                                    KORR1
       ELSE
          Y = -SIN(X)
          Z = X*Y                                           KORR1
       END IF
```

Die Vervollständigung des Unterprogrammrahmens läßt sich noch komfortabler gestalten, indem man ein entsprechendes interaktives Programm entwickelt, das die einzelnen Angaben abfragt und sie in den Rahmen einträgt.

9.2 Modul- und Systemtests

Bevor ein erstellter Modul in ein Programmsystem eingebaut wird, muß er systematisch getestet werden. Dabei reicht es nicht aus, festzustellen, daß er für einige Parameterwerte korrekt arbeitet. Es muß kontrolliert werden, ob er die geforderten Leistungen in vollem Umfang erfüllt. Ebenso ist auch das fertige Programmsystem bezüglich der gestellten Anforderungen zu überprüfen.

Das vorrangige Ziel solcher Tests ist das Aufspüren von Fehlern, um später einen möglichst zuverlässigen Routinebetrieb gewährleisten zu können. Da das Testen eine recht destruktive Tätigkeit ist - schließlich sollen ja Unzulänglichkeiten des Programms aufgedeckt werden - sollte man stets eine personelle Trennung zwischen Programmentwickler und -tester anstreben.

Merke:
Durch Tests läßt sich nur die Anwesenheit von Fehlern, nicht aber deren Abwesenheit nachweisen (Dijkstra)!

Für die Durchführung der Modultests stehen zwei Methoden zur Verfügung, die nebeneinander eingesetzt werden sollten:

der Blackbox-Test und der Whitebox-Test

Beim Blackbox-Test wird der Modul als "schwarzer Kasten" behandelt, d.h. die programmtechnische Realisierung bleibt unberücksichtigt. Allein aus der Modulspezifikation werden Testfälle abgeleitet. Da man den Modul nicht mit allen möglichen Datensätzen ausführen kann, muß man sich auf eine geeignete Teilmenge beschränken.

Eine häufig angewandte Technik zur Erzeugung einer solchen Teilmenge besteht darin, die Menge aller möglichen Eingabewerte in endlich viele Äquivalenzklassen zu zerlegen. Die Werte einer Äquivalenzklasse sind dadurch gekennzeichnet, daß sie alle den gleichen Bedingungszustand beschreiben.
Aus jeder Äquivalenzklasse wird für den Test ein Datensatz ausgewählt.

Beispiele:

a) Die Eingabevariable kann die Werte 5 bis 10 annehmen.

gültige Äquivalenzklasse:	5 ≤ Wert ≤ 10
ungültige Äquivalenzklassen:	Wert < 5, Wert > 10
Testdatensätze:	6
	3
	12

b) Eine Eingabekette soll mit einem Buchstaben beginnen.

gültige Äquivalenzklasse:	das 1. Zeichen ist ein Buchstabe
ungültige Äquivalenzklassen:	das 1. Zeichen ist kein Buchstabe

c) Die 3 Eingabewerte sollen als Dreiecksseiten interpretiert werden.

ungültige Äquivalenzklassen (unzulässige Dreiecke):

(1) ein Seite = 0
(2) ein Seite < 0
(3) die Summe zweier Seiten ist = der dritten Seite
(4) die Summe zweier Seiten ist < als die dritte Seite
(5) alle Seiten = 0
(6) weniger als 3 Eingabewerte
...

gültige Äquivalenzklassen (zulässige Dreiecke):

(11) unregelmäßiges Dreieck

(12) gleichseitiges Dreieck

(13) gleichschenkliges Dreieck

...

Testdatensätze:

(1)	0	1	2
(2)	1	-1	2
(3)	1	2	3
(4)	1	4	1
(5)	0	0	0
(6)	1		2
...			

Eine weitere Technik, Testdatensätze zu erzeugen, ist die Grenzwertanalyse. Als Testdaten werden dabei die Grenzwerte der Äquivalenzklassen gewählt.

Beispiele:

a) Wenn eine INTEGER-Variable die Werte 5 bis 10 annehmen kann, so betrachtet man als Testdaten: 4, 5, 10 und 11.

b) Bei der Verarbeitung von Dateien ist zu überprüfen, ob der erste und der letzte Datensatz richtig behandelt werden. Ebenso muß der Sonderfall, daß die Datei leer ist, untersucht werden.

c) Bei Null-DM Einkommen darf das Programm keine Null-DM Steuerforderung erzeugen (wie es leider in der Praxis gelegentlich noch vorkommt). Man vermeide ähnliche Effekte.

Weitere Testfälle lassen sich konstruieren, indem man überlegt, wo der Modul möglicherweise Schwachstellen enthalten könnte (z.B. zu kleine Felder, numerische Instabilität u.ä.) und welche Fehler in ihrer Auswirkung besonders gravierend und teuer sind.

Beim Whitebox-Test werden die Testfälle anhand der programmtechnischen Realisierung konstruiert. Die Testdaten sollten dabei so gewählt werden, daß jede Anweisung mindestens einmal durchlaufen wird.

Günstiger, aber auch entsprechend aufwendiger, ist, jede Bedingung einer Verzweigung mindestens einmal zu überprüfen.

Um einen Modultest durchzuführen, benötigt man als Testrahmen

- ein Rahmenprogramm (driver program)
- eine Datei mit den Testdaten
- Simulationen für Module, die von dem zu testenden Modul aufgerufen werden, sofern diese Module noch nicht existieren.

Beispiel:

```
      PROGRAM TDREIE
C
C  Testprogramm für den Modul DREIEK, der die
C  Eigenschaften eines Dreiecks bestimmt.
C
*-----------------------------------------------------------
*     Dreiecksseiten A,B,C
      REAL A, B, C
*     Dreieckseigenschaften
      LOGICAL GUELT, GLSEIT, GLSCH, RECHTW
*-----------------------------------------------------------
*     Eingabedatei (Testdaten) EDREIE
*     Die Dreiecksseiten sind nach fallender Größe geordnet
      OPEN (1,FILE='EDREIE')
*     Ausgabedatei (Testergebnisse) ADREIE
      OPEN (2,FILE='ADREIE')
*
 100  CONTINUE
         READ(1,*,END=200) A,B,C
         WRITE(2,*) 'A=',A,'  B=',B,'  C=',C
         CALL DREIEK (A,B,C,GUELT,GLSEIT,GLSCH,RECHTW)
         WRITE(2,'(4L5)') GUELT,GLSEIT,GLSCH,RECHTW
         GOTO 100
 200  CONTINUE
      END

      SUBROUTINE DREIEK (A,B,C,...)
      ...
      IF (GUELT) THEN
           CALL SORT (A,B,C)
           ...
      END IF
      ...
      END

      SUBROUTINE SORT (A,B,C)
*
*     Simulationsroutine
*
      REAL A,B,C
      END
```

Für die Durchführung dieses Tests ist es zweckmäßig, interaktive Programme zur Fehlerlokalisation (z.B. CID, IDA, Interactive Debug) einzusetzen, da diese das Setzen von Haltepunkten und die Ausgabe und das Verändern von Variablenwerten während der Programmausführung gestatten.

Das Testen wird wesentlich erleichtert, wenn Testsyteme, wie z.B. RXVP oder SOFTEST, eingesetzt werden können.

Nachdem die einzelnen Module hinreichend getestet sind, können sie in das Gesamtsystem integriert werden. Insbesondere bei umfangreichen Programmsystemen sollte dieser Integrationsprozess schrittweise erfolgen. Ausgehend von den Modulen der untersten Ebene werden immer größere Systemkomponenten gebildet, und diese werden analog zum Modultest überprüft (Bottum-up-Integration).

Beispiel:

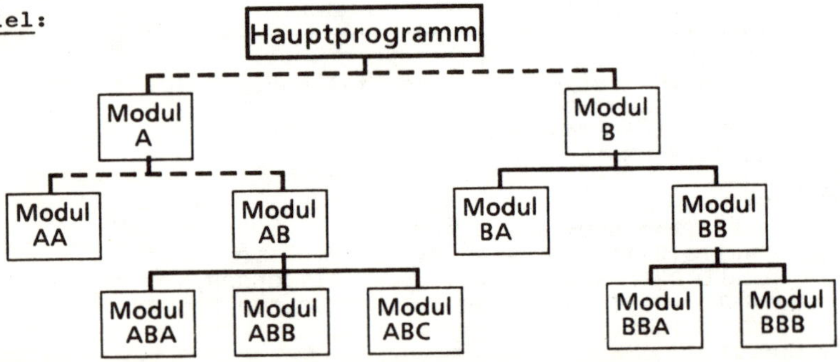

Die durchgezogenen Verbindungen sind bereits getestet, die gestrichelten noch nicht.

Beim abschließenden Systemtest wird überprüft, ob das Programmsystem die im Pflichtenheft beschriebenen Anforderungen erfüllt.
Testdaten, Testergebnisse und Rahmenprogramme sollte man nach Abschluß der Testphase nicht einfach wegwerfen, sondern sorgfältig, am besten in einer Testbibliothek, aufbewahren.

Nach jeder Fehlerkorrektur muß überprüft werden, ob diese korrekt durchgeführt und keine neuen Fehler eingeschleppt wurden. Durch Ausführung der entsprechenden Tests der Testbibliothek und einen Vergleich der Testergebnisse kann dies relativ leicht erledigt werden.

Detailinformationen zum Testen von Programmen finden Sie in dem Buch von Myers [Mye 82].

9.3 Parameterübergabe mittels COMMON-Blöcke

Im Normalfall erfolgt der Austausch von Daten zwischen verschiedenen Programmeinheiten über Parameterlisten. Sind diese allerdings recht umfangreich, so können sich leicht Fehler bei der Zuordnung zwischen aktuellen und formalen Parametern einschleichen.

Eine Alternative zur Datenübergabe per Parameterliste bietet die COMMON-Anweisung. Sie ordnet Variablen und Feldern aus verschiedenen Programmeinheiten einen oder mehrere gemeinsame Speicherbereiche, sogenannte <u>COMMON-Blöcke</u>, zu.

<u>Hinweis</u>:
Bei der Verwendung von COMMON-Blöcken muß sehr sorgfältig gearbeitet werden, da sich hier auftretende Fehler i.a. nur schwer lokalisieren lassen!

Man unterscheidet zwei Arten von COMMON-Blöcken:

a) der <u>unbenannte</u> (blank) <u>COMMON-Block</u>, der durch die Anweisung

   COMMON [//] *liste*

   vereinbart wird.

b) <u>benannte</u> (labeled) <u>COMMON-Blöcke</u>, die durch Anweisungen der Form

   COMMON / *cbname* / *liste*

   vereinbart werden; dabei ist *cbname* der Name des COMMON-Blocks.

In der COMMON-Liste *liste* stehen die Namen der Variablen und Felder, die sich innerhalb der Programmeinheit auf diesen COMMON-Block beziehen. Formale Parameter und Prozedurnamen dürfen nicht in COMMON-Anweisungen auftreten. Prozedurnamen können also nur durch eine Parameterliste übergeben werden.

Beispiel:

a) Datenübergabe mittels Parameterliste

```
PROGRAM HAUPT1                  SUBROUTINE UNTER (X,Y,Z)
REAL A,B,C                      REAL X,Y,Z
...                             ...
CALL UNTER(A,B,C)               END
...
END
```

b) Datenübergabe mittels COMMON-Block

```
PROGRAM HAUPT2                  SUBROUTINE UNTER
REAL A,B,C                      REAL X,Y,Z
COMMON / KOEFF / A,B,C          COMMON / KOEFF / X,Y,Z
...
CALL UNTER
...
END
```

Die Variablen A und X (ebenso B und Y sowie C und Z) beziehen sich jeweils auf die gleiche Speichereinheit. Das bedeutet, daß A und X zu jedem Zeitpunkt den gleichen Wert besitzen. Die Wertänderung einer Variablen wirkt sich somit auf alle anderen, den Speicherplatz teilenden, Variablen aus.

Um Veränderlichen aus verschiedenen Programmeinheiten den gleichen Speicherbereich zuzuweisen, muß in jeder dieser Programmeinheiten der zugehörige COMMON-Block vereinbart werden. Die Zuordnung der Größen zu den Speicherplätzen richtet sich allein nach der Reihenfolge der Variablen und Felder in der COMMON-Liste und nicht nach Namen. Die zugeordneten Größen müssen den gleichen Datentyp besitzen. Einzige Ausnahme bilden komplexe Größen; hier können Real- und Imaginärteil durch zwei REAL-Variablen angesprochen werden.

Beispiel:

```
PROGRAM HAUPT                    SUBROUTINE UNTER
REAL X,Z                         REAL A,B,X,Y
COMPLEX C                        COMMON / DATEN / A,X,Y,B
COMMON / DATEN / X,C,Z           ...
...                              END
CALL UNTER
END
```

Zuordnung:

X	Re C	Im C	Z
A	X	Y	B

Der Speicherbedarf einer Variablen wird durch ihren Datentyp bestimmt. Variablen vom Typ INTEGER, REAL und LOGICAL belegen jeweils eine numerische Speichereinheit; Variablen vom Typ DOUBLE PRECISION und COMPLEX belegen zwei numerische Speichereinheiten. Jedes Zeichen belegt eine Zeichen-Speichereinheit. Da im Standard keine Relation zwischen numerischen und Zeichen-Speichereinheiten festgelegt wurde - diese ist auch von Anlage zu Anlage verschieden - müssen, falls ein COMMON-Block eine CHARACTER-Größe enthält, auch alle anderen Variablen und Felder des Blocks vom Typ CHARACTER sein.

Beispiel:

```
CHARACTER*80 C(100),NAME,WEG*40,ORT*40
COMMON C,NAME,WEG,ORT
```

Im unbenannten COMMON-Block werden die CHARACTER-Größen in der aufgeführten Reihenfolge gespeichert.

Bei benannten COMMON-Blöcken ist darauf zu achten, daß alle COMMON-Blöcke, die den gleichen Namen haben, auch gleich viele Speicherplätze belegen. Demgegenüber kann der unbenannte COMMON-Block in verschiedenen Programmeinheiten unterschiedlich lang sein.

Beispiel:

```
PROGRAM HAUPT                    SUBROUTINE UNTER(N)
REAL X(5),Y                      REAL A(6)
INTEGER HOEHE,I                  INTEGER H,N
COMMON / DATEN / X,Y,HOEHE       COMMON / DATEN / A,H
...                              ...
CALL UNTER(I)                    END
...
END
```

Innerhalb einer COMMON-Anweisung können Feldnamen mit den zugehörigen Indexgrenzen (konstante INTEGER-Ausdrücke) angegeben werden.

Beispiel:

```
INTEGER FARBEN (0:7)
COMMON / PLOTS / FARBEN
```

ist äquivalent zu

```
INTEGER FARBEN
COMMON / PLOTS / FARBEN (0:7)
```

COMMON-Anweisungen wirken kumulativ, d.h. wird innerhalb einer Programmeinheit ein COMMON-Block mehrmals angegeben, so werden die Listenelemente aneinandergereiht.

Beispiel:

Die beiden Anweisungen

```
COMMON / DATEN / X(5)
COMMON / DATEN / Y,M
```

sind äquivalent zur Anweisung

```
COMMON / DATEN / X(5), Y,M
```

Empfehlung:

Falls man innerhalb eines Programmsystems die Übergabe von Parametern mittels COMMON-Blöcken realisieren will, so sollte man beim Programmentwurf eine Liste der globalen Programmgrößen erstellen. Der sachlichen Zusammengehörigkeit entsprechend sollte man diese in mehrere Blöcke einteilen.
Es empfiehlt sich, für gleiche Größen in verschiedenen Programmeinheiten auch die gleichen Namen zu verwenden.
Die COMMON- und expliziten Typ-Anweisungen können dann einmal erstellt und in die verschiedenen Programmeinheiten kopiert werden; das Gesamtprogramm läßt sich dann durchgängig lesen.
Mehrere kleinere benannte COMMON-Blöcke sind also einem einzigen umfangreichen Block i.a. vorzuziehen.

Beim Einsatz von COMMON-Anweisungen gehen die Meinungen der Praktiker weit auseinander. Während die einen die Verwendung von COMMON-Blöcken strikt ablehnen (Begründung: Einschränkung der Wiederverwendbarkeit der Module; über COMMON-Blöcke werden häufig Größen eingeführt, die in der Programmeinheit nicht verwendet werden; COMMON-Fehler lassen sich i.a. nur schwer auffinden usw.), sehen die anderen darin ein adäquates Mittel zur Parameterübergabe, insbesondere für Listen und Tabellen, bei der Erstellung unfangreicher Programmsysteme.

Beispiel:

```
      PROGRAM COMMON

      PARAMETER (NMAX=10)
      REAL A(NMAX,NMAX), B(NMAX,NMAX), C(NMAX,NMAX)
      COMMON NMAX1

*     DIE IM HAUPTPROGRAMM VEREINBARTEN FELDGRENZEN
*     WERDEN ÜBER DEN BLANK COMMON-BLOCK AN DIE
*     UNTERPROGRAMME ÜBERGEBEN

      NMAX1=NMAX
*     EINGABE DER AKTUELLEN FELDGRENZEN
      READ*, N
      IF (N .GT. NMAX) THEN
         PRINT*, 'IN DER PARAMETER-ANWEISUNG MUSS MAX = ',
     1           N, ' GESETZT WERDEN'
         GOTO 900
      END IF
```

```
*       EINGABE DER AUSGANGSMATRIZEN
        READ*, ((A(I,K),K=1,N),I=1,N)
        CALL MATOUT (A,N)
        READ*, ((B(I,K),K=1,N),I=1,N)
        PRINT*
        CALL MATOUT (B,N)
        PRINT*

*       AUFRUF DER MATRIZENADDITION
        CALL MATADD(A,B,C,N)
*       AUSGABE DER LOESUNGSMATRIX
        PRINT*,'SUMMATIONSERGEBNIS'
        PRINT*
        CALL MATOUT (C,N)
900     END

        SUBROUTINE MATADD(X,Y,Z,N)
**************************************************
*       DIE QUADRATISCHEN (NXN)-MATRIZEN X UND Y   *
*       WERDEN ADDIERT. DIE ERGEBNISMATRIX IST Z.  *
**************************************************
        COMMON NMAX
        REAL X(NMAX,NMAX), Y(NMAX,NMAX), Z(NMAX,NMAX)
        DO 1 I=1,N
        DO 1 K=1,N
           Z(I,K) = X(I,K) + Y(I,K)
1       CONTINUE
        END

        SUBROUTINE MATOUT (A,N)
***     ZEILENWEISE AUSGABE EINER MATRIX  ***
        COMMON NMAX
        REAL A(NMAX,NMAX)
        DO 10 I=1,N
           PRINT*,(A(I,K),K=1,N)
10      CONTINUE
        END
```

Während die Variablen und Feldelemente eines benannten COMMON-Blocks durch DATA-Anweisungen in BLOCK DATA-Unterprogrammen (9.4) vorbesetzt werden können, lassen sich die Größen eines Blank COMMON-Blocks nicht initialisieren.

9.4 Initialisierung benannter COMMON-Blöcke

Die Vorbesetzung von Variablen und Feldelementen benannter COMMON-Blöcke kann nur in BLOCK DATA-Unterprogrammen vorgenommen werden. Ein solches Unterprogramm wird mit der Anweisung

BLOCK DATA [*name*]

eingeleitet und darf außer der abschließenden END-Anweisung nur die folgenden nicht ausführbaren Anweisungen enthalten:

IMPLICIT
PARAMETER
DIMENSION
COMMON
SAVE
EQUIVALENCE
Typ-Anweisungen
DATA

In einem Programm können mehrere BLOCK DATA-Unterprogramme auftreten, allerdings darf nur eines ohne Namen sein.

Die durch ein BLOCK DATA-Unterprogramm initialisierten Größen können zu verschiedenen benannten COMMON-Blöcken gehören. Wird eine Variable oder ein Feldelement eines benannten COMMON-Blocks vorbesetzt, so müssen sämtliche Blockelemente in der zugehörigen COMMON-Anweisung aufgeführt werden.

Außer der Anfangswertzuweisung von Variablen und Feldelementen benannter COMMON-Blöcke erfüllen BLOCK DATA-Unterprogramme keine weiteren Funktionen. BLOCK DATA-Unterprogramme werden nicht aufgerufen.

Beispiel:

```
      BLOCK DATA INIT
      PARAMETER (N = 10)
      REAL A(N,N), B(N,N), EWERT(N)
      CHARACTER*10 WOCHE(7)
      COMMON / WEEK / WOCHE
      COMMON / LINALG / A, EWERT, B
      DATA WOCHE / 'MONTAG', 'DIENSTAG', 'MITTWOCH',
     1     'DONNERSTAG', 'FREITAG', 'SAMSTAG', 'SONNTAG'/
      DATA ((A(I,J), I=1,J-1), J=2,N)/45*1. /(A(I,I), I=1,N)
     1     /10*0. / ((A(I,J), I=J+1,N), J=1,N-1) / 45*-1./
      END
```

9.5 Sichern von Werten in Unterprogrammen

Nach der Ausführung eines FUNCTION- oder SUBROUTINE-Unterprogramms erhalten alle lokalen Variablen und lokalen Felder i.a. wieder einen undefinierten Status. Es gibt allerdings Anwendungen, in denen es wünschenswert ist, daß die Werte einiger lokaler Größen zwischen zwei Prozeduraufrufen erhalten bleiben. Dies wird mittels einer SAVE-Anweisung erreicht.

Die SAVE-Anweisung ist nicht ausführbar und hat die allgemeine Form

SAVE [*a*[,*a*]...]

wobei als Elemente *a* der SAVE-Liste erlaubt sind:

lokale Variablennamen
lokale Feldnamen
COMMON-Blocknamen (durch Schrägstriche begrenzt!)

Formale Parameter, Prozedurnamen und Einzelelemente von COMMON-Blöcken dürfen nicht in einer SAVE-Liste vorkommen.

Die SAVE-Anweisung bewirkt, daß die Werte der aufgeführten Variablen und Felder bis zum nächsten Prozeduraufruf erhalten bleiben und mit ihnen dann weitergearbeitet werden kann.

Gewöhnlich werden die in SAVE-Anweisungen aufgeführten Variablen und Felder mittels DATA-Anweisungen vorbesetzt. Sie besitzen somit auch schon beim erstmaligen Aufruf des Unterprogramms definierte Werte.

<u>Beispiel</u>:

```
      SUBROUTINE RETTE (A,B,C)
      INTEGER AUFRUF
      SAVE AUFRUF
      DATA AUFRUF /0/
*     --Die Variable AUFRUF enthält die Anzahl
*     --der Aufrufe dieses Unterprogramms.
*     --In Abhängigkeit von der Größe dieser Zahl
*     --findet eine Programmverzweigung statt.
      IF (AUFRUF .LT. 5) THEN
      ...
      END IF
      AUFRUF = AUFRUF+1
      END
```

Enthält ein Unterprogramm einen benannten COMMON-Block, so erhalten alle im Block vorkommenden Größen beim Verlassen des Unterprogramms einen <u>undefinierten Wert</u>,

- falls dieser Block nicht in einer Programmeinheit vorkommt, die das Unterprogramm direkt oder indirekt aufruft,

- oder falls der Block nicht in einer SAVE-Anweisung vereinbart wurde.

Die SAVE-Anweisung gewährleistet also, daß alle Werte des benannten COMMON-Blocks bis zur Bearbeitung der nächsten Programmeinheit, die diesen Block enthält, erhalten bleiben. Der in der SAVE-Anweisung aufgeführte Block muß dann auch in allen anderen Unterprogrammen, in denen er vorkommt, vereinbart werden.

<u>Beispiel</u>:

```
PROGRAM HAUPT
...
CALL UP1
CALL UP2
...
END

SUBROUTINE UP1
REAL A,B,C
COMMON / GLOBAL / A,B,C
SAVE / GLOBAL /
...
END

SUBROUTINE UP2
REAL X,Y,Z
COMMON / GLOBAL / X,Y,Z
SAVE / GLOBAL /
...
END
```

Die SAVE-Anweisung gewährleistet, daß die Werte der Variablen A,B,C vom Unterprogramm UP1 an die Variablen X,Y,Z vom Unterprogramm UP2 durchgereicht werden.

Enthält eine SAVE-Anweisung keine Namen, so werden alle erlaubten Größen des Unterprogramms als Elemente der SAVE-Liste angesehen.

Anhang

A.1 Weitere FORTRAN-Anweisungen

Ein Hauptziel bei der Entwicklung des FORTRAN77-Standards war die Kompatibilität zu FORTRAN66. Alle FORTRAN66-Programme sollten möglichst ohne Änderungen auch als FORTRAN77-Programme akzeptiert werden.
Dieses Ziel wurde weitgehend erreicht, allerdings zu Lasten eines inzwischen recht aufgeblähten Sprachumfangs: FORTRAN enthält heute einige Anweisungen, die den Regeln der Strukturierten Programmierung widersprechen bzw. schlicht überflüssig sind, da andere, bessere Anweisungen mit der gleichen Wirkung existieren. Darüber hinaus gibt es einige Anweisungen, die nur eine relativ geringe Bedeutung besitzen.

Um den FORTRAN77-Sprachumfang zu vervollständigen, sollen die noch fehlenden Anweisungen im folgenden kurz vorgestellt werden. Damit soll erreicht werden, daß jeder Leser existierende FORTRAN-Programme, die diese Anweisungen enthalten, verstehen und modifizieren kann. Bei der Neuentwicklung sollte man auf diese Elemente jedoch weitgehend verzichten.

a) ASSIGN-Anweisung (ausführbar)

Form: ASSIGN *n* TO *i*

n Anweisungsnummer
i INTEGER-Variable

Wirkung: Der Variablen *i* wird die Anweisungsnummer *n* zugeordnet. Der Variablenname *i* kann dann in einer zugeordneten GOTO-Anweisung (g) oder einer E/A-Anweisung wie eine Anweisungsnummer verwendet werden.

Bemerkung: überflüssige Anweisung

b) DIMENSION-Anweisung (nicht ausführbar)

Form: DIMENSION *fname*(*d*[,*d*]...)[,*fname*(*d*[,*d*]...)]...

fname Feldname
d Dimensiongrenze(n)

Wirkung: Vereinbarung von Feldern mit den zugehörigen Feldgrenzen. Wird der Feldname in einer expliziten Typvereinbarung aufgeführt, so haben alle Elemente diesen Datentyp, ansonsten gilt die implizite Typendeklaration.

Bemerkung: Es ist günstiger, ein Feld in einer expliziten Typanweisung zu vereinbaren, da hier die Information bezüglich Datentyp und Feldgrenzen zusammenstehen. Die DIMENSION-Anweisung ist daher überflüssig.

Beispiel:

```
INTEGER   TAB
DIMENSION TAB(10,10))
(besser: INTEGER TAB(10,10)
```

c) **ENTRY-Anweisung** (nicht ausführbar)

Form: ENTRY *ename* [([*fp*[,*fp*]...])]

ename Einsprungpunktname
fp formaler Parameter

Wirkung: In einem SUBROUTINE- oder FUNCTION-Unterprogramm wird ein Einsprungpunkt vereinbart. Wird in einer anderen Programmeinheit der Einsprungpunktname aufgerufen, so wird das Unterprogramm ab der Einsprungstelle ausgeführt.

Restriktion: Eine ENTRY-Anweisung darf weder in einer DO-Schleife noch in einer Block IF-Struktur enthalten sein.

Bemerkung: Diese Anweisung steht im Widerspruch zur Strukturierten Programmierung, da jeder Modul nur einen Eingang besitzen sollte.

Beispiel:

```
      PROGRAM HAUPT
      ...
      IF (A2.EQ.1) THEN
          CALL NORQGL (A1,A0,X)
      ...
      END

      SUBROUTINE QGL (A2,A1,A0,LOES2)
*     QGL löst A2*X**2+A1*X+A0=0
      ...
      ENTRY NORQGL (A1,A0,LOES1)
*     NORQGL löst X**2+A1*X+A0=0
      ...
      END
```

d) **EQUIVALENCE-Anweisung** (nicht ausführbar)

Form: EQUIVALENCE (*liste*) [,(*liste*)]...

liste Namen von Variablen, Feldern, Feldelementen oder Teilketten

Wirkung: Die in der Liste aufgeführten Größen belegen gemeinsame Speicherplätze.

Bemerkung: Die Mehrfachbelegung von Speicherplätzen stellt eine Fehlerquelle dar und macht das Programm unübersichtlich. Auf sie kann insbesondere bei Systemen mit virtuellem Speicherkonzept weitgehend verzichtet werden.

Beispiel:

a)
```
REAL X(200,200) Y(40 000)
EQUIVALENCE (X,Y)
```

Die gleichen Elemente können als Matrix- oder als Vektorelement angesprochen werden.

b)
```
COMPLEX C
REAL CREAL, CIMAG, H(2)
EQUIVALENCE (C,H(1),CREAL), (H(2),CIMAG)
```

Auf Real- und Imaginärteil von C kann direkt zugegriffen werden.

Restriktion: Feldelemente dürfen einander nicht so zugeordnet werden, daß ihre Speicherreihenfolge verändert würde.

e) **Anweisungsfunktion** (nicht ausführbar)

Eine Anweisungsfunktion (statement function) ist eine Funktion, die durch eine einzige Anweisung definiert wird. Sie hat die Form einer arithmetischen, logischen oder CHARACTER-Wertzuweisung.

Form: *fun* ([*fp*[,*fp*]...]) = *a*

fun Name der Anweisungsfunktion
fp formaler Parameter
a Ausdruck

Bedeutung: Eine Anweisungsfunktion kann wie eine externe oder interne Funktion aufgerufen werden, allerdings nur in der Programmeinheit, in der sie definiert ist.

Restriktion: Anweisungsfunktionen müssen hinter allen Vereinbarungsanweisungen und vor allen ausführbaren Anweisungen stehen.
Der Datentyp der Funktion und des Ausdrucks müssen kompatibel sein.
Aktuelle und formale Parameter müssen bezüglich Anzahl, Reihenfolge und Datentyp übereinstimmen.
Ein Anweisungsfunktionsname darf nicht als Aktualparameter verwendet werden.

Beispiele:

```
      RUNDE(A,N) = ANINT(A*10.**N)/10.**N
*     rundet den Wert von A auf N Nachkommastellen
      ENTODR(L1,L2) = (L1.OR.L2) .AND. .NOT.(L1.AND.L2)
*     logische Entweder-Oder-Funktion (L1,L2 sind vom Typ
*     LOGICAL)

*     Aufrufe:
      Z = RUNDE(X+Y**2,3)
      IF (ENTODR(REICH,SPORTL)) THEN
```

f) berechnete GOTO-Anweisung (ausführbar)

Form: GOTO (*n*[,*n*]...) [,*i*]

n Anweisungsnummer
i INTEGER-Ausdruck

Wirkung: Der Wert des Ausdrucks *i* wird berechnet. Hat *i* den Wert j, so wird zur Anweisung mit der j-ten Anweisungsnummer der Liste verzweigt. Ist der Wert von *i* kleiner als 1 oder größer als die Anzahl der aufgelisteten Anweisungsnummern, so wird das Programm mit der auf die GOTO-Anweisung folgende Anweisung fortgesetzt. Innerhalb der Liste darf eine Anweisungsnummer mehrmals auftreten.

Empfehlung: Eine Block IF-Struktur ist aus Gründen der Übersichtlichkeit einer äquivalenten Struktur mit einer berechneten GOTO-Anweisung (computed GOTO) stets vorzuziehen.

Beispiel: GOTO (110,30) I+K
Für I+K=1 erfolgt ein Sprung zur Anweisungsnummer 110.
Für I+K=2 erfolgt ein Sprung zur Anweisungsnummer 30.
Für I+K<1 oder I+K>2: kein Sprung.

g) zugeordnete GOTO-Anweisung (ausführbar)

Form: GOTO *i* [[,](*n*[,*n*]...)]

i INTEGER-Variable
n Anweisungsnummer

Wirkung: Der INTEGER-Variablen *i* muß zuvor im Programm eine Anweisungsnummer über eine ASSIGN-Anweisung (a) zugewiesen sein. Diese Anweisungsnummer muß mit einer der in der Liste angegebenen Anweisungsnummern übereinstimmen. Zu dieser Anweisungsnummer wird verzweigt.

Bemerkung: überflüssige Anweisung

Beispiel: ASSIGN 105 TO ANWNR
GOTO ANWNR (10,105,195,30)
Zur Anweisungsnummer 105 wird verzweigt.

h) arithmetische IF-Anweisung (ausführbar)

Form: IF (*aa*) *n1*, *n2*, *n3*

aa Ausdruck vom Typ INTEGER, REAL oder D.P.
n1, *n2*, *n3* Anweisungsnummern

Wirkung: Der arithmetische Ausdruck *aa* wird berechnet. Ist dessen Wert kleiner als Null, so wird zur Anweisungsummer *n1* verzweigt, ist er gleich Null zur Anweisungsnummer *n2* und ist er größer als Null zur Anweisungsnummer *n3*.

Bemerkung: überflüssige Anweisung; Block IF-Struktur verwenden.

Beispiel: IF (X*X+Y*Y-1.) 100,200,300

i) **IMPLICIT-Anweisung** (nicht ausführbar)

Form: IMPLICIT *typ*(*a*[,*a*]...)[,*typ*(*a*[,*a*]...)]...

typ Datentyp (INTEGER, REAL, DOUBLE PRECISION, COMPLEX, LOGICAL oder CHARACTER [**len*])
a Buchstabe oder Buchstabenbereich

Wirkung: Alle nicht explizit vereinbarten Variablen, Felder, benannten Konstanten und Funktionen, die mit einem in der Buchstabenliste angegebenen Buchstaben beginnen, haben diesen Datentyp.

Empfehlung: Man sollte alle Größen durch explizite Typanweisungen vereinbaren. Die Anweisung

IMPLICIT LOGICAL (A-Z)

wird dann häufig herangezogen, um Abweichungen von dieser Regel (insbesondere Tippfehler bei Variablen) festzustellen.

Beispiel: IMPLICIT COMPLEX (C), CHARACTER*80 (X-Z)
Es wird festgelegt, daß alle Größen, die mit C beginnen komplexwertig sind und alle Größen, die mit X, Y oder Z beginnen vom Datentyp CHARACTER sind und 80 Zeichen umfassen.

i) **PAUSE-Anweisung** (ausführbar)

Form: PAUSE [*n*]
n 1-5 Ziffern oder eine CHARACTER-Konstante

Wirkung: Die Programmausführung wird unterbrochen.
Die Fortsetzung der Ausführung kann nur von außerhalb des Programms erfolgen (maschinenabhängig: durch den Programmierer selbst oder den Konsol-Operator der Anlage).

Bemerkung: veraltet und überflüssig

Beispiel: PAUSE 'BITTE BAND VSN = XYZ123 AUFLEGEN'

k) **RETURN-Anweisung** (ausführbar)

Form: RETURN

Wirkung: Die Anweisung wird in FUNCTION- oder SUBROUTINE-Unterprogrammen verwendet. Sie bewirkt, daß die Kontrolle an die rufende Programmeinheit zurückgegeben und die Verbindung zwischen aktuellen und formalen Parametern wieder gelöst wird.

Bemerkung: Ein Unterprogramm braucht keine RETURN-Anweisung zu enthalten, da die Ausführung einer END-Anweisung das gleiche bewirkt. Im Sinne der Strukturierten Programmierung ist diese Anweisung überflüssig, da mehrere RETURN-Anweisungen zu einem Programmodul führen, der mehrere Ausgänge besitzt.

l) alternative RETURN-Anweisung (ausführbar)

Form: RETURN *i*

i INTEGER-Ausdruck

Restriktion: Diese Anweisung darf nur in SUBROUTINE-Unterprogrammen benutzt werden.

Wirkung: Die Anweisung ermöglicht einen Rücksprung vom SUBROUTINE-Unterprogramm zu verschiedenen ausführbaren Anweisungen der rufenden Programmeinheit. Diese Rücksprungziele müssen mit Anweisungsnummern ausgestattet sein. Die Anweisungsnummern nr werden als Aktualparameter in der Form *nr in der CALL-Anweisung übergeben. Ein zugehöriger Formalparameter wird durch das Zeichen * dargestellt. Die Anweisung bewirkt einen Sprung zur i-ten Anweisungsnummer der CALL-Anweisung.

Beispiel:

```
100   X=X+7.3
      CALL UNTER (X,*100,*200)
200   Y=FKT(X*X)
      ...
      SUBROUTINE UNTER (A,*,*)
      ...
      RETURN 2                    - Sprung nach 200 -
      ...
      IF (A.LT.0.1) RETURN 1      - Sprung nach 100 -
```

Bemerkung: Diese Anweisung steht im Widerspruch zur Strukturierten Programmierung, da jeder Modul nur einen Ausgang besitzen sollte.

m) STOP-Anweisung (ausführbar)

Form: STOP [*n*]

n 1-5 Ziffern oder eine CHARACTER-Konstante

Wirkung: Die Anweisung bewirkt die Beendigung der Programmausführung. Die Angabe *n* wird dann i.a. am Terminal ausgegeben oder in das Ablaufprotokoll geschrieben.

Empfehlung: Die Anweisung sollte nicht in Unterprogrammen verwendet werden.

Bemerkung: Da die Ausführung einer END-Anweisung im Hauptprogramm ebenfalls die Ausführung des Programms beendet, ist die STOP-Anweisung überflüssig. Mehrere STOP-Anweisungen widersprechen den Prinzipien der Strukturierten Programmierung.

Beispiel: STOP 'PROGRAMM-ENDE'

A.2 Überblick: FORTRAN-Anweisungen

Jede FORTRAN-Anweisung ist entweder ausführbar oder nicht ausführbar. Während die nicht ausführbaren Anweisungen i.w. zur Beschreibung der zu verarbeitenden Objekte dienen, geben die ausführbaren Anweisungen die während der Programmausführung stattfindenen Aktionen an.

A.2.1 Nicht ausführbare Anweisungen

a) Kennzeichnung der Programmeinheit

```
Hauptprogramm: PROGRAM name
FUNCTION-Unterprogramm: [typ] FUNCTION name ([fp[,fp]...])
SUBROUTINE-Unterprogramm: SUBROUTINE name [([fp[,fp]...])]
BLOCK DATA-Unterprogramm: BLOCK DATA [name]
```

b) Spezifikationsanweisungen

```
Explizite Typanweisungen:
   INTEGER v [,v]...
   REAL v [,v]...
   DOUBLE PRECISION v [,v]...
   COMPLEX v [,v]...
   LOGICAL v [,v]...
   CHARACTER [*len] v [*len] [,v[*len]]...

Implizite Typanweisungen:
   IMPLICIT typ (a[,a]...) [,typ(a[,a]...)]...

Feldanweisung:
   DIMENSION fname (d[,d]...) [fname(d[,d]...)]...

Speicherbereichsanweisung:
   COMMON [/[cbname]/] liste [/[cbname]/liste]...

Äquivalenzanweisung:
   EQUIVALENCE (liste) [,(liste)]...

Einsprungspunktanweisung:
   ENTRY name [(fp[,fp]...])]

Konstantennamenanweisung:
   PARAMETER (name = kon [,name = kon]...)

Sicherstellungsanweisung:
   SAVE [a[,a]...]

Externanweisung:
   EXTERNAL name [,name]...

Internanweisung:
   INTRINSIC name [,name]...
```

c) **Weitere nicht ausführbare Anweisungen**

Anfangswertanweisung:
```
DATA liste/cliste/[[,]liste/cliste/]...
```

Formatanweisung:
```
n FORMAT (fliste)
```

Anweisungsfunktion:
```
name ([fp[,fp]...]) = a
```

A.2.2 Ausführbare Anweisungen

a) **Wertzuweisungen**

Arithmetische Wertzuweisung:	v = aa
Logische Wertzuweisung:	v = la
Zeichenketten-Wertzuweisung:	v = ca
Zuordnungsanweisung:	ASSIGN n TO v

b) **Steueranweisungen**

Unbedingte GOTO-Anweisung:	GOTO n
Berechnete GOTO-Anweisung:	GOTO (n[,n]...) i
Zugeordnete GOTO-Anweisung:	GOTO i (n[,n]...)
Arithmetische IF-Anweisung:	IF (aa) n1, n2, n3
Logische IF-Anweisung:	IF (la) anw
Block IF-Anweisung:	IF (la) THEN
ELSE IF-Anweisung:	ELSE IF (la) THEN
ELSE-Anweisung:	ELSE
END IF-Anweisung:	END IF
Schleifenanweisung:	DO n i = m1, m2 [,m3]
Leeranweisung:	CONTINUE
Stopanweisung:	STOP [n]
Pauseanweisung:	PAUSE [n]
Aufrufanweisung:	CALL name [([ap[,ap]...])]
Rücksprunganweisung:	RETURN [i]
Endeanweisung:	END

c) **Ein- und Ausgabeanweisungen**

Leseanweisung:	READ f [,ealiste]
	READ (stliste) [ealiste]
Schreibanweisung:	WRITE (stliste) [ealiste]
Druckanweisung:	PRINT f [,ealiste]
Dateieröffnungsanweisung:	OPEN (oliste)
Dateiabschlußanweisung:	CLOSE (cliste)
Dateiabfrageanweisung:	INQUIRE (iliste)
Rücksetzanweisung:	BACKSPACE u bzw. BACKSPACE (bliste)
Rückspulanweisung:	REWIND u bzw. REWIND (rliste)
Dateiendesatzanweisung:	ENDFILE u bzw. ENDFILE (eliste)

A.3 Reihenfolge der Anweisungen

Innerhalb einer Programmeinheit wird die nachfolgende Reihenfolge für die Anweisungen und Kommentarzeilen gefordert:

<table>
<tr><td rowspan="5">Kommentar-
zeilen</td><td colspan="3">[PROGRAM-,] FUNCTION-, SUBROUTINE- oder BLOCK DATA-Anweisung</td></tr>
<tr><td rowspan="4">FORMAT-
und
ENTRY-
Anweisungen</td><td rowspan="2">PARAMETER-
Anweisungen</td><td>IMPLICIT-
Anweisungen</td></tr>
<tr><td>andere Spezif.-
Anweisungen</td></tr>
<tr><td rowspan="2">DATA-
Anweisungen</td><td>Anweisungsfktn.</td></tr>
<tr><td>ausführbare
Anweisungen</td></tr>
<tr><td colspan="4">END-Anweisung</td></tr>
</table>

Bei nebeneinanderstehenden Anweisungen ist die Reihenfolge beliebig; Anweisungen, die durch horizontale Linien getrennt sind, dürfen nicht miteinander gemischt werden.

Bemerkungen:

a) Für ENTRY-Anweisungen besteht noch die auf der Hand liegende Einschränkung, daß sie nicht innerhalb von DO-Schleifen oder Block IF-Strukturen auftreten dürfen.

b) Innerhalb der Spezifikationsanweisungen stehen die IMPLICIT-Anweisungen vor allen anderen Spezifikationsanweisungen, ausgenommen den PARAMETER-Anweisungen.
Eine Spezifikationsanweisung, die den Typ einer benannten Konstanten festlegt, muß vor der PARAMETER-Anweisung stehen, in der diese Konstante definiert wird; werden benannte Konstanten in Spezifikationsanweisungen verwendet, so müssen alle zugehörigen PARAMETER-Anweisungen vor diesen Spezifikationen stehen.

A.4 Der ASCII-Zeichensatz

		Steuerzeichen		Sonderzeichen		Großbuchst.		Kleinbuchst.	
		000	001	010	011	100	101	110	111
		0	1	2	3	4	5	6	7
0000	0	NUL	DLE	SP	0	@	P		p
0001	1	SOH	DC1	!	1	A	Q	a	q
0010	2	STX	DC2	"	2	B	R	b	r
0011	3	ETX	DC3	#	3	C	S	c	s
0100	4	EOT	DC4	$	4	D	T	d	t
0101	5	ENQ	NAK	%	5	E	U	e	u
0110	6	ACK	SYN	&	6	F	V	f	v
0111	7	BEL	ETB	'	7	G	W	g	w
1000	8	BS	CAN	(	8	H	X	h	x
1001	9	HT	EM	)	9	I	Y	i	y
1010	A	LF	SUB	*	:	J	Z	j	z
1011	B	VT	ESC	+	;	K	[	k	{
1100	C	FF	IS4	,	<	L	\	l	|
1101	D	CR	IS3	-	=	M	]	m	}
1110	E	SO	IS2	.	>	N	^	n	~
1111	F	SI	IS1	/	?	0	_	o	DEL

Der Zeichensatz ist ein 7-bit Code, der an vielen Anlagen um ein 8. Prüfbit ergänzt wird.

Die in den ersten beiden Spalten befindlichen Zeichen (Zonenteil 0 und 1) dienen zur Steuerung von Datenendgeräten wie z.B. Datensichtgeräten und Fernschreibern (Blattvorschub, Zeilenschaltung, Cursorpositionierung usw.). Sie können im Gegensatz zu den Schriftzeichen (Groß- und Kleinbuchstaben, Ziffern und Sonderzeichen) nicht ausgedruckt werden.

Einige Sonderzeichen können national auch anders belegt werden.

Als Besonderheit ist für CDC-Rechenanlagen der Serie CYBER 170 anzumerken, daß hier nur 6 bit pro Zeichen zur Verfügung stehen. Damit reduziert sich der Zeichensatz auf die in den Spalten 2-5 stehenden Zeichen. Der volle Zeichensatz wird mit jeweils zwei 6-bit-Zeichen pro ASCII-Zeichen realisiert.

A.5 FORTRAN auf dem IBM Personal Computer

Für den IBM-PC und IBM-PC-kompatible Arbeitsplatzrechner stehen zwar mehrere FORTRAN-Compiler zur Verfügung, allerdings gibt es (noch) keinen, der den vollen FORTRAN 77-Sprachumfang umfaßt.

Der wohl z.Z. geeignetste FORTRAN-Compiler in diesem Bereich ist der von der Fa. Microsoft entwickelte **MS-FORTRAN 77-Compiler**. Dieser Compiler erfüllt den "Subset FORTRAN 77"-Standard, eine genormte Teilmenge des FORTRAN 77-Standards. Er enthält darüberhinaus Erweiterungen, die im Einklang zum FORTRAN 77-Standard stehen und unterstützt den 8087-Gleitkomma-Coprozessor von Intel (Laufzeitverringerung bei der Berechnung arithmetischer Ausdrücke). Die wichtigsten Einschränkungen gegenüber Standard-FORTRAN 77 sind:

- der Datentyp COMPLEX fehlt,
- keine listengesteuerte Ein- und Ausgabe,
- keine benannten Konstanten,
- keine Teilketten und keine CHARACTER-Funktionen,
- nur CHARACTER-Größen mit fester Länge.

Der **UCSD p-System FORTRAN 77-Compiler** ist in einer Programmierumgebung (UCSD environment) eingebettet, die u.a. einen Editor und Kommandos zum Übersetzen, Binden und Ausführen des erstellten Programms enthält.
Der Compiler erfüllt den "Subset FORTRAN 77-Standard" nicht vollständig, z.B. können Prozeduren nicht als Parameter üergeben werden. Er enthält sogar Features, die im Widerspruch zum FORTRAN 77-Standard stehen: INTEGER- und REAL-Variablen belegen unterschiedlich große Speicherbereiche, ebenso LOGICAL- und REAL-Variablen.

Die beiden Compiler **MS-FORTRAN-80** und **SSS FORTRAN** basieren auf dem FORTRAN 66-Standard. Falls keine bereits fertigen FORTRAN IV-Programme vorliegen, die einen solchen Compiler benötigen, sollte man auf den Einsatz dieser Compiler verzichten.

Auf dem **VM/PC** kann der von IBM-Großrechenanlagen her bekannte **VS FORTRAN Compiler** in einer fast identischen Programmierumgebung (VM/CMS, XEDIT) eingesetzt werden. Gegenüber Großrechenanlagen muß mit wesentlich längeren Übersetzungs- und Laufzeiten gerechnet werden (allerdings sind diese unabhängig von der Belastung der Anlage). Der VS FORTRAN-Compiler selbst weist zwar noch einige Mängel auf, er erfüllt aber i.w. den vollen FORTRAN 77-Standard und gestattet über eine Compiler-Option auch die Übersetzung von FORTRAN IV-Programmen.

A.6 Ausblick: FORTRAN 8x

Die problemorientierte Programmiersprache FORTRAN (Abkürzung für FORmula TRANslation) wurde bereits 1954 von John Backus konzipiert und ist seit vielen Jahren die mit Abstand am häufigsten eingesetzte Sprache zur Lösung naturwissenschaftlich-technischer Problemstellungen. Während dieser Zeit ist die Sprache nicht in ihrem Urzustand verharrt, sondern hat sich den veränderten Hardware-Verhältnissen und den wachsenden Anforderungen, die an eine moderne Programmiersprache gestellt werden, angepaßt.

Die letzte Überarbeitung von FORTRAN wurde 1977 mit der Verabschiedung des FORTRAN 77-Standards abgeschlossen. Die wesentlichen Neuerungen waren ein komfortables und vor allem portables Zeichenkettenkonzept, neue Kontrollstrukturen und erweiterte Ein- und Ausgabemöglichkeiten.
Gegenüber anderen Programmiersprachen lassen sich FORTRAN 77-Programme leicht auf andere Rechenanlagen übertragen; FORTRAN 77-Compiler stehen inzwischen für alle Rechnerklassen, vom Personal Computer bis zum Superrechner à la Cray, zur Verfügung.

Zur Zeit wird bereits intensiv am nächsten Standard, **FORTRAN 8x**, gearbeitet (8x steht für das Jahr der Fertigstellung in diesem Jahrzehnt). Erste, für die Produktion einsetzbare, Compiler sind dann erfahrungsgemäß mit einer Verzögerung von mindestens zwei Jahren zu erwarten.
Hauptziel für die Entwicklung des nächsten FORTRAN-Standards ist die Anpassung der Sprache an zeitgemäße Anforderungen unter Beibehaltung der "FORTRAN-Stärken" Effizienz, Portabilität und allgemeine Anwendbarkeit.
Da bereits heute der FORTRAN 77-Sprachumfang kaum noch zu übersehen ist - viele Dinge lassen sich mit unterschiedlichen Sprachelementen realisieren - , kommt als Zusatzforderung hinzu, daß die Sprache kompakter wird. Auf der anderen Seite wird natürlich verlangt, daß FORTRAN 77-Programme ohne Änderungen laufen (Aufwärtskompatibilität).

Um diese, sich zum Teil sogar widersprechenden, Forderungen zu erfüllen, wurde ein neues Design-Konzept entwickelt:

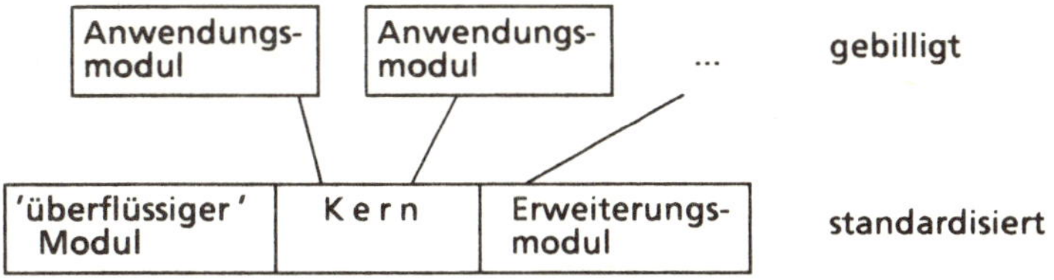

Abb. A.1 Voraussichtliche Struktur von FORTRAN 8x

Der in diesem **Kern+Modul-Konzept** (core and module concept) vorgesehene **Sprachkern** besteht aus einer kleinen, einfachen und modernen Sprache, in der allgemeine Anwendungen geschrieben werden können.

In den **Modul der überflüssigen Sprachelemente** werden diejenigen Sprachelemente aufgenommen, die aus Kompatibilitätsgründen noch erhalten bleiben, die aber in nachfolgenden Versionen des Standards voraussichtlich nicht mehr vorkommen werden. Nahezu alle im Anhang A.1 aufgeführten Sprachelemente werden voraussichtlich in diesen Modul "verbannt" werden.

Der **Erweiterungsmodul** enthält Sprachfeatures, die wünschenswert sind und normiert sein sollten, die aber zu komplex sind, um im Kern aufgenommen zu werden (z.B. Feldverarbeitung).

Die **Anwendungsmodule** (z.B. Real-time-FORTRAN, GKS-FORTRAN-Schnittstelle) sollen im Einklang zum FORTRAN-Standard stehen. Sie werden dem FORTRAN-Normierungsausschuß lediglich zur Billigung vorgelegt.

Aus der Fülle der z.Z. geplanten FORTRAN 8x-Erweiterungen sollen die wichtigsten kurz aufgelistet werden:

- formatfreier Quelltext
- längere Namen (bis zu 31 Zeichen)
- höhere Datenstrukturen
- Datentyp BIT
- dynamische Speicherung
- Verarbeitung ganzer Felder und Teilfelder
- neue Schleifenstrukturen
- CASE-Struktur
- Rekursion

Literatur

Darstellungen des FORTRAN 77-Standards

ANS78 American National Standard Programming Language FORTRAN. ANSI X3.9 - 1978, New York, 1978.

DIN80 DIN 66027, Programmiersprache FORTRAN. Berlin-Köln, Beuth, 1980.
- enthält den Standard im Orginaltext ANS78.

ISO80 ISO 1539-1980 Programming Language FORTRAN. ISO, New York, 1980.
- inhaltlich gleich mit ANS78.

FORTRAN 77-Literatur

Age81 Ageloff, R. / Mojena, R.: Applied FORTRAN 77, Featuring Structured Programming. Belmont, Wadsworth, 1981.

Ash81 Ashcroft, G. / Eldrige, R.H. / Paulson, R.W. / Wilson, G.A.: Programming with FORTRAN 77. London, Granada, 1981.

Bal79 Balfour, A. / Marwick, D.H.: Programming in Standard FORTRAN 77. London, Heinemann, 1979.

Hum79 Hume, J.N.P. / Holt, R.C.: Programming FORTRAN 77: A Structured Approach. Reston, Reston Publishing Co., 1979.

Mei80 Meissner, L.P. / Organick, E.I.: FORTRAN 77 - Featuring Structured Programming. Reading, Addison-Wesley, 1980.

Met82 Metcalf, M.B.: FORTRAN Optimization. London, Academic Press, 1982.
- empfehlenswert für Fortgeschrittene.

Pag80 Page, R. / Didday, R.: FORTRAN 77 for Humans. St. Paul, Westpublishing, 1980.

RZN84 Regionales Rechenzentrum für Niedersachsen (Hrsg.): FORTRAN 77 Sprachumfang - ein Nachschlagewerk. Hannover, RRZN, 1984.
- besonders empfehlenswert für Benutzer von CDC-Rechenanlagen.

Sta81 Staake, R. / Wojcieszynski, R.: Theorie und Methodik der Programmierung. Bochum, RZ Universität Bochum, 1981.
- enthält u.a. eine Gegenüberstellung von TR440-FORTRAN und FORTRAN 77.

Wag80 Wagener, J.L.: FORTRAN 77, Principles of Programming. New York, Wiley, 1980.

FORTRAN 8x-Literatur

F8x82 X3J3: Proposals approved for FORTRAN 8x. CBEMA, Washington, 1982.
- Zusammenfassung der bisherigen Vorschläge für FORTRAN 8x.

Mei82 Meissner, L. (Hrsg.): FORTEC FORUM. New York, ACM, 1982 ff.
- vierteljährlich erscheinende Informationsschrift, die sich mit aktuellen Fragen und der Weiterentwicklung von FORTRAN beschäftigt.

Strukturierte Programmierung, Software Engineering, Testmethoden

Böh66 Böhm, C. / Jacopini, G.: Flow Diagrams, Turing Machines and Languages with Formation Rules. CACM9 (1966), 366-371.

Hug80 Hughes, J.K. / Michtom, J.I.: Strukturierte Software-Herstellung. München, Oldenburg, 1980.

Jac79 Jackson, M.A.: Grundsätze des Programmentwurfs. Darmstadt, Töche-Mittler, 1979.

Kim79 Kimm, R. / Koch, W. / Simonsmeier, W. / Tontsch, F.: Einführung in Software-Engineering. Berlin, de Gruyter, 1979.

Met79 Metzger, P.W.: Software-Projekte - Planung, Durchführung, Kontrolle. München, Hanser, 1979.

Mye82 Myers, G.J.: Methodisches Testen von Programmen. München, Oldenburg, 1982.

Pla83 Platz, G.: Methoden der Software-Entwicklung. München, Hanser, 1983.

Sin80 Singer, F.: Programmieren in der Praxis. Stuttgart, Teubner, 1980.

Sne82 Sneed, H.: Software Qualitätssicherung. Stuttgart, Forkel, 1982.

Wir78 Wirth, N.: Systematisches Programmieren. Stuttgart, Teubner, 1978.

Wir79 Wirth, N.: Algorithmen und Datenstrukturen. Stuttgart, Teubner, 1979.

Sachregister